Quit

The Power of Knowing
When to Walk Away

停損的勝算

世界撲克冠軍教你
精準判斷何時放棄，反而贏更多

Annie Duke 安妮・杜克 著　　謝佳真 譯

獻給我的孩子們，我的∞

目錄

目錄

Part 2 虧損，讓決策失準

Part 3 身分認同造成的障礙

目錄

Part 4 每次選擇都有代價的機會成本

目錄

好評推薦

「隨著世界的混亂指數急遽上升，人們迷失在一個個沒有出口的子賽局之中。總是習慣向前推進的我們，有時似乎忘了正確的道路不一定只在前方。其實，放棄並不等同於失敗。本書所呈現蓋牌的智慧，將使我們能夠在更大的賽局之中創造出更棒的期望值。如果你最近感覺到人生好像卡住了，這本書或許正有你立即能用上的策略。」

——Ryan Wu，一人公司實戰手冊

「妥善執行停損，就是提高交易整體的勝算。停損是達成整體獲利的唯一捷徑。」

——齊克用，動態操盤術創始人

「堅持到底，才能贏得最終勝利？其實，正確的選擇時機，才更有機會極大化收益，讓你成為最大贏家！」

——鄭志豪，熱門談判課程「一談就贏」創辦人

「這本高明且有趣的書記錄了人類行動與決策的一項重大瑕疵：對放棄的成見。書中引人入勝的敗蹟故事與明智的建議給了我許多收穫。你也會。」

——丹尼爾·康納曼（Daniel Kahneman），諾貝爾經濟學獎得主、《快思慢想》（*Thinking, Fast and Slow*）作者

「每一所商學院都有教人創業的課程，然而適時歇業的課程卻相當罕見。這本書以高妙的新穎見解與精采的故事填補空缺。放下你此刻在做的事，開始看這本書吧。」

——理察·塞勒（Richard Thaler），諾貝爾經濟學獎得主、暢銷書《推出你的影響力》（*Nudge*）共同作者

「《停損的勝算》是引人入勝、重要、有科學根據的好書，讓你做人做事更乾脆俐落。」

——凱蒂·米爾克曼（Katy Milkman），《零阻力改變》（*How to Change*）作者

「本書相當難得，不僅讓人不忍釋卷，而且做出扎扎實實的重大貢獻。如果你不曾將半途而廢視為競爭優勢，準備接受啟蒙吧。」

——大衛・艾波斯坦（David Epstein），《跨能致勝》（*Range*）作者

「你會說『這本書改變了我的人生』的次數不會太多，而這是其中之一。」

——賽斯・高汀（Seth Godin），《重點不是創意》（*The Practice*）作者

「只有撲克牌手寫得出這一部經典，探討在經商、投資、人際關係、人生中捨棄滿手爛牌的時機——更重要的是還一併教你做法。」

——萊恩・霍利得（Ryan Holiday），《駕馭沉靜》（*Stillness Is the Key*）作者

「人生在世，最重要的智慧莫過於懂得何時要堅持、何時要放手。安妮・杜克分享了豐沛的知識，協助你明辨是否該放手了。」

——亞當・格蘭特（Adam Grant），《逆思維》（*Think Again*）作者

「風險與決策的世界級思想家傳授的翻盤策略之書。」

——尚恩・派瑞許（Shane Parrish），
Podcast《知識計畫》（*The Knowledge Project*）主持人

「崇高美德的反面也是美德。本書是補足《恆毅力》（*Grit*）的完美辯證。將這兩種美德融入你的性格，活出大大充實起來的人生。」

——菲利普・泰特洛克（Philip Tetlock），《超級預測》（*Superforecasting*）作者

「放棄不但是一種本事，還是一門學問——安妮・杜克是最適合為我們傳授這兩者的不二人選。」

——布萊恩・克里斯汀（Brian Christian），
《決斷的演算》（*Algorithms to Live By*）共同作者

「自鄉村歌手肯尼・羅傑斯（Kenny Rogers）以來，便沒有哪一位專業說書人把如何判斷何時要努力、何時要放手說得更清楚，交代明辨兩者的重要性，也沒有其他人提出更具體的策略，

教你判斷何時不光是要走人，而且應該拔腿就跑。」

——大衛・麥瑞尼（David McRaney），《想法如何改變》（*How Minds Change*）作者

「這是一本你不會想要掩卷罷讀的書，因為讀起來實在太值回票價，也因為裡面的道理極其重要、實用、難忘。」

——唐恩・A・摩爾（Don A. Moore），《絕對自信》（*Perfectly Confident*）作者

前言
懂得停損，是贏家必備的決策能力

堅持造就拳王阿里，也毀了阿里

一九七四年十一月，美國拳擊手穆罕默德．阿里（Muhammad Ali）走出了拳擊史上數一數二的艱鉅挫敗，擊昏喬治．福爾曼（George Foreman），這便是著名的「叢林之戰」（Rumble in the Jungle）。挾著這一次勝利，阿里重新登上重量級拳擊的冠軍寶座，距離他在一九六四年擊敗桑尼．利斯頓（Sonny Liston）首度拿下這個頭銜已十年。

阿里經歷了機會渺茫到難以置信的逆境，才得到這一場重大的勝利。一九六七年，他拒絕從軍參與越戰，隨即被摘除重量級拳王的頭銜，在本該是事業巔峰的隨後三年半喪失參賽的資格。喪失資格後，他不得不耗上四年殺回賽場，才得到與福爾曼爭奪拳王寶座的機會。此時，阿里年近三十三歲，打過四十六次職業賽。

福爾曼擁有壓倒性的青睞：年紀更輕、身材更魁梧、體格更強壯、沒有敗績，公認所向無敵。阿里分別挑戰喬．佛雷澤（Joe Frazier）及肯．諾頓（Ken Norton），兩場比賽都在擂台上屹立到最後。佛雷澤及諾頓在跟福爾曼對打時，都沒撐過兩回合。

當阿里贏了福爾曼，他樹立了「史上最強」（Greatest of All Time）的穩固地位。穆罕默德．阿里成為堅忍不拔的象徵。他克服萬難，哪怕潑他冷水的人多如過江之鯽也拒絕放棄，獲取勝利。在圓夢的路上，還有什麼比這更能證明毅力與堅忍的力量？

然而，阿里的故事還沒完。

同樣的堅忍不拔讓阿里又打了七年拳擊。從一九七五年到一九八一年十二月，儘管一再出現他應該放棄的明確徵兆，阿里依然在堅持。一九七七年，在許多朋友和記者注意到他身心退化的跡象之後，在美國賓州麥迪森廣場花園（Madison Square Garden，舉辦過八場阿里的拳賽）負責策劃賽事的泰迪．布倫納（Teddy Brenner）央求他退役。

阿里猶豫不決。

布倫納隨後便宣布，麥迪森廣場花園以後絕不再主辦他的比賽。「我不希望將來有一天，他過來問我：『尊姓大名？』打拳最難拿捏的便是退場的時機，昨天晚上那十五回合比賽（對手是厄尼．沙維斯〔Earnie Shavers〕）正是阿里退場的適當時機。」

一週後，阿里的賽場醫師佛迪・帕契可（Ferdie Pacheco）收到阿里出賽後的腎臟檢驗報告，也勸他退休。阿里沒有理他，帕契可便放棄了。

一九七八年，阿里輸掉頭銜，對方是只打過七次職業賽的李昂・斯平克斯（Leon Spinks）。一九八〇年，阿里在內華達州與當時的冠軍賴瑞・霍姆斯（Larry Holmes）對戰，差一點沒能通過賽前的體檢，而且通過的過程很可疑。敗北的阿里實在被打得太慘，賽後，霍姆斯都哭了。

那一夜，美國武打動作巨星席維斯・史特龍（Sylvester Stallone）就在觀眾席上，他說最後一回合「像看著一個人被活生生地開膛破肚」。然而，阿里依舊不肯放棄。他要是半途而廢，便不會打倒喬治・福爾曼。他要是半途而廢，便不會變成史上最強。

到了一九八一年，穆罕默德・阿里已經無法取得在美國出賽的執照，那張執照通常徒具形式，只要符合州委員會那些低到谷底的標準，便能進行任何可宣傳營利的比賽。假如世界會嘶吼「你該封印手套了」，那這就是了，但他卻乾脆轉戰巴哈馬。

他又輸了，出盡洋相，即使按照拳壇的標準也算狼狽。宣傳活動混亂到極點，他們找不到會場的鑰匙。副賽（undercard）* 全程只有兩組手套，因此每一輪副賽之後都得耽誤許多額外的時

---

* 在正賽之前暖場的比賽。

間，才能拆開繫帶，將手套交給下一組人使用。他們還不得不跟人借了牛鈴，充當每一回合開場與結束時的訊號。

穆罕默德．阿里持續出賽到將近四十歲的代價顯然很慘重。他在拳擊事業的尾聲，便出現神經損傷的徵兆。他擊敗福爾曼之後所承受的全部猛擊，無疑累積成他在一九八四年確診的帕金森氏症，也造成之後的身心退化。

堅持不懈不見得是最佳選擇，絕對不能不顧現實。而且，現實是會變的。

堅忍不拔讓阿里成為登峰造極的王者，他得到的欽佩與尊敬幾乎舉世無雙，然而也是堅忍不拔毀了阿里，讓他無視所有局外人一目了然的應該放棄的徵兆。

這便是堅忍不拔的奇特之處。堅忍不拔能讓你堅守有意義的艱難事情，也能讓你堅守已經不再有意義的艱難事情。

難就難在明辨這兩者的差異。

堅持與放棄的比較

我們將堅忍不拔與放棄視為相反的力量。畢竟，你要麼堅持，要麼停止行動。你不能同時做到兩者，而在兩者的對決中，放棄顯然輸了。

堅忍不拔是美德，放棄是墮落。

建立豐功偉業的成功人士給人的建言，說到底不外乎：堅持不懈便會成功。美國發明家愛迪生（Thomas Edison）說得好：「我們最大的弱點在於半途而廢。勝算最大的成功之道永遠是再多試一次。」一個世紀後，美國傳奇的英式足球球員艾比・溫巴赫（Abby Wambach）附和了這個觀點，她說：「千萬不能只有競爭的實力，你還得做到絕不放棄，打死不退。」

其他運動類的強者與教練也說過類似的勵志建言，例如美國棒球手貝比・魯斯（Babe Ruth）、美式足球教練文森・倫巴第（Vince Lombardi）、美式足球手貝爾・布萊恩特（Bear Bryant）、高爾夫球手傑克・尼克勞斯（Jack Nicklaus）、美式足球手麥克・迪卡（Mike Ditka）、美式足球手華特・佩頓（Walter Payton）、美式足球手喬・蒙大拿（Joe Montana）、網球手比莉・珍・金（Billie Jean King）。歷來的商業鉅子也說過幾乎一樣的話，比如創辦希爾頓酒店的康拉德・希爾頓（Conrad Hilton）、CNN新聞網創辦人泰德・透納（Ted Turner）、維珍集團董事長理察·布蘭森（Richard Branson）。

這些名人與不計其數的成功人士，一致以各種措辭表達相同的概念：「放棄不可能贏，贏家永不放棄。」

支持放棄的名言相當罕見，只有一句掛在美國喜劇演員W·C·菲爾德斯（W. C. Fields）名下的話：「如果一開始沒成功，多試幾次。然後放棄。像傻子一樣試個不停是沒用的。」

菲爾德斯根本不是好榜樣，從演繹嗜酒、討厭小孩與狗、在社會邊緣苟活的各種角色，建立了自己的公共人設。支持放棄的人實在勢單力薄……而且，菲爾德其實沒說過那句話！

根據定義，任何成功做到某事的人都是持續那件事的人。這是事實陳述，是事後檢討必然會看見的真相。但那不代表反過來說也成立，不是堅持不懈地做某件事便會成功。

放眼未來，那既不是真相也不是好主意。事實上，有時還破壞力十足。

假如你五音不全，練唱再久都沒用。你不會變成美國歌后愛黛兒（Adele）。假如你五十歲，立志成為奧運體操選手，不管你多麼有毅力或努力，都不可能成功。不作此想的荒謬程度，便如同看到介紹億萬富豪生活習慣的文章，得知他們清晨不到四點便起床，因而認為假如你比照辦理，你也會是億萬富豪。

別把後見之明跟先見之明混為一談，跟那些格言一樣。

總有人在堅持某件沒有成功做到的事，有時是相信撐得夠久便會成功。有時他們堅持去做，是因為贏家絕不放棄。無論如何，許多人是在白費力氣，他們不開心，以為是自己不好，沒考慮過是建言有問題。

成功的關鍵不是堅持，而是挑出應該努力的合適目標，其餘的則放手。

當全世界都叫你放棄，你絕對有可能因為看見其他人都沒察覺的事，而義無反顧地堅持一個別人會捨棄的目標。然而，當全世界都以最大的音量，嘶吼著要你罷手而你拒聽，努力不懈可能很愚蠢。

而我們拒聽的時間，往往太多。

或許部分原因在於，放棄的隱含意義幾乎全部是負面的。假如誰說你半途而廢，你有可能認為那是讚美嗎？答案不言而喻。

放棄即無能、投降、失敗。放棄，是沒骨氣。放棄的人是輸家（當然有例外，就是放棄明顯不好的事物，比如抽菸、喝酒、毒品或虐待的關係）。

英語本身就偏愛堅毅，以正向的用語描述堅持不懈的人，can-do（積極進取）、unwavering（不動搖）、steadfast（堅定）、resolute（堅決）、daring（勇於冒險）、audacious（大膽）、undaunting（大無畏）、gutsy（英勇）、hardy（吃苦耐勞）。或是有backbone（骨氣）、pluck（膽

識）、mettle（鬥志）、tenacity（韌性）、stick-to-itiveness（堅忍不拔）。

我們對描述毅力的正向詞彙信手拈來，對描述放棄者的負面用詞也一樣，而每個詞蘊含的概念都是他們很失敗，不值得我們欣賞。他們是走回頭路的傢伙、懦夫、失敗主義者、逃兵、中輟者、懶骨頭、軟腳蝦、膽小鬼。他們雙手一攤就不幹了，舉棋不定，躊躇不決。

我們認為，他們沒有目標、任性、畏縮、不穩定、浮躁、意志薄弱、不能依賴、不可靠，甚至不值得信任。不然就說他們是政治不正確的牆頭草。

倒不是沒有負面的堅毅詞彙（例如死腦筋或執拗）或正面的放棄詞彙（例如靈活或彈性）。但如果你製作一份兩行兩列的表格，填入這兩個概念的正負詞彙，很快會看出兩者的差距懸殊。

在堅毅那一邊，失衡之處在於描述決心的正向用語會多於負面的。同樣的失衡，也出現在我們偏好以負面用語描述放棄的人。描述堅毅的正向詞彙很多，放棄則否，字典沒有 quit 一詞的名詞形式 *quittiness* 本身即是證明。

我們的用語偏愛堅毅而非放棄的其中一條重大線索，則是堅毅的近義詞之一是英雄主義。其他的還有勇氣、膽識、無畏。

當我們想到堅毅，尤其是在險境下的那一種，我們想像的是英雄，他們面對生死關頭、凝視深淵，在別人放棄時堅持不懈。

與此同時，放棄的人是懦夫。

在這個世界上，幾乎全天下都將堅毅視為通往榮耀與成功的道路，由決心主演。同時，放棄是壞人（要克服的障礙），或更常見的是個跑龍套的（在演員名單中只是「三號小弟」或「懦弱的士兵」）。

不再把放棄視為失敗

二〇一九年二月，名震天下的美國滑雪運動員琳賽・馮恩（Lindsey Vonn）在社群媒體Instagram宣告從滑雪競賽退役：「我身體的損傷已無法復原，不容許我參與夢寐以求的最後一個賽季。身體在向我嘶吼著停下來，我該聽話了。」

她細數了最近的一連串傷勢、手術、復健（大部分是之前沒有透露過的），然後補充以下的訊息：「我一向都說：『絕不放棄！』因此對於所有的孩子們，還有傳訊息來鼓勵我繼續加油的粉絲……我得告訴你們，我不是要放棄！只是要開啟新的篇章。」

馮恩在退役聲明的第一部分，清清楚楚、明明白白地說要退出滑雪競賽（翻譯：她要放棄了）。然而，到了聲明的第二部分，她矢口否認自己才剛剛宣告要放棄的事實，委婉包裝為「開啟新的篇章」。

若說誰贏得了自豪地放棄的權利，不會被人質疑鬥志或毅力，那便是琳賽·馮恩。她在摔得慘兮兮後捲土重來的事蹟，簡直跟她無與倫比的成功紀錄一樣令人欽佩。她在二〇〇六年奧運嚴重摔傷後被空運送醫，沒有得到醫師批准便悄悄溜走，在兩天後出場比賽。

二〇一三年，她前十字韌帶、內側副韌帶斷裂，再一次骨折，動了手術，辛辛苦苦地完成復健，已經重建的韌帶又受傷，於是重走一遍相同的流程。她錯過了俄羅斯索契（Sochi）奧運與二〇一四年的大半時間，隨後復出，在二〇一四年下半到二〇一八年年初之間又贏了二十三場世界盃賽事。

如果琳賽·馮恩覺得很難坦白說出要放棄，何況是我們區區普通人。放棄的概念是太難嚥下的苦藥，得配上滿滿的一匙糖才行。或者以馮恩的例子來說，是配上一匙委婉語，最著名的委婉語就是「轉型」（pivot）。

隨便到任何一個暢銷書的主流網站搜尋，便會看到書名中有「轉型」的都很熱門。許多書的書名乾脆就叫《轉型》（有一本是《轉型！》）。還有《大轉型》（*The Big Pivot*）、《華麗轉型》（*The Great Pivot*）、《鎖定目標轉型去》（*Pivot with Purpose*）、《轉型致勝》（*Pivot to*

Win）、《轉型求成功》（*Pivot for Success*），林林總總不計其數。

我絕不是要挑剔這些書，但不論你說「轉型」、「進入新的篇章」或「策略性重新部署」，這些說詞的定義就是放棄。畢竟，剝除負面的聯想以後，放棄不過是選擇停止某件你在做的事。**我們應該別再認為放棄的念頭必須用氣泡袋封住，小心輕放。在許多情況下，放棄是正確的選擇，尤其是當整個世界叫你要放棄時，無論是因為你的腎臟健康狀況惡化，再次承受可能終結你職涯的重大傷勢，或是待在一段婚姻不幸裡、從事沒有前途的工作、攻讀不喜歡的學科時。**

為什麼要給這個詞伏地魔的待遇（那個不能說的詞）？

在每個人都在自家附近的肉鋪買肉的年代，每個單口喜劇演員都有肉鋪給磅秤動手腳的段子。羅宋湯地帶（Borscht Belt）*喜劇演員米爾頓．伯利（Milton Berle）的知名段子是這樣的：「我開始懷疑肉販的精準度了。有一天，一隻蒼蠅停在磅秤上。秤出來有兩公斤呢。」

伯利這個肉販給磅秤「動手腳」的哏，在羅宋湯地帶很常見，通常是偷偷將拇指放在秤子上，以欺騙顧客。露天遊樂園的幸運轉輪可以用某些機械裝置動手腳，讓轉輪在旋轉時停在某一點，確保莊家不必支付彩金。非法的地下輪盤賭博可以動手腳，即興擲骰子的骰子也可以動手腳。

* 紐約上州的一個夏季度假地帶，在一九二〇至七〇年代是猶太人的熱門度假地點，羅宋湯即對他們的委婉說法。

說到放棄，衡量的天平也被動了手腳。從穆罕默德．阿里、琳賽．馮恩、勵志格言、語言、委婉的說詞就曉得，**在評估堅毅與放棄的斤兩時，我們在認知上及行為上都在動手腳，暗中給堅毅增加分量。**

辨識何時要堅持、何時要走人

既然天平向堅毅傾斜，將堅持不懈的人當作英雄來欣賞，也難怪探討堅毅之力的書籍大行其道，比如安琪拉．達克沃斯（Angela Duckworth）的《恆毅力》（*Grit*），還有麥爾坎．葛拉威爾（Malcolm Gladwell）的《異數》（*Outliers*，著名的一萬小時說法）。熱中於這一類書籍的讀者如此可觀，可見我們認為人性不夠堅毅。

然而，誰要是認為《恆毅力》主張不顧現實的堅毅永遠是美德，便誤解了安琪拉．達克沃斯這部作品。她絕不會說「堅持到底便會成功」。她自己就寫過要找到你想堅持不懈的事，務必多方嘗試（因此你得放棄不少其他事物）。達克沃斯的書說明了堅毅為何重要，然而她一定會同意懂得何時應該放手，是值得培養的技能。

堅毅或許贏得了民心，但我們要早點放棄、更常放棄的理由也相當完善。許多領域研究過我們堅持得太久的人性傾向，尤其是大勢不妙的時候。這些領域橫跨了經濟學、賽局理論、行為心理學，含蓋了沉沒成本、現狀偏誤、厭惡損失、加碼付出等主題。對於人類堅持太久的傾向，尤其是我們會過度硬撐的情況，丹尼爾・康納曼（Daniel Kahneman）與理察・塞勒（Richard Thaler）都做過最深入的研究。康納曼是諾貝爾經濟學獎的二〇〇二年得主，塞勒則是二〇一七年的得主。既然有兩位諾貝爾獎得主對同一個主題發表意見，我們便該注意了。

科學告訴我們，在日常生活中，在大事小事上，我們的做法就如同穆罕默德・阿里，堅持得太久，不理會各種應該放棄的訊號。

本書的宗旨是讓讀者更了解有哪些力量，干擾我們對應該放棄的事情與放棄的時機做出明智的裁決，認識我們在什麼情況會不甘願放手，協助我們正面看待放棄，改善我們的決斷。我將這些素材歸納為四部分，包括三則串場的實例：

在 Part 1，我說明**為什麼放棄是值得開發的決策技能**。

第1章交代放棄是事態不明時的最佳決策技巧，等到有了新的資訊，便可以改變做法。不明朗的事態令放棄的選項非常寶貴，也令我們非常難放棄，我會詳細說明原因。

第2章探討當你及時放棄，為什麼通常會覺得太早放棄。說到底，放棄是關乎預測的問題，亦即放棄的時機取決於未來是否黯淡，而不是當下是否大事不妙。美好的現狀是我們難以割捨的。

第3章會深入放棄的科學，用證據說明我們在評估要不要堅持或放棄的時候，我們決策的精確度往往都缺乏校準：特別是收到壞消息的時候，我們傾向於堅持太久，聽到好消息卻往往太快放棄。

在Part 2，我會具體地討論**當你評估要不要放棄的時候，你會受到輸贏的影響**（「**虧損**」）。

第4章介紹加碼付出的概念，也就是在事態惡化時傾注更多資源，試圖挽救失敗的行動。

第5章說明為什麼沉沒成本令我們很難放手。我會深入討論我們害怕自己的付出有去無回，我們投入一項行動的資金、時間、心血等資源，會干擾我們做出是否放手的決斷。

第6章提供一些策略，讓我們更能夠拿捏放棄的時機，比如做事要從困難的部分開始做的重要性，還有如何設定基準點、標準來充當終止條件，確保一旦堅持下去不再對你有利，你可以早一點放棄。

Part 3更進一步討論會**阻礙我們放棄的認知偏誤**。

第7章探討我們擁有的事物及想法，如何令人難以改變做法，以及現狀對我們的強大拉力。我會解釋我們如何畏懼不確定性，也畏懼修改行動方向，這兩種恐懼的雙重效應阻止我們敲定一條新的路線。

第8章討論我們對於身分的追求，想要保持相同身分可能成為阻礙我們放棄的障礙，反而為災難性的選擇耗費更多資源。

第9章介紹額外的策略，緩解導致我們難以放棄的認知偏誤：找一位放棄教練，也就是一個能夠看清楚我們處境的局外人，讓他協助我們適時改變方向。

在Part4，我**檢視機會成本的課題**。每回採取一項行動，自然便處於不會追求其他事物的狀態。我們如何察覺放棄某個選項的時候到了，該去追求另一個更好的選項呢？

第10章著重在我們從被迫放棄的經驗學會的道理，以及如何積極應用。

第11章檢視目標的缺點，主張儘管目標是激勵我們的動力，卻也會刺激你堅守不再有價值的事物。追求目標要麼成功、要麼失敗，這種特質與變動不定的世界格格不入，而實現目標的欲望可能會蒙蔽我們，令我們看不見其他可行的路線與機會。我還會主張為什麼每個目標都要設定終止條件，也要設定評估進展的標準。

希望你能夠因為閱讀本書，明白為什麼放棄值得讚許，是你可以培養的技能，能拿來增益你的生活，讓你更珍惜選擇的機會，將你堅持的事做得更完善，並持續探索，在世界變動之時（或之前）靈活地改變路線。

聲明一下，值得堅持不懈的困難事情絕對很多，而韌性與毅力都能讓你撐下去。只因為艱難就放棄是不會成功的。然而，**堅守不值得的艱難事情一樣不能讓你成功。**

關鍵是辨識出何時要堅持，何時要走人。本書會協助你培養明辨的技巧。那我們就開工吧。重建放棄的能力的時候到了。

Part

1

—

為什麼要學會放棄？

第 1 章

崇高美德的反面，也是崇高的美德

探討放棄的好處，聖母峰是絕佳起點

世界上傳出最多堅毅事蹟的地方，每一公尺海拔至少有一樁，莫過於聖母峰的高處。那裡的環境實在太凶險，光是保住小命就得拚死拚活，登頂更是不在話下。這一類的事蹟你八成聽了很多，起碼最知名的那些你絕對知道。

因此，以一**本探討放棄的各種益處的書籍來說**，**聖母峰正是適當的起點**。

這一則聖母峰故事的主角，是三位你大概不熟悉的登山者，加拿大醫師斯圖亞特·哈奇森（Stuart Hutchison）、澳洲醫師約翰·塔斯克（John Taske）和美國律師路·凱西斯基（Lou Kasischke）。他們是一支聖母峰商業登山隊的隊員，有領隊帶路，行程由冒險顧問公司（Adventure Consultants）規劃，在一九九〇年代帶領登山客攻頂的公司當中，屬於最成功、聲譽最佳的公司之一。那一年的登山行程有三位領隊、八位隨行的雪巴人與八位客戶。

登山客必須花上數週，在聖母峰中段練習攀登以適應環境，並將裝備搬上山，等到天候許可的時候，登山隊員才可以從四號營出發，嘗試攻頂。那一年，在往返基地營（海拔約五一八二公尺）與四號營（海拔約七九二五公尺）的那許多次登山練習中，哈奇森、塔斯克、凱西斯基由於相處愉快，一直結伴同行。

有了冒險顧問這樣的公司，經驗相對沒那麼豐富的登山者，也有了登上世界最高峰峰頂的可能。你只要支付七萬美元的費用、抽出幾個月的空檔待在尼泊爾，此外就是要有良好的體能狀態。這最後一項要求，當然不保證你能成功登頂或平安無事。海拔七六二〇公尺以上的空氣太稀薄，無法長時間維繫人類的生命。此外，登山季的平均氣溫是攝氏零下二十六度。

登頂（或登上聖母峰高處）的人，一定要能在絕大多數人吃不消的環境裡堅持下去。登山隊的領隊在基地營便向客戶耳提面命，從聖母峰的山腳到每一個中途的營地，終至峰頂，每一天都必須嚴格遵守折返的時間。

在基地營的時候，領隊將攻頂日的折返時間訂在下午一點。

簡單來說，折返時間就是登山者要停止上山的時間，即使目的地還沒到，也必須返回營地。設定折返時間的用意是保護登山者，以防下山時發生危險，下山比上山更需要技巧。

當登山者下山時，可能已經感到極度疲勞，缺乏足夠氧氣，可能出現凍傷，且天氣變化無常，容易迷路或迷失方向，甚至掉進裂縫中。若攀登過程中持續用力過度，天色暗下時容易出現情勢失控。黑暗與疲憊使得登山者更容易犯錯，在狹窄的東南稜（Southeast Ridge）失足，在約二四三八公尺高的西藏墜亡，或是掉落至約三六五八公尺高的尼泊爾不幸喪生。

其實，在聖母峰上，在下山途中喪命的人數是上山的八倍。

登山客為了登上聖母峰的峰頂都作了必要的犧牲，誰都沒打算在即將登頂之際止步。而峰頂不是只對業餘的登山客有吸引力。助理領隊要登頂來證明自己的本事，有的還會多次登頂。領隊要搶生意，拿攻頂成功的顧客數目來推銷自己。雪巴人對峰頂的魅力也不是免疫。登頂可以提升他們的收費行情與在當地的地位。

設定折返時間的目的，是為了避免登山客因為已經走到了峰頂的影子下，便做出繼續攻頂的不良決定。這樣的登山規範蘊含三個至關重要的觀念。**第一個觀念是堅持不懈不見得是美德**。繼續上山是否明智，取決於攀爬的環境及登山客的狀態，兩者缺一不可。察覺了應該放棄的徵兆，好好正視才是良策。

第二個觀念是早在你需要決定是否放棄之前，便應該規劃好你何時要放棄。誠如丹尼爾・康納曼所指出的，這承認了當我們需要做出決斷，最糟的時機便是你「當局者迷」的時候。在聖母峰，當峰頂近在咫尺，而你已經為了登頂做出許多犧牲，你完完全全就是當局者。這時的你，最不適合決定是要繼續爬還是要下山。所以，早在你面臨進退的抉擇之前，便要設定折返時間。

或許最重要的是第三點，折返時間提醒我們攀登聖母峰的真正目標不是登頂。登頂是我們念茲在茲的焦點，這無可厚非，然而**登山最終極的目標，從最廣闊、最實際的角度來說，是安全返回山腳**。

明智選擇放棄的人，卻成為世界隱形人

哈奇森、塔斯克、凱西斯基參加的登山隊，是那一天攻頂的三支登山隊之一，山頂上人潮洶湧。根本不該擠上那麼多人的。

在前一天傍晚，資歷最淺的領隊宣布第二天不會帶自己的隊伍攻頂。然而，到了差不多半夜時（攻頂日從午夜開始），他們也來了，現場人數特別多，有三十四人，他們同時從四號營出發。哈奇森、塔斯克、凱西斯基被人潮堵住，跟在那支登山隊其中幾位隊員的後方。那群人速度緩慢，又擠成一團，很難超越他們，這便成了問題，因為基本上大家得沿著一條固定好的繩索前進（有經驗的登山者會拉開距離，讓腳程快的人超前）。冒險顧問公司的領隊也跟他們堵在一處，哈奇森在途中問過他，還要多久才會到峰頂。

答案是三小時左右。這時，這位領隊便加緊腳步，想穿越他們前面那一群能力不足的登山者。哈奇森拉住塔斯克和凱西斯基，找他們商量對策。他們看看手錶，馬上就是上午十一點三十分。他們已經爬了將近十二小時。三人都記得領隊在基地營說過，攻頂日的折返時間是下午一點。

哈奇森發表意見：他們的攻頂行動結束了。等他們登頂，必然早已超過下午一點，即使把預留的緩衝時間扣掉都還是超時。他們都明白折返時間的作用是避免下山時的凶險。由於海拔二九

二五公尺以上的環境惡劣，這些凶險的絕大部分結果顯然是死亡。

塔斯克同意折返，但凱西斯基仍然不死心。他得登上聖母峰的峰頂，才能爬完每個洲的最高峰，完成「七大頂峰」（Seven Summits）的最後一座。登上七大頂峰必須付出可觀的時間與金錢。好幾座頂峰位於難以抵達的偏僻地區（如果你認為聖母峰交通不便，試試規劃到文森山〔Vinson Massif〕的行程，也就是南極洲的最高點）。要是折返，他就得放棄這個目標至少一年。

哈奇森和塔斯克好說歹說，總算勸退了凱西斯基，在上午十一點半放棄攻頂。他們掉頭了，平平安安、毫無波折返回四號營，隨後下山。

這件事並不出名，原因你大概一目了然。畢竟，他們一路順遂。這則故事中的主人翁們距離峰頂不到三小時的路程，然後遵守規矩，終止攻頂的行動。他們沒有遇上生死關頭。他們折返了，活著回來。

這很沒意思，不是電影題材。

然而，妙的是只要你閱讀過聖母峰的書籍，或是觀賞過任何相關的電影，我敢打賭你聽過哈奇森、塔斯克、凱西斯基的故事。

只是你不記得他們。

這三位登山客參與一九九六年登山季的故事，美國作家強・克拉庫爾（Jon Krakauer）在他的名作《聖母峰之死》（*Into Thin Air*）寫過，一九九八年的熱門紀錄片《聖母峰》（*Everest*）拍過，片名同樣是《聖母峰》（*Everest*）的二〇一五年劇情片也有他們的身影。他們的領隊羅伯．霍爾（Rob Hall）是世界最優秀的登山家之一。霍爾與那一天登上峰頂的另外四人，陸續喪命在返回四號營的途中。

事實上，霍爾就是跟他們一起卡在人群後方的那位領隊，是霍爾告訴他們再爬三小時就能登頂，然後加緊腳步，試圖穿過他們前方那一群慢吞吞的登山客。

他們與其他客人在基地營集合時，向他們強調務必在下午一點折返的人就是霍爾。之前他們在聖母峰中段的那許多次攀爬練習中，也是霍爾訂立折返時間並強制執行。在前一年，霍爾甚至在距離峰頂僅僅海拔約九十一公尺的時候，帶著一位名叫道格．韓森（Doug Hansen）的登山客折返。

霍爾在一九九五年設定折返時間並強制執行的謹慎作風與專業能力，無疑救了韓森一命。那一年的其中一位領隊說：「韓森在上山途中都好好的，但是一開始下山，他的精神跟體力就不行了，活像殭屍，好像整個人都被掏空了。」

之後那一年，羅伯．霍爾三番兩次打電話給韓森，給他折扣，好不容易說服他在一九九六年再試一次。

隔年，霍爾在下午兩點左右和一小群登山客抵達了峰頂。其他人意識到時間已經晚了，趕緊開始下山，但霍爾卻留在山頂等待韓森，他深信韓森很快就會到達。

韓森直到下午四點才登頂，這時他精疲力盡，不能爬下幾乎垂直的希拉瑞台階（Hillary Step）。霍爾沒辦法把韓森送下去，也不肯拋下他。

兩人都死了。

霍爾對現實的評估可能受到了許多因素的干擾，後文會一一探討。現在我們只提一點，從他的誤判可以看出，儘管折返時間能夠協助你理智地決定是否放棄，卻不能保證你會照做。

那天，在聖母峰上的紛亂中，幾乎沒人記得哈奇森、塔斯克、凱西斯基這三位乖乖折返的登山客。他們非但沒有得到讚揚。他們根本沒給人留下任何印象。

他們是隱形人。

為什麼這麼少人記得這三位明智折返的登山客？不是因為克拉庫爾沒在他的書裡交代他們的故事。他甚至寫過：「在艱難的抉擇之前，他們是那一天做出正確選擇的極少數人。」

對於逆境，我們通常只思考一種人的回應方式：知難而上的人。持續往上爬的人成為故事的主角，不論是否釀成悲劇。他們是我們關注的對象，他們是堅持不懈的人，儘管沒有遵守折返時間。

在攻頂日折返的登山客的故事值得傳頌，但顯然不值得記住。**放棄無疑是重要的決策技巧。能不能正確地決定放棄，有時攸關生死**。在聖母峰上便是如此。然而，即使是生死存亡的關頭，我們似乎完全不記得放棄的人。

這種現象的問題，當然在於我們必須從歷練裡成長進步，可以是自己的歷練或觀摩別人的。而我們從歷練中記取教訓的能力，取決於我們對這些經歷的記性。

對於放棄的決定，也是如此。

連放棄的人都看不見，要如何效法他們？更不妙的是，當我們好不容易看見他們，看待他們的眼光卻是負面的，認為他們不值得欣賞，是懦夫或窩囊廢，我們要如何從中學習？

不可否認，如今很少人用「窩囊廢」這個詞，以前卻是稱呼放棄者的熱門用語，而且很難聽，假如你拿窩囊廢來罵人，對方有要求跟你決鬥的權利。一八〇六年，美國律師查爾斯．狄更斯（Charles Dickinson）在一份地方報紙上刊登美國律師安德魯．傑克森（Andrew Jackson）是懦夫、是窩囊廢，傑克森要求跟狄更斯決鬥、要他的命，而傑克森在一八二九年照樣當選美國總統。

如果用半途而廢罵人便是一槍斃了他們的充分理由，怎能指望大家體認到精通放棄之道的重要？

放棄，是一種決策工具

儘管我們一向認為堅毅與放棄是對立的，實際上卻是同一個決定的一體兩面。**每回你考慮是否放棄，你顯然同時在考慮是否堅持，反之亦然。**

也就是說，你不可能只決定其中一件，而不決定另一件。

對於堅持與否的決斷，勇猛的登山客們提供了一個優質的觀點：堅持不懈帶你上山，但放棄告訴你幾時下山。其實，正是因為折返的選項存在，你才可以做出上山的決定。

想像你的任何決定都不能推翻。無論你決定了什麼，都必須堅持到生命結束。想想你要有多大的把握，才會選擇動手做一件事。想像你必須與第一個交往的對象結婚。

世事本身就會變，高山可以變鼹鼠挖出來的小土丘，小土丘可以變高山，如果換一條路或想法的選項不存在，那就慘了。如果你爬了好一陣子的高山變成正在你腳下融化的冰川，你得在被沖走之前下山。

有鑑於此，假如我要提升一個人的決策能力，我會選擇傳授的首要技能就是放棄，因為保留放棄的選項，你才能在無常的世道中臨機應變。

當然，做任何決定時，事態多少都有不明之處，不明的根源有二，兩者同時存在於我們大部分的決定。

首先，這是隨機的世界。這只是一種花俏的說法，意思是由於運勢的關係，我們很難精準預測結果，至少短期內不行。我們做事仰仗的不是必然，而是或然，沒有水晶球可以告訴我們，在眾多可能的未來中哪一個會成真。即使你能夠確定某個選擇的成功率，比如八〇%，那十次裡有兩次，老天會給你不如人意的結果。我們要做決定，最惱人的便是我們不清楚何時會遇上那二〇%的結局。

第二，我們做決定的時候，多半沒有掌握全部的資訊。我們並非無所不知，只握有一部分的資訊便必須做出判斷，絕對不足以挑出完美的選項。

話雖如此，**等你按照自己的決定行動，新的資訊會自動出現。這些資訊便是關鍵的情報**。有時，新的情報是新的事實資訊。有時，則是不同的思路，或是歸納你手上的問題、資料、事實資訊的新模式。有時，則是讓你意識到自己的偏好。當然，有的新情報則會透露你湊巧看見的是哪一個未來，是好的還是壞的。

將這許許多多的局勢未明之處湊起來，便很難做決定。幸好，**放棄能夠減輕難度**。

每個人都萌生過「早知如此，我就走另一條路了」的念頭。憑著放棄的技巧，你可以在取得新情報的時候換一條路。你有臨機應變的能力，可以隨順世界的變化、知識的變化、你本人的變化。

所以磨練放棄的技巧才如此重要，當你允許自己放棄，不明朗的事態便不能癱瘓你，你也不必永遠困守著自己的每一個決定。

矽谷以「迅速行動、打破現狀」之類的口號聞名，還會為了實踐口號，採取「最小可行產品」（Minimum Viable Product, MVP）之類的策略。這些類型的靈活策略一定得包含放棄的選項，否則會失敗。你要推出最小可行產品，先決條件是你有回收這些商品的能力。推出這些商品的用意，便是迅速取得情報，捨棄行不通的地方，守住值得保留的部分，或是開發更好用的新東西。

放棄讓企業在極度混沌不明的環境中，將速度、試驗、效率都提升到極致。如果你行動迅速，當然會面臨更高的不確定性。你在行動之前蒐集、分析資訊的時間縮短了。最小可行產品的作用，是保留你及時脫身的餘地，以免你在一件事情上付出過多的時間或心力，同時加快蒐集資訊的過程，取得做出良好決策的關鍵情報。

據說，美國演員理察．普瑞爾（Richard Pryor）在一九七〇年代中期至一九八〇年代早期是世界第一的單口喜劇演員，他便熱中以這種策略開發新的素材，這是他出了名的事蹟。如今的世代可能不太熟悉普瑞爾這號人物，然而在公眾心目中，憑他成功的程度，憑他運用喜劇打破藩籬的手段，憑他對後世同行的影響力，他都依然是史上最重要的喜劇演員之一。在他最後一次的單口喜劇表演後二十年，新加坡「爆笑頻道」（Comedy Central）將他列為史上第一的喜劇演員。在普瑞爾過世十多年後的二〇一七年，《滾石》雜誌（*Rolling Stone*）也將他列為第一名。繼他之後，幾乎每一位傳奇喜劇演員都說他是最厲害的，包括美國好萊塢喜劇演員傑瑞・史菲德（Jerry Seinfeld）、美國單口喜劇演員戴夫・查普爾（Dave Chappelle）、非裔美國喜劇演員艾迪・墨菲（Eddie Murphy）、美國脫口秀主持人大衛・萊特曼（David Letterman）、加拿大裔美國演員金・凱瑞（Jim Carrey）、美國喜劇演員克里斯・洛克（Chris Rock）與已逝的美國演員羅賓・威廉斯（Robin Williams）。

普瑞爾在聲名如日中天的時候，不僅是喜劇演員，還是電影明星與文化偶像，他會在日落大道（Sunset Strip）的喜劇專門店（Comedy Store）預約一些表演場次來研究他的新素材。喜劇專門店是一家小型俱樂部，卻相當有威望，據說不曾在那裡證明自己本領的人，別想在《今夜秀》（*The Tonight Show*）亮相。在喜劇專門店舞台上的時段可是眾人垂涎的搶手貨。

普瑞爾的地位實在不同凡響，隨時想要登台都不成問題。事實上，當他的名字出現在看板上，觀眾的期待便一飛衝天。消息迅速散播到洛杉磯的大街小巷與娛樂圈。街道上會出現蜿蜒的排隊人潮，準備購買寥寥無幾的門票。當他登上舞台，現場氣氛不亞於重量級冠軍賽的開場。

而普瑞爾會出盡洋相。

在第一天夜晚，他登台時只準備了「幾個點子」、「頂多一兩個笑話」。觀眾會央求他從最新的專輯裡挑幾個招牌的角色出來演繹，還喊出畫龍點睛的笑哏。當他擺明了不會滿足觀眾的點播（或是表演妙趣橫生的新哏），嚷嚷會消退。他會磕磕絆絆地講上至少半小時的拙劣題材，觀眾陷入彆扭、尷尬的沉默。

第二天晚上，他會剔除觀眾不喜歡的所有內容——幾乎是全部，並擴充任何令觀眾發笑的部分。到了第三天終了，他便有了四十分鐘的精采題材，他將這些題材製作成喜劇專輯，連續九次得到葛萊美獎（Grammy）提名，其中五張專輯獲獎。

這是喜劇演員版的最小可行產品，他們在敲定笑話的細節之前會先到小俱樂部做做試驗，或者有時只是改進一個主題，看看結果如何。這是傑瑞．史菲德的做法，克里斯．洛克也是，其他成功的單口喜劇演員也幾乎都是。他們從觀眾得到回饋，捨棄不能用的素材，開發可用的內容。

這一套不只適用於矽谷人士與偶像級的喜劇演員。具備在試驗一番後放棄的能力，對所有人的人生至關重要。

一個我們都在用的簡單實際應用是「戀愛」，「戀愛」是最小可行產品的一種形式。與結婚的對象相比，你對交往對象不必有太多認識便可以出門約會，因為選擇跟交往對象一刀兩斷很容易。此外，這些交往的經驗可以協助你發掘並改善自己的偏好，能夠為長期的感情關係做出更好的決定。

有了放棄的選項，當你察覺自己在做的事不可行，便可以走人。如果你即將抵達聖母峰的峰頂了而天氣轉變，你能夠折返。如果你的賽場醫生說你的腎臟受損，你能夠退役。

相同的概念也適用於你主修的科系、工作、職涯方向、感情、鋼琴課，或乃至芝麻綠豆大的小事，比如你正在觀賞的電影。

擋不住撐到底的蠱惑之音

局勢未明時，放棄是做出良好決策的最重要工具之一，但局勢未明也會防礙我們妥善判斷是否放棄。因為放棄本身，便是在事態未明下的抉擇。當你去做一件事，你不能百分之百確定結果會如何，當你考慮終止行動，你也不能百分之百確定放棄的後果。

想想哈奇森、塔斯克、凱西斯基，他們決定攀登聖母峰的時候，並不知道後果。他們不曉得到了基地營會如何，在午夜離開四號營去攻頂的時候，也不曉得這一天會發生什麼事。當然，當他們在上午十一點半斟酌是否繼續跟著其他隊員往上爬，還是要折返時，也不會知道後來的結果。

當你決定結婚，你不能確知後果。當你決定離婚，你也不知道後果。不論是決定念哪個科系或決定更換科系，決定投入新工作或辭職，決定開始一個案子或終止它，你都不會預見結局。

當你評估是要放棄一件事或堅持下去，你無法確定自己會不會成功，因為事情仍然懸而未決。但這兩個選擇有一項關鍵性的差異。

只有一個選擇能給你最後的答案，那就是選擇堅持下去。

我們對蓋棺論定的渴望，是呼喚我們再接再厲的蠱惑之歌，因為唯有堅持不懈，才能確定繼續走下去的結果是什麼。如果選擇放棄，便永遠只能好奇「撐到底的話會怎樣？」就像神話裡的塞壬海妖會唱歌蠱惑水手，我們被蠱惑著堅持到底，就為了追究答案。只有撐下去，才不必想著「撐到底的話會怎樣」。

問題當然在於有時候，塞壬的歌聲會將你引到礁石林立的淺灘，讓你的船觸礁毀掉；或是在聖母峰的峰頂害死你。

事實上，你唯一能夠確定自己應該放棄的時候，是在放棄不再是選項的時候，是在你瀕臨深淵的時候，或是在你不慎一腳踩進深淵裡的時候。然後，你別無選擇，只能終止行動。

我給你一個挑戰，想像你是那些登山客，峰頂就快到了。想像你砸下的大把時間、努力、金錢。想像你跟家人做了多少犧牲，就為了讓你登上聖母峰的峰頂。再爬個海拔幾百公尺，只要幾小時便是峰頂。

你受盡了千辛萬苦，還不斷讓別人配合你，你有辦法在不確定自己是否能爬到頂峰的情況下，轉身下山嗎？在你的餘生，「要是我沒放棄呢？」將是多麼沉重的負擔？

絕大部分人無法在這種情況下放棄。哈奇森、塔斯克、凱西斯基做到了，但那天死在聖母峰上的人與許多差一點喪命的人，很多人都沒能抵擋住堅持到底的蠱惑之音。

超級企業沒順應變化，堅持到湮滅

正如挑選適合你攀登的山是你需要操練的技術，懂得選擇下山的時機也是你需要的技術。**一旦世界變了，便應該捨棄不再可行的事物，放下我們或別人不再想要的東西。我們得考察世界的樣貌，既要了解世界可能變動的時間，也要發掘有哪些更值得我們下功夫的事物。**

事實證明，別以為你在雄偉的高山上，腳下的土地就一定特別穩固，即使峰頂近在咫尺。當美國職業美式足球員湯姆・布雷迪（Tom Brady）在二〇二一年第七度贏得超級盃，他不但又一次讓人看見他的優秀，也讓人注意到他職業生涯的驚人長度。事實上，檢視布雷迪十九年前在二〇〇二年首度贏得超級盃時的廣告商名單，便會看見布雷迪的職業生涯，遠比許多曾經叱吒風雲的顯赫企業更長。這一份名單如今已是一座企業的虛擬墓園：美國線上（AOL）、百視達（Blockbuster）、電路城（Circuit City）、美國電腦（CompUSA）、蓋特韋（Gateway）、睿俠（RadioShack）、西爾斯（Sears）。

假如你想了解為什麼精通放棄之道很重要，能讓你靈巧地順應這個變動不定的世界，看看這一份名單就行了。假如你在二〇〇二年能夠掏出兩百萬美元（現在已經破五百萬美元）購買三十秒的廣告時段，此外你還得拍一支你認為能夠脫穎而出的廣告，因此你也得支付製作費及廣告公司的費用，這樣的你絕對是成功的大企業。可想而知，你努力維持大企業的身分，希望公司的規模蒸蒸日上。

這些企業都夠聰明，打造過非常優異的產品。他們有資金、有資源，可以把局勢調查個一清二楚。然而，他們每一家公司都沒有趕上世界的變化，沒有及時放棄，堅持到湮滅為止。

以百視達為例。跟他們競爭的新公司蜂湧而出，其中一家是網飛（Netflix）。打亂現狀的新技術（串流）問世。當百視達拿到收購網飛的機會，他們回絕了，堅持守護老本行，讓顧客親自到門市租借實體的娛樂影帶。

我們都清楚百視達怎麼了，也知道網飛怎麼了。

看看百視達及那份清單上的其餘公司，便會明白不是只有一般人，會把評估堅持與否的那把尺調整得不利於放棄，工商企業也一樣。這不足為怪，因為工商企業是由個人組成的。

企業要維持利潤，不是只要堅守一項策略或經營模式（即使曾經有利可圖）就夠，還得調查業界的變化，予以回應。同樣地，在我們每個人的個人層次，想要踏上幸福的康莊大道，可不能被那許許多多的格言騙倒，盲目守著我們現有的做法。我們要洞察自己身邊的風吹草動，才能看出什麼可以給我們最大的幸福、最多的時間與健康，然後去做。

那通常代表你得更常放棄。

恰到好處的蓋牌，是高手與菜鳥的區別

美國歌手肯尼．羅傑斯（Kenny Rogers）在電影《玩命賭徒》（*The Gambler*）唱道：「你得懂得幾時要保留手牌、幾時要蓋牌，懂得幾時要閃人、懂得幾時要腳底抹油。」

注意，這四件事情有三件是放棄。說到打牌要懂得停損的重要性，肯尼．羅傑斯果然很了解。

德州撲克牌*的牌局，其實很適合認識放棄的益處。**恰到好處的蓋牌，或許是區別高手與菜鳥的最重要技能**。其實，要是沒有放棄手牌的選項，德州撲克便會更接近「百家樂」（baccarat），因為百家樂沒有技術成分，一旦發了牌，便輪不到你做任何新的決定。

撲克高手在許多地方都比菜鳥更擅長放棄。最明顯的就是他們清楚棄牌的時機。判斷哪些手牌值得打、哪些不值得，是撲克玩家第一個且影響最大的決定。職業牌手不過是更精通這樣的判斷，只玩一五％至二五％的兩張起手牌。菜鳥則有半數時候，會留著他們的起手牌繼續玩。

在保留手牌繼續玩還是棄牌的天人交戰中，菜鳥通常會留牌。職業牌手則多半會棄牌。或許，部分是因為在留牌與棄牌的選擇中，只有留牌能讓你確定假如你留在牌桌上，一直打到最後一張牌，是否就不會錯過贏的機會，收走彩池裡的籌碼。

有一句撲克牌的老話是這麼說的：「任何兩張牌都有勝算。」意思是如果你堅持留在牌桌上，即使機會渺茫，即使手牌很爛，總有贏的可能。

可惜，這句老話沒有接著說明：「……但有利可圖的時候不夠多。」

我記得在許多個打牌的夜晚，在牌桌上坐我隔壁的玩家會在一局終了時用手肘輕輕碰觸我，讓我看到他們蓋掉的牌可以贏那一局。有時情況會變得很誇張，比如他們在這一局蓋掉的牌是七跟二（在數學上來說，是你能拿到的最糟的起手牌，想都不用想便可以放棄），而五張公共牌則包含了七、二、二。他們必然會靠過來哀嘆：「我蓋掉了七跟二。我本來可以湊成葫蘆的！」

我會告訴他們：「那倒是有避免的方法。」

「怎麼做？」

「只要每一手都玩，玩到最後一張牌為止。」

這樣的建議或許很荒唐，但我要表達的是**撲克要打得好，捨棄幾把原本能贏的牌是必要的**。想成為撲克高手，就得學會接受這個現實。玩你拿到的每一手牌，很容易三兩下就破產，因為長久下來你就打了太多把沒有油水的牌。這也會讓德州撲克更像百家樂，剔除了牌技的關鍵要素，也就是棄牌的選項。

即使玩五〇％的手牌，代價也很高，但付出代價的回報是安心。當你留在牌局不棄牌，曉得自己說不定會扔掉贏牌機會的痛苦便會減輕很多。你不會承受底下這一種「假如我沒棄牌呢」的煎熬：看著玩家們將籌碼扔進金額可觀的彩池，再看著籌碼落進某人的口袋，心知肚明要不是當初蓋了牌，贏家說不定就是你。

* 莊家要發牌給玩家，稱為手牌，第一輪發出的兩張稱為起手牌，然後翻開幾張牌在牌桌上，稱為公共牌。玩家要判斷是要繼續玩，還是要放棄，稱為棄牌或蓋牌。繼續玩的人要用手牌跟公共牌配對，最後全部玩家比較牌面的大小，大的贏。

對大部分玩家來說，那一份安心的威力很強大，是另一種蠱惑。這也是菜鳥玩家會打那麼多把的主要原因之一。

如果菜鳥覺得一開局就蓋牌很勉強，在掏錢下注之後只會更難。想保住已經下注的彩金，是很難克制的衝動，不論下一把對你有利的機率為何。

由於牌局蘊含未知，看不見其他玩家的牌面，不知道後續會出現的牌，你不確定那一把最後會怎樣。於是，大部分的玩家寧可繼續打而不停損，因為如果留在牌局上，便仍然有贏牌的一線希望。相對來說，一旦蓋了牌，那一局便保證輸，拿不回剛剛下注的賭金。

如果你大半時候會玩起手牌，一路玩到最後一把，便比較不會因為蓋掉了原本能贏的牌而懊悔。

你也會很快破產。一流的撲克高手會避開這種陷阱。

此外，**撲克高手能夠判斷退場的時機。高手打牌的時候，他們比其餘的玩家更能夠察覺局勢對自己不利，或是手氣不順。既然都發現苗頭不對了，他們便更可能因此退出牌局。**

退出牌局是充滿未知的決定，因為永遠不能確定你錯過什麼。或許你會打得稀爛，也或許你會表現傑出，但牌面太差而照樣輸。也就是說，假如你認定自己輸在手氣而繼續玩，什麼都攔不住你留在牌桌上。退出牌局，等於承認你可能技不如人，在你玩的這一把大概不占優勢。這很傷自尊，沒幾個人嚥得下去。

就像只有蓋牌能保證你輸掉那一局，只有在快輸了的時候退出牌局，能夠保證你拿不回已經下注的籌碼。這一切都讓人很難在苗頭不對的時候罷手。

專業的撲克牌手能夠精準地做出這些決定嗎？才不呢。其實，有時他們距離完美還很遠。但他們**比對手更擅長決定放棄，光憑這一點就能贏**。

仔細想想，我們的決定幾乎都涉及相同類型的混沌不明。該辭職嗎？該改變策略嗎？要終止那個案子嗎？該轉身下山嗎？該結束營業嗎？

這些都是艱難的問題。我們不是無所不知。我們沒有水晶球或時光機。面對前景未卜、變動不定的事，我們只能自己好好評估，並希望自己磨練出了足夠的棄守技能，在大勢不妙的時候曉得要走人。

關於堅毅與放棄的根本真相就是：崇高美德的反面，也是崇高的美德。

第1章摘要

- 我們喜歡頌揚在逆境中堅持不懈的人。相形之下，放棄的人便成了隱形人。
- 不去留意放棄的人的抉擇過程，便很難從中學習。
- 捨棄一個行動有時是獲得長遠利益的最佳方式，不論你是要在撲克牌桌上停損，還是改天再登山。
- 放棄與堅持不懈，是同一個決定的一體兩面。
- 在現實世界中做決定，需要在沒有完整資訊的時候行動。放棄則是容許我們在做出決定之後回應新資訊的技巧。
- 一件事只有堅持到底，才會曉得最後的結果。你得接受自己不會曉得撐下去的話會怎樣，才有辦法放棄。
- 保留放棄的選項有助於你多探索、多研究，最終找到值得你堅持不懈的正確事物。

第 2 章

及時放棄，通常會覺得言之太早

諸事順利的線上遊戲，為什麼要喊卡？

自從波蘭裔加拿大企業家史都華．巴特菲爾德（Stewart Butterfield）在一九九二年成為大學新鮮人，首次接觸網路以後，便對網路促進人際往來的潛力感興趣，尤其是跨越地理疆界的人際互動。

十年後，在二〇〇二年，他跟人一起開公司，打造一款大型的多人線上角色扮演遊戲，遊戲概念是《無盡遊戲》（*Game Neverending*），玩家必須合作累積物品，建立整個世界。《無盡遊戲》的原型受到許多玩家的喜愛，遊戲公司卻發現在網路股泡沫化的餘波盪漾下，募資的環境並不友善。巴特菲爾德告訴我：「凡是跟網路沾上邊的東西，感興趣的投資人都不太多，特別是像網路遊戲這種無聊玩意兒。」

二〇〇四年，由於籌措不到資金，他們公司沒錢了。

最後他們孤注一擲，撈出無盡遊戲的一項功能，也就是玩家庫存物品的管理介面，以裝在鞋盒的相片作為圖形標示。這便是後來的Flickr，是最早的相簿分享網站之一。不出一年，巴特菲爾德與共同創辦人們以兩千五百萬美元的價格，將它賣給雅虎（Yahoo）。

史都華．巴特菲爾德在二〇〇八年離開雅虎，重拾以前的理念，打算設計一款合力建造世界的開放式線上遊戲。他跟幾位在 Flickr 時的夥伴一起創立另一家遊戲公司，取名「微塵」（Tiny Speck），第一項產品是更加雄心壯志的《毛刺遊戲》（*Glitch*）遊戲。

這時的電腦運算能力已是百倍，他的工程師與設計師團隊經驗更豐富，能力更強。Flickr 是他拿得出來的實際成績，募資環境也熱絡得多。這一切都讓他更容易取得創投的資金。他們向創業投資人募集一千七百五十萬美元，包括創投公司安德里森・霍羅維茲（Andreessen Horowitz）與阿克瑟爾（Accel）。

《毛刺遊戲》在二〇一一年九月二十七日公開上線，大眾觀感良好，有鮮活的幻想故事主軸，粉絲跟評論家形容為「蒙提・派森（Monty Python）遇上蘇斯博士（Dr. Seuss）*」。

到了二〇一二年十一月，這款遊戲有了大約五千位忠實的熱血玩家，一週至少玩二十小時。問題是這些支付月費的玩家比例不到五%，免費登錄、試玩的玩家人數超過十萬。

超過九五%的新用戶玩《毛刺遊戲》的時間不到七分鐘便一去不回。

巴特菲爾德、他的共同創辦人、他的投資人意識到這個問題。他們得吸引高達九十五到一百位新用戶，才能開發出僅僅一位付費玩家。他們決定更強勢地招攬顧客。他們原本的策略很低

* 前者是一個英國搞笑表演團體，後者是著有《鬼靈精》等兒童繪本的美國作家。

調，就是做做公關，靠口碑推廣。這時他們加碼行銷，花錢打廣告、與網路平台結盟合作，吸引更多人試玩。

新的行銷計畫奏效了。十一月十日至十一日是他們強勢行銷的最後一個週末，他們獲得了一萬個新註冊的帳號。在那之前的十五週，每週新增的每日上線用戶超過七%。一週至少玩五天的超熱血玩家，每週成長超過六%。

然而，在那個大豐收的週末落幕後，就在週日的夜晚，史都華．巴特菲爾德神經緊繃到不能成眠。在深夜時分，他恍然大悟，隔天十一月十二日週一便採取行動。

他給投資人寄出一封電子郵件，劈頭第一句是：「今天早上起床時，我十二萬分確定《毛刺遊戲》已經玩完了。」

其餘的創辦人與投資者大吃一驚。從各種跡象判斷，諸事順利。事實上，順得不得了。《毛刺遊戲》剛剛迎來了上線以來最大的一波成長。他們的資金依然充裕，銀行帳上有六百萬美元。但巴特菲爾德卻說要放棄《毛刺遊戲》，提議將剩餘的資金歸還給投資人。

在公司捷報連連之際，是什麼讓巴特菲爾德心煩意亂，夜不成眠？他為什麼要終結公司？

答案是史都華．巴特菲爾德可以窺見未來，目睹別人看不見（或不願意看見）的事物。他察看《毛刺遊戲》或許會有的各種前景，發現這一款遊戲變成錢坑的可能性實在太高了。

新帳號的數目才剛剛創下最高的成長幅度，但他預見的未來是即使每一週都新增七％的用戶，連續三十一週，他們才能回本。這還是假設新用戶變成付費用戶的比例跟以前一致，這是相當大膽的假設，畢竟他們爭取到的關注越多，濫竽也隨之變多才合理。即便是他們剛剛招攬到的一萬位新用戶，也是耗費了更高的成本才號召來的，與從前的行銷活動所開發的用戶相比，品質不可同日而語。

更糟的是久而久之，付費廣告觸及的廣大受眾，會有越來越多是在試玩後決定不玩的人。一旦遊戲圈的主流玩家都看過廣告，他們公司要開發新用戶，便只能指望平時不太玩遊戲或對遊戲興趣缺缺的人。《毛刺遊戲》低下的付費用戶比例會降到更低。只有不斷召集數量龐大的新用戶，遊戲才能維持成長。

這些成長指標一個都不能落下，微塵公司必須承受日益嚴峻的挑戰，連續八個月砸錢行銷，這還僅僅是回本。這一款遊戲要成功營利，遲早會需要幾十萬的付費玩家，試玩的人數就得有幾千萬。要達標，便得無止境地砸錢，去網羅越來越浮濫的新用戶，吸引更多的關注來找到願意掏錢支持遊戲的死忠玩家。

怎麼看都是此路不通。

史都華．巴特菲爾德大可否定或無視他窺見的未來。《毛刺遊戲》是優質的遊戲，別出心裁展現創辦人的理念，受到《毛刺遊戲》廣大玩家們深深喜愛。新用戶的人數也在成長。

你八成會以為，對於這樣一家公司，創辦人的所有直覺必然是經營下去。巴特菲爾德付出了四年的心血打造《毛刺遊戲》。最重要的是，這一款遊戲關乎他的名聲。二〇一七年，他曾在Podcast節目《規模大師》（*Masters of Scale*）向雷德・霍夫曼（Reid Hoffman）解釋：「你得說服投資者，說服媒體，說服潛在的員工，說服顧客。我還四處遊說，挖人來做這個案子，要他們擱置手上的一切事務，辭職，領取微薄的薪資換取公司的股權……」

話雖如此，他知道放棄是正確的決定。他告訴投資者：「我六週前就大概曉得必須放棄了，那時候，我以為否決是出於審慎（以防我們太早放棄）。但必須歸類為『弊』的事情實在太多。」

在其他人看來，他放棄得未免太快。但對史都華・巴特菲爾德來說，他窺看了未來，察覺自己放棄得可能還不夠快。

我們不清楚在他跟其他人解釋了自己的推論以後，其他人是否認同他的看法。但那不重要。既然他要退出，公司便沒有繼續存在的意義。

多數人在那種局面下，不會跟巴特菲爾德一樣放棄。有許多因素，會讓人更容易選擇再接再厲，然而他照樣放手了。他為了這款遊戲付出了多年心血，有令人振奮的新業績，他的共同創辦人與投資人都有意繼續經營，還有當他貫徹放棄的決定，他必然會覺得痛苦，而這對他的員工來說也不會好受。

乍看之下，這不是圓滿的結局。巴特菲爾德對自己的遊戲理念熱血十足，為了創造一款由許多玩家合作的遊戲，他努力了十年。這是他第二次力有未逮。

然而，**在該放棄的局面下果斷放棄，便應該視為圓滿的結局。我們很難看出這當中的圓滿，只是因為我們將放棄視為失敗**。

史都華．巴特菲爾德看見自己拿著一手必輸的牌，決定在燒完公司的資金之前棄牌。他阻止了公司將六百萬美元砸在劣質的投資上，得以將這一筆錢，拿去投資贏面更大的其他標的。他也讓員工不必被前景黯淡的公司困住，賺取微薄的收入、守著未來可以認購股權的承諾，在他判斷那些股權不值得員工賣命時立即喊停。

對巴特菲爾德、他的投資人及共同創辦人、他的員工來說，這全是好事。這樣的結果本身，難道不該視為圓滿嗎？

這便說到了關於放棄的另一項可貴之處。**當你放棄，你會存活下來，未來可以繼續奮鬥**，有時真是如此。哈奇森、塔斯克、凱西斯基原路折返，活著下山，於是有了後半輩子。撲克牌的玩家蓋了牌便可以停損，可以將籌碼投資在另一把牌面較佳的牌。如果他們在打得很不順的時候下牌桌，便不會輸到破產，掏不出資金，不能參與勝算較高的牌局。

捨棄《毛刺遊戲》以後，史都華．巴特菲爾德便可以自由開發其他產品。這正是他立即採取的行動，他開始鑽研《毛刺遊戲》開發團隊的內部溝通系統，探索它的潛力，想改造成可以促進工作效率的獨立工具。這項工具基本上融合了電子郵件、即時通訊、簡訊的優點，讓團隊的成員可以即時交流，分享文件及其他素材。

這工具擄獲全公司的心。人見人愛。放棄《毛刺遊戲》不到兩天，開發團隊已經投入這個新玩意兒，投資者也決定加入，掏出資金給這項新產品。

以前他們在微塵用它的時候，甚至沒有給它取名。在十一月十四日，巴特菲爾德為這項工具取了軟體代號，也就是「全部對話及知識的可搜尋記錄」（Searchable Log of All Conversation and Knowledge）的縮寫。

Slack。從此不曾改名。

二〇一三年八月，Slack 宣告產品上線。二〇一九年六月，Slack 上市。成為上市公司第一天，公司市值為一百九十五億美元。二〇二〇年十二月，賽富時（Salesforce）同意以現金、股票及承接債務的形式買下 Slack，這筆交易的價值是兩百七十七億美元。

我們或許會忍不住認為：「這才是圓滿的結局嘛，因為那個放棄的決定，催生了 Slack。」

但千萬別弄錯了，即使巴特菲爾德沒有創立 Slack，只將資金歸還給投資者，這本身便是圓滿的結局。他將微塵的內部溝通工具變成獨角獸的事實，不過是讓圓滿的結局更圓滿罷了。

趁還有選擇的時候放棄

《毛刺遊戲》的故事凸顯了放棄的根本課題之一。

及時的放棄，通常會覺得似乎放棄得太早。

假如你及時放棄，在那一刻，當下不會有哪一件事似乎特別不妙。這是因為放棄的問題在於，你要有能力窺看日後可能出現的各種事態走向，察覺下場堪慮的可能性過高，不值得你繼續努力。

在那一刻，放棄是客觀的最佳決策，在現實中的情況一般不會特別糟，儘管你確實可以從當下找到線索，協助你洞察未來的可能樣貌。問題是我們往往會合理化在當下的線索，看不見局勢實際上很嚴峻，而這或許是因為我們厭惡放棄。

史都華・巴特菲爾德確實看見了局勢很不妙，儘管局勢似乎一片大好。他檢視了新用戶的品質變化，也查看了他們變成忠誠玩家的人數，琢磨出《毛刺遊戲》未來的命運。

我們絕大部分人在巴特菲爾德的處境下，會聚焦在現狀的美好前景，至少不會想到前景惡劣到必須結束營業。畢竟，你建立了一款優質的線上遊戲，吸引了五千位打死不退的忠誠顧客。局勢大好。你的投資者們士氣大振。你的共同創辦人們很滿意。你才剛剛創下業績最好的一個月，有了大量的新顧客。你帳上有六百萬美元。你只要努力解決問題，吸引更多的玩家留下來。其餘的每個人都振奮起來，準備再接再厲。

或者你快到聖母峰的山頂了，再爬三個小時左右便能夠登頂。你有充足的氧氣。你只是腳程稍微慢一點，但天候狀態很適合攀登，好到大部分人仍然在向上爬。

穆罕默德・阿里退出拳壇的理想時機，大概是他從喬治・福爾曼手裡奪回拳王的頭銜之後。顯然，那會需要超越人類極限的時間旅行技能，也許得無所不知才行。但那是在他的畢生抱負剛剛實現的時候，而且絕對是在他的腎臟與神經受損之前。

厄尼・沙維斯在一九七七年九月與阿里對戰之後，泰迪・布倫納跟佛迪・帕契可不必無所不知，也會知道假如阿里留在危險的拳壇，奮鬥到三十五歲之後，下場大概會非常慘。

而他實際退役的年齡，是在三十五歲過了四年之後。

既然最不適合做決定的時刻是置身事內時，難怪我們得在精神空間進行時間旅行，才能妥善做出放棄的決定。一旦成為當事人，面臨是否要停損的抉擇，除了當下的處境，你已經顧不了其他事情了。

暢想未來的時候，我們想的經常是內心的期望、目標、抱負。樂觀，往往意味著任由悲慘的未來衝過來，一路衝到自己家門口，我們才察覺異狀。

在管理諮詢領域，有一條著名的經驗法則是開除一個人的正確時機，是你第一次浮現那個念頭的時候。這一條經驗法則的用意是讓企業早早做出決定，因為大多數的主管不太願意開除員工，讓員工留任太久。

解雇不稱職的員工，當然是一種放棄（從雇主的角度）。這在企業界稀鬆平常。企業要管理全體員工，遇上表現不良的人員，便得決定要不要辭退對方。

雇佣是充滿不確定性的決定，遠超過大部分人願意相信的範疇。你拿到應徵者的履歷、推薦信，還面談了對方幾次。這相當於你跟一個人約會幾次、有兩位共同朋友，便跟對方展開長期的關係。根據長久以來的估計，主管錄取稱職人選的成功率只有五〇%，完全符合雇佣涉及的不確定性。在新人到職一段時間以前，天曉得他們適不適任？

既然雇佣是充滿不確定性的決定，便存在風險，然而就像員工可以選擇辭職，雇主也可以選擇請員工走人，而這降低了風險。當然，你得擅長使用這個選項才行。可是開除某人的決定本身，便是一個存在不確定性的決定，我們已經在幾個例子裡討論過，不確定性往往令我們堅持太久。

也因此，對於何時開除別人的經驗法則，知道的人很多，卻不常實踐。

當你看見對方不適任，卻犯下讓他們留在崗位上太久的錯誤，代價是很沉重的。管理顧問傑夫・斯馬特（Geoff Smart）是雇用菁英團隊方面的專家，以他的公司客戶群為對象的研究顯示，按照直接成本與折損的生產力來計算，聘用錯誤人選的成本，是當事人薪資的十五倍。當然，所聘非人的成本，有一部分來自讓那位員工待得太久。

拖拖拉拉不修正錯誤的代價都很高昂。要是不在損失必然會發生的時候停損，損失便會持續累積。

這暴露了關於放手的普遍錯誤認知。我們在應該抽身的時候不甘願走，是因為我們覺得要是走了，我們的進展將會減慢或完全停擺。

其實，反過來才對。

如果你堅守不再值得追求的事物，無論那是失和的感情、投資失利的股票或錄取的員工表現不佳，你都會失去立足之地。

不放棄，便會錯失機會，不能把握可以讓你加快進展、實現目標的事物。當你陷入必輸的努力，那會絆住你的腳步。當你堅持不懈地做一件事，無視其他更好的機會，你前進的速度會減緩。

與一般的信念相反，放棄會讓你更快實現目標。

從「預期價值」的角度思考

要正確判斷該堅持或放棄，你得掌握現有的資訊，推測未來的走向對你有利的概率與對你不利的概率，明辨好事發生的頻率是否夠高，足以支持你延續現行的路線。

基本上，你要從「預期價值」的角度思考，這便是史都華．巴特菲爾德的做法。

預期價值協助你回答兩個問題。

1. 你會知道自己考慮的各個選項未來的走向，整體上可以為你創造長期的益處或壞處。
2. 你可以比較不同的選項，篩選出好的選項，好的選項很容易辨識，就是預期價值最高的那一個。

要判斷任何一項行動的預期價值，首先要辨識合理的可能結果有哪些。有的結果是好的，有的是壞的，好壞程度不一，而每一種結果都有發生的概率。如果你將每一個結果的發生概率乘上那個結果可能有多好或壞，整合起來看，你便會知道預期價值。

舉個簡單的例子，想像你有一枚正反面出現的機率都是五〇%的公平銅板，你用它擲銅板。在這個例子中，假設銅板正面向上你贏一百元，反面向上你賠五十元。將你可以贏的一百元乘五〇%（銅板出現正面的頻率），答案是五十元，這便是你預期的長期收益。將銅板扔出背面時的五十元虧損乘五〇%，計算出負二十五元，這便是你長期的預期虧損。從五十元扣除二十五元，淨收益是二十五元。因此，這個擲銅板的提案，預期價值是正數的二十五元。

留意，儘管擲到銅板背面的概率與正面一致（兩者的發生率都是五〇%），但你的預期價值是正數，因為你賭贏的獲利，比你擲銅板失利的虧損高。

只要你贏的機率夠高，足以彌補虧損，即使賭贏的彩金遠遠低於賭輸時的虧損，你的預期價值也可以是正數。比如，假設扔到銅板正面可贏五十元，背面要賠一百，但你扔銅板十次可贏九次，只輸一次，你的預期價值便是三十五元。

這一把應該賭。

同理，有些情況的贏面雖然微小，預期價值卻是正數。想像有一枚銅板九九%的時候會扔出背面，正面的機率是一％。扔出背面你得賠一百元，但正面時你贏十萬元。即使你賭一百次只會贏一次，彩金卻夠大，因此這場博奕的預期價值是正數，結算起來是九〇一元！

（當然，這個賭局的風險，遠高於另外兩個。風險管理是許多書籍的主題，但在本書不是。）

從預期價值的角度來思考時，第一步是問：「**我考慮要做的事（換一個新的做法或繼續你現有的做法），預期價值是正數嗎？**」

第二步是拿這個預期價值，與你考慮的其他選項的預期價值做比較。由於時間、注意力、金錢都是有限的資源，一輩子只能做有限的事，因此在思考一件事是否應該繼續做的時候，我們得問：「**假如我要改做別的事，那件事的預期價值比我正在做的事情高嗎？**」

如果你判斷走另一條路的預期價值更高，便離開目前的路線，切換到可以讓你走得更快的新路線。

無論你在考慮的是擲銅板或買股票，損益可用金錢計算，或你在考慮結婚對象或居住地點，評估的標準是幸福和生活品質，預期價值的觀念都能夠協助你判斷自己採取的路線，是否值得繼續走下去。

史都華．巴特菲爾德以預期價值，判斷要不要繼續培植《毛刺遊戲》。身為一家新創公司的共同創辦人，他面對的是一項成功率低但潛在報酬高的行動。

絕大部分的新創公司，顯然不會成為Slack、網飛、推特或臉書。多數的新創公司會失敗。即便如此，成功的概率仍然夠高，足以令追求這個遠大目標值回票價。

這揭露了史都華・巴特菲爾德心煩的原因。他在二〇一二年十一月十一日失眠的夜晚前往未來的時候，他看見微塵變成獨角獸的可能性不夠高，不值得保留。

在某個未來世界，他可以將《毛刺遊戲》變成獨角獸，但可能性太渺茫，沒理由去追求那個十億美元以上的出路。他看見了警訊，問題是當你擅長放棄之道，往往只有你看得到警訊。他在十一月十二日告知共同創辦人與投資人的時候，他明白放棄的預期價值高於繼續營運。

在本質上，史都華・巴特菲爾德的思路就像撲克牌玩家。牌桌上的長勝軍想的不是贏某一把，無論任何狀況。他們知道任何兩張牌都有贏的希望，但只有其中幾手的贏面夠大，值得保留。撲克牌玩家的決定，是看玩下去的預期價值高，還是棄牌的價值高。也就是說，如果他們每一局都玩到最後，哪一個選擇（留在牌局或蓋牌）的長期利益高？

顯然，我們不是無所不知，大部分人神遊未來的本領比不上史都華・巴特菲爾德，但每個人都有能力窺見未來的些許片段，這便能夠幫助你做出放棄與否的抉擇。

預期價值不只關乎金錢

二〇二一年夏季，我收到一位讀者的電子郵件，她在考慮辭職，希望我協助她釐清這個抉擇。莎拉・奧斯廷・馬丁尼茲（Sarah Olstyn Martinez）醫師覺得自己的職業生涯走到了十字路口。她十六年如一日地擔任急診室醫師，自從二〇〇五年念完醫學院，在為期一年的實習期間輪調到一家醫院的急診室那一刻，她便愛上了急診醫療。

奧斯廷・馬丁尼茲以前實習的西奈山醫院（Mount Sinai Hospital），是芝加哥首屈一指的外傷中心。醫院附近的北朗代爾（North Lawndale）是公認最危險的城區之一。一份根據急診室資料統計出來的二〇一九年槍械暴力事件趨勢研究指出：「在全芝加哥發生的槍械暴力事件中，確實有一大部分傷患在西奈山就醫。」

在這樣一間重要的外傷中心實習，磨練自然很扎實，她很喜愛在那裡工作的經驗，喜愛到她在成為住院醫師的四年裡專攻急診醫療。

二〇〇九年，她搬家到德州的奧斯丁（Austin），在一家醫院當急診醫師，一做就是十二年。她也很喜愛這份工作。

大家以為急診室醫師要飛奔去按壓病患的胸口，時時刻刻拚命搶救瀕死的人。有一部分的急診案例確實如此，但奧斯廷．馬丁尼茲說，這份工作的本質主要是你每天都要目睹最孤寂、最令人心痛的人性百態，你要如何不被消磨殆盡，這才是急診工作的日常挑戰。

比如，二〇二一年有一次執班時，她的第一位病患是安養院送來的九十歲女性，病況嚴重到不能言語，而奧斯廷．馬丁尼茲醫生聯絡不到任何家屬，無法請家屬協助釐清病患怎麼回事。隔壁的六十多歲女性則宣稱有人想要毒害她，理由是每次吸食快克（crack）都會心悸。她激動地否定問題可能出在她吸食毒品，因為她都吸食二十年了。

這樣的工作既考驗一個人的心性，也很引人入勝。但在急診醫療界，能夠駕馭這些艱難的挑戰，正是急診室醫師的獨到之處。誠如奧斯廷．馬丁尼茲所言：「急診醫療的根本課題之一，就是假如你對病患的痛苦不是感同身受，不能與病患共患難，忙著擺脫病患，你就是軟腳蝦。」

一開始，這份工作的效益明顯大於成本。她的成就感包括拯救人命、為地方貢獻一己之力、是有效解決問題的高手、成為急診醫療界的一員，實際接觸大量的棘手案例。

在急診室工作的額外好處，是奧斯廷．馬丁尼茲醫生的工作與生活可以各自獨立，而這正是她需要的。

她會安排執班的時段，收班了便能照顧個人生活。上健身房也好，帶狗狗看獸醫也好，她都有遠離工作的私人空間。尤其是在二〇一四年、二〇一七年生了兩個女兒以後，公私的切割更形重要。

但她的處境卻變了。

奧斯廷．馬丁尼茲醫師不但在急診室執班，還在二〇一五年成為急診及外傷醫療部門的主任，在二〇二〇年成為院方醫療照護體系下十二個急診部門的資深主管。在那些年裡，隨著她的行政責任變重，她日漸陰鬱。

奧斯廷．馬丁尼茲醫師顯然將額外的主任職務做得很出色，證據就是她的職責在二〇二〇年又一次擴張，行政工作增加以後，她每個月只能在急診室當執班醫生六次。因此，儘管急診醫療是她從一開始就愛上的專業領域，她能在急診室工作的時間卻很有限。

她的工作量變大，尤其是此時醫療實務、行政與（當然）疫情的財源都逐漸緊縮，結果工作的壓力上升，出現殺傷力。工作與私生活的界線消失。當她執完急診室的班，再也不能把工作拋諸腦後。她的腦袋停不下來。她收到沒完沒了的訊息與電子郵件，全是要她擺平的問題。她沒有閒暇時間。

她越來越覺得自己沒有全心投入她的個人生活。她最難過的是，這破壞了她與兩個年幼女兒的關係。一天晚上八點，她意識到七歲的女兒試圖引起她的注意，一直叫喚：「媽。媽？媽！媽！」當她總算抬起頭，她女兒說：「妳沒在聽我說話，都在看手機。妳永遠在滑手機。」

而她說的沒錯。

奧斯廷・馬丁尼茲習慣處理堆積如山的工作量，但她清楚這傷害了她與她的家庭。她把壓力都帶回家了。她有切身的感覺。她夜不成眠。她落髮嚴重。

她對這份工作的喜愛，不再能夠抵消從事這份工作的代價。

她考慮辭職一年多，卻不曾採取行動。到了二〇二一年，一位朋友提議要推薦她到保險公司上班。奧斯廷・馬丁尼茲順利通過面試的程序，局勢很快便明朗了，她得做個決斷，而且要快。

但她察覺自己摸不清要不要接受新工作，辭去舊職務。

莎拉便在這個節骨眼上聯絡我。我回信了，我們很快便通了電話。

聽完她的情況，我提出一個簡單的問題：「想像現在是一年後，妳仍然在目前的工作崗位上，妳在這麼做了一年後，不開心的可能性是多少？」

她說：「我知道自己不會開心的，百分之百。」

我接著問：「假如現在是一年後，妳換了工作，在做妳目前考慮的職務，妳不開心的可能性是多少？」她說：「我不確定耶。」

「會是百分之百嗎？」

她說：「絕對不是。」

在那一刻，她恍然大悟：「啊，等一下。要是我不走，永遠開心不起來。要是我換工作，有時我會不開心，但有時不會不開心。有時，我即將轉換過去的跑道會給我實實在在的滿足，一定比不走要好啊。」

我只是把她對放棄與否的抉擇，修改成一個預期價值的問題。她考慮的選項有兩個：留在目前的工作上，或接受保險公司的新職位。哪一條路更可能讓她快樂，改善她與孩子們的關係？

她意識到接受新工作的預期價值較高。

奧斯廷·馬丁尼茲醫師的故事提醒了我們，**預期價值不只是金錢方面的價值。衡量標準也可以是健康、身心安寧、幸福、時間、自我實現、滿足的感情關係或任何會影響你的事物。**

聆聽來自過去的時空旅人

我常常說，**把預期價值當作一種精神上的時間旅行，你要前往未來，窺看各種可能的結果，明智地推測每一種結果的可能性有多高。**

這樣的時間旅行是訓練自己更懂得放棄的手段，**旅行的方向有兩種**。有時，就像史都華·巴特菲爾德或莎拉．奧斯廷．馬丁尼茲，**你從當下的線索查看未來**。但有時候，**聆聽來自過去的訊息對你有益**。

在一九九六年的攻頂日之前，便有許多人曾經登上聖母峰的高處。以前的登山客已經摸索出適當的折返時間，不管他們是一九九五年的羅伯．霍爾，還是一九五三年的丹增．諾蓋（Tenzing Norgay）與艾德蒙．希拉里爵士（Sir Edmund Hillary）或在那段時間裡的任何登山客。在上午十一點三十分，當哈奇森、塔斯克、凱西斯基考慮做出艱難的放棄決定，這些過去的登山客便拍了拍他們的肩膀，讓他們知道：「現在是折返的時候了。」

退役的四星上將威廉．麥克雷文（William McRaven），在軍事策略、美國外交政策、反恐行動上，都是舉世最受敬重的人物之一。他在三十七年的軍旅生涯裡，參與了一萬次海軍海豹部隊的任務，成功突襲奧薩瑪．賓拉登（Osama bin Laden）的行動便是由他策劃並監督的，而他在軍事行動中，順利駕馭了是繼續行動還是終止行動的決策，則呼應了時間旅行在這方面的重要性。

麥克雷文上將長期鑽研軍事史（也是軍事史的教師、講者、作者）。我們面談時，他指著自己背後的書牆，書牆的架子上塞滿了書籍，說道：「我後面這些書大概有四分之三是歷史書，內容都是順利的戰役跟不順利的戰役。」

他談起這些書籍，如何幫助他接觸來自過去的時空旅人。他解釋道：「普魯士的名將克勞維茲（Clausewitz）是不是想過來告訴我什麼？拿破崙（Napoleon）是不是想過來告訴我什麼？諾曼・史瓦茲柯夫（Norman Schwarzkopf）將軍是不是想過來告訴我什麼？」

麥克雷文上將在每一次任務的個人經驗，也讓過去的他可以傳遞重要的訊息給現在的他。「當你在工作上看見另一個目標，你說：『你猜怎麼著？我在二十年前做過非常類似的事情。』第一次看到這個目標的人會說：『你不可能做過這種事。』我告訴他們：『是喔，我們做得到的。我就做過了。』」

評估要不要放棄的時候，你得聆聽來自過去的人給你的重要建議。有時，傳遞訊息給你的人，是比你早走過類似路線的人。也有時，這位來自過去的人是舊版的你本人。

左右為難到擲硬幣，就代表……

美國經濟學家史蒂芬・李維特（Steven Levitt）是超級暢銷書《蘋果橘子經濟學》（*Freakonomics*）的共同作者，他在二〇一三年架設了一個讓人投擲虛擬銅板的網站，如果你在放棄與堅持的決斷過程中左右為難，便可到網站擲個銅板做決定。

參與者要在各種類型的決策中，登記他們進退失據的事項。許多事項是重大的人生抉擇，諸如：「我該辭職，還是做下去？」「我該結束這段感情，還是繼續下去？」「我該繼續念大學，還是休學？」換句話說，這些都是很尋常的抉擇種類，正是我們想像中大家會為難的事情。

這個網站會把銅板的正面，指派給你的一個選項，比如待在你目前的工作崗位上，而把銅板的背面指派給你的另一個選項，比如辭職。使用者點擊銅板的圖像，便會看到隨機的擲銅板結果。

你或許會懷疑，誰會參考網站的擲銅板結果，為一件可以改變人生的事做出放棄與否的抉擇。但是在一年期間內，有兩萬人就這麼做了。

顯然，這些人一定覺得放棄與堅持的抉擇勢均力敵，是一半一半，因此用擲銅板輔助自己做決定，似乎是合理的選擇。假如在現實中，這些抉擇的分量真的吻合擲銅板的事主的感受，是不分軒輊的，那無論銅板擲出正面或反面，無論他們最後堅持下去或放棄，他們變得更快樂的機率都是一致的。

畢竟，這便是勢均力敵的定義。

但這不是李維特發現的結果。當他追蹤這些擲銅板的人在兩個月及六個月後的狀況，他發現在重大的人生抉擇上，放棄的人一般會比堅持下去的人快樂，不管他們是自己決定放棄的，或是擲銅板擲出了放棄的結論。

這些人或許會認為兩個選項勢均力敵，實際上根本不是。以參與者的快樂程度做判斷，放棄顯然遙遙領先。

既然大家在左右為難後選擇放棄，結果快活許多，可見大家普遍太晚放棄。這正是莎拉・奧斯廷・馬丁尼茲的情況。她以為那是勢均力敵的選項，但是當我引導她用預期價值的角度思考，她便意識到完全不是不分軒輊。

李維特明白這一點，他的結論是：「從本研究報告的結果可以看出，面對改變人生的抉擇時，人們可能過度謹慎。」

這項結論的推斷也是真的。**人們及時放棄的時候，通常會覺得太早放棄，因為及時的時間點，會落在他們覺得兩個選項勢均力敵之前很久。**

這符合前文提過的概念，我們審時度勢的天平被動了手腳，不利於放棄。其實，我們內心悄悄伸出拇指按壓天平，等到我們認為放棄與堅持的兩個選項一樣重，兩者的差距甚至一點都不近。

本書會深入探討有哪些認知與動機在干擾我們處世的天平，以致我們傾向堅持不懈，也會介紹讓天平恢復原狀的實用策略。至於現在，你可以將下面這一條簡單的經驗法則當作大原則：**如**

果你覺得放棄或堅持下去是兩個勢均力敵的選項，放棄很可能才是比較好的選擇。

躍過鯊魚：美好事物的崩毀

在一九八五年或一九八七年（資料有歧異），密西根大學（University of Michigan）的學生強．海因（Jon Hein）與西恩．康納利（Sean Connolly），聊起他們以前最喜愛的電視節目，討論節目開始不可逆地走下坡的種種跡象。「躍過鯊魚」的流行語便是從他們的討論誕生的。

他們點名的關鍵情節，出自備受喜愛的美國經典電視連續劇《歡樂時光》（*Happy Days*），一九七四年一月首播。在巔峰時期，觀眾超過三千萬人。海因與康納利認為《歡樂時光》是在第九十一集躍過鯊魚的（一九七七年九月第五季），而那一集著名的情節，便是穿著皮夾克耍酷的角色方茲（Fonzie）真的躍過一隻鯊魚。

僅僅是為了這一段劇情，劇組便必須讓方茲從密爾瓦基（Milwaukee）前往加州。他們的設定是讓一群好萊塢的星探路過城區。他們的豪華轎車拋錨了，「發掘了」方茲，邀請他到好萊塢試鏡。劇集的其餘角色們陪他一起上路。

劇情高潮是來到好萊塢的方茲去滑水，以特技演員埃維爾・克尼維爾（Evel Knievel）式的身姿，躍過一頭鯊魚。假如這還不夠誇張，他當時的穿著是招牌皮夾克跟一條泳褲。

拜原創之賜，**躍過鯊魚成為終極的流行文化死刑，廣泛用在指出某件美好事物的崩毀**。如今用於一敗塗地的電視劇、電影續集、演員，甚至是運動員、政治人物、網紅。

事後檢討時，我們可以看出應該放棄的時機。當你最愛的四分衛在球壇多撐了幾年，你一眼便能看出他們從巔峰開始走下坡的確切時刻。回顧一段感情時，你一眼便能察覺感情是在什麼時候開始崩壞，無法挽回。當我們回首前塵，一眼便能看出百視達顯然一定會輸給網飛的那一刻。

我們認為別人應該要有遠見，能夠預見我們在事後回顧時一目了然的情況。如果他們沒做到，我們會覺得他們遲鈍到不可思議。躍過鯊魚就是這麼回事。那是在譏笑別人沒有及時放棄，也不管要在事前預見那隻鯊魚的難度有多高，才能像史都華・巴特菲爾德一樣預見未來。

然而，悲哀的是儘管我們會嘲笑太晚放棄的人，要是誰及時放棄了，我們卻嘲笑他們太早放棄。

這便是放棄的困境。

驟然轉身離開，讓眾人百思不解

一九九〇年代，戴夫．查普爾（Dave Chappelle）成為廣受歡迎的單口喜劇演員與演員。由於他持續成長的追蹤人數與一個成功的HBO特製節目，爆笑頻道在二〇〇三年首播《查普爾秀》（*Chappelle's Show*），隨即爆紅，號稱「美國電視喜劇年鑑上獨一無二的主宰」。第一季結束後，爆笑頻道新的母公司維亞康（Viacom）以五千五百萬美元的價碼，請他再製作兩季的節目。交易條款允許他自由做其他工作，DVD銷售也可抽成，而DVD的銷售量已經破紀錄了。

為現場的觀眾表演單口喜劇是他的熱忱所在，因此他持續巡迴演出。明星與名人的身分干擾了他從事自己熱愛的單口喜劇，而他顯然不滿意這種情況。二〇〇四年六月，在沙加緬度（Sacramento）一場滿座的表演結束後，他走下舞台，觀眾不斷喊出他熱門段子裡的哏。他返回台上，訓了觀眾們一頓，並承認：「做節目毀了我的人生。」

二〇〇五年五月，查普爾離開《查普爾秀》第三季的製作工作。他撇下自己的天價合約（以及一筆金額更高的生意洽談）。查普爾的決定震驚整個娛樂圈，他們無法理解一個已經登上娛樂圈巔峰的人，節目雄霸天下，還拿到利潤豐厚的合約，居然會轉身離開。

在那種情況下放棄實在令人納悶，許多人困惑不已，各種推測紛紛出籠：查普爾絕對出問題了、節目要垮了、他失蹤了、他吸毒了、他自行住進精神病院。

這些都不是事實。

戴夫・查普爾放棄，是因為他旅行到未來，看見兩件事。

- 他在那個未來不快樂。查普爾知道繼續製作那個節目的話，生活品質會不斷惡化。
- 他看見了鯊魚。他察覺自己即將跨越界線，從與觀眾共同歡笑變成觀眾嘲笑的對象。節目會走下坡，而他日漸悶悶不樂的狀態將會加快節目的衰敗。

查普爾在兩週後的訪談這麼說：「我要確保自己是在跳舞，而不是拖著腳步。」在這場九十分鐘的訪談尾聲，他問道：「這樣夠不夠證明我沒有吸毒，也沒有進精神病院？」

當菲比・沃勒－布里吉（Phoebe Waller-Bridge）在二〇一九年宣布終結《邋遢女郎》（*Fleabag*）劇集，世人也對她失望。在兩季的節目中，《邋遢女郎》（二〇一六年六集、二〇一九年六集）獲得全世界的高度讚譽。第二季結束後，《邋遢女郎》贏得六座艾美獎，包括最佳喜劇、最佳喜劇女主角、最佳喜劇導演、最佳喜劇劇本。沃勒－布里吉說結束《邋遢女郎》符合主角的劇情規劃，影迷卻覺得自己被拋棄，一直央求她拍第三季。

電視史上有許多在巔峰劃下句點的劇集，包括《我愛露西》（*I Love Lucy*）和《歡樂單身派對》（*Seinfeld*）。大家的典型反應是希望劇集長久演下去。一般來說，不論是露西兒・鮑爾（Lucille Ball）、德西・阿納茲（Desi Arnaz）、傑瑞・史菲德、菲比・沃勒－布里吉或戴夫・查普爾，要是他們還沒躍過鯊魚，大家都會覺得創作者太早放棄。

戴夫・查普爾舉家搬遷到俄亥俄州的小鎮，那是他長大成人的地方。他重拾表演，慢慢發展，偶爾上台，但一切他說了算。二〇一三年，他又一次巡迴演出。二〇一六年，他接受網飛的合約，他每做一集單口喜劇特別節目，網飛便要支付他兩千萬美元。他在二〇一六年總統選舉後的那一週主持《週六夜現場》（*Saturday Night Live*），二〇一七年因此贏得艾美獎。二〇一九年，他獲頒馬克・吐溫美國幽默獎（Mark Twain Prize for American Humor）。

你可以看出戴夫・查普爾與史都華・巴特菲爾德有很多相似處。兩人都在事業順利的時候放棄，因為兩人都有遠見，看得出無論不明究裡的人認為他們當下的局面如何美好，未來都很不妙。放棄讓查普爾恢復自由，跟巴特菲爾德一樣可以去探索其他的機會，尋求更大的幸福與創意上的滿足。

甚至，世人對他們放棄的認知（或他們認為別人會怎麼看待他們）也有共通點。查普爾必須應付的處境，當然是全世界都以為他絕對在吸毒，不然就是精神崩潰。巴特菲爾德完全沒有這種遭遇，但他怕別人覺得他任性妄為、先斬後奏，便向投資人表明心跡：「只是我一定要把話講清楚：這麼做不是因為我不安分或無聊。」

駕馭自如地行使放棄的選項，是我們百思不解的行為。為了讓世界有道理可言，我們什麼理由都編得出來。放棄的人是膽小鬼、瘋了或沒有定性。這是我們不明就裡時的人性傾向。我們試圖理解自己不懂的事。

往往，**我們在追究答案時，對放棄的人很不客氣**。

第 2 章摘要

- 在適當的時機放棄，通常會覺得放棄得太早。
- 最難判斷該不該放棄的時機，是事到臨頭的時候。
- 我們直覺認定放棄會減慢自己的進展。其實，恰恰相反。拋下不再值得努力的事物，恢復自由，便可以轉身投入更可能幫你實現目標的事物──你會更快達成目標。
- 在客觀判斷下應該放棄的時機，那一刻不會有哪一件事情特別不妙。要拿捏正確的放棄時機，就要窺看未來，看見結局對你有利的可能性太低。

- 從預期價值的角度思考，有助於釐清你目前的路線，是否值得繼續走下去。預期價值不是只限金錢，估算的標準也可以是健康、身心安寧、幸福、時間、自我實現、滿足的感情或任何會影響你的事物。
- 如果你覺得堅持下去或走人的兩個選項勢均力敵，放棄很可能才是比較好的選擇。
- 事後檢討時，我們看得出誰拖了太久才放棄，往往會嚴厲批判這些人。但要是誰在旁人認為顯然應該放棄之前就放棄，我們譏笑他們太早放棄。這便是放棄的困境。

第 3 章

該留下，
還是該離開？

計程車司機提高收入的策略

從亨利．福特（Henry Ford）研發量產汽車，到共乘分享軟體問世之間的一個世紀左右，計程車司機是「零工經濟」（gig economy）的祖師。大部分的計程車司機一向是獨立的合約工作者。他們不賺時薪。除非有自己的車牌，否則他們的計程車便是租來的，以固定的金額一次租借十二小時。

他們不是僱員，不必開滿十二小時的車，因此他們的確經常不會工作那麼久。他們可以選擇，也必須選擇在那十二小時裡，幾時要工作，幾時不工作。

因此，計程車司機本身的行為，很適合拿來研究放棄的行為。

當計程車司機出門載客，有許多不確定的因素，會對他們賺錢有利或不利。有多少乘客存在有一些模式可循，司機四處繞一繞便可以掌握更多資訊，得知載客的情況。他們應該隨時觀察生意的潛在趨勢，依據他們目睹的狀況，決定「我該留下嗎？還是該離開？」

傳統的經濟學家，會按照「理性行為者理論」（rational actor theory），推測計程車司機在客源充裕的情況下，載客的時間會最多，賺取最高的車資。同理，載不到半個客人時，他們會盡量縮短工作的時數。

這很接近撲克牌高手的目標，符合他們進出牌局的取捨標準。他們打得順手、進帳最高時，便在牌桌上盡量待久一點，打得不順手、賭運不佳的話便快快退出。

傳統的經濟學家預測過理性的人在各種情境的做法，但如果你檢視人類的實際行為，便會發現很多人的行為不符合預測。行為經濟學的立論依據，就是我們在某些情況下普遍不理性。計程車司機（與大部分的撲克牌玩家）的行為，絕對屬於不理性的範疇。

美國行為科學家柯林．卡梅爾（Colin Camerer）在加州理工學院（Caltech）擔任教授，是神經經濟學的先驅，與明星陣容一起研究計程車司機的行為，包括喬治．洛溫斯坦（George Loewenstein）、琳達．巴卡克（Linda Babcock）、理察．塞勒。他們蒐集了將近兩千位紐約計程車司機的載客紀錄表。

他們發現，**計程車司機不太擅長判斷何時要繼續工作。司機們的誤判有兩方面，生意好的時候太快收工，生意差的時候又撐得太久。**

他們不會在客源充足時盡量延長工時，縮短生意差的時間，反而在許多人需要計程車的時候，更可能提早收工。客人寥寥無幾時，他們會十二小時都工作，為了蠅頭小利四處奔波，累壞自己。

卡梅爾跟同僚們詢問過司機（與車隊經理），以理解他們判斷何時繼續工作、何時收工的經驗法則。他們發現司機們設定了單日的收入目標，以此判斷何時應該收工，無視出勤時發現客源充裕的重要情報。

司機們在可以輕易多載幾位客人的時候提前收工，並不是認為下一個鐘頭賺不到一樣多的錢，而只是因為當天的收入已經達標。基於相同的理由，生意不好時他們便長時間工作，不願在達標之前收班。

情況似乎一目了然，計程車司機們不是從預期價值的角度思考的。

如果他們提前完成單日的目標，從根本上來說，便表示生意很好。由此可見，司機們的經驗法則讓他們在下一個小時的預期收入最高的時候收班。同理，當他們工作了許多個小時而收入目標依然遙遠的話，他們會繼續工作，顯然此時他們的預期收入會很低。

這種顛倒的收工行為讓司機們付出多少代價？答案是相當高。

卡梅爾計算過，**假如司機的工時不變，但按照市場的需求分配工時，司機的收入會增加一五%。事實上，假如司機願意採用隨機的做法，比如不管生意好不好，每天的工時都固定不變，他們的收入會比現行的工作策略高八%。**

如果司機們更懂得判斷收班與繼續工作的時機，他們達成目標——靠計程車賺到最多錢——的速度會變快，快上八%到一五%。顯然，評估堅持與否的準繩如果不好，代價將會非常可觀。計程車司機的決策讓他們兩面不討好，放棄得太快而且撐得太久。

目前為止，我們都聚焦在及時的放棄通常會覺得太早放棄。這是史蒂芬・李維特的著作告訴我們的事。但計程車司機讓我們看見，在特定情況下我們其實會太早放棄，不夠堅持。也因此，安琪拉・達克沃斯才會鑽研這個主題，將她影響力廣泛又扎實的研究成果，寫成一本《恆毅力》的超級暢銷書。

我們會犯兩種錯，有時是堅持太久，有時則太早放棄，這倒是不奇怪，因為堅持與否或放棄與否，不是互不相干的決定。兩者是一體兩面。每次你選擇堅持，自然便是不放棄。反過來說也成立，當你選擇放棄，就是不堅持。

如果不擅長做某一邊的決定，必然也不擅長作另一邊的決定，這是理所當然的。計程車司機在生意好的時候太早放棄，生意差的時候撐太久。如果能夠理解我們在哪些情況下會犯下這些錯誤，便可以追究我們如此不擅長放棄的根本原因，學會如何改善放棄的能力。

損失之痛，是勝利之喜的兩倍

一九九〇年代紐約計程車司機的行為，吻合一份在一九七九年發表的經典研究，研究者丹尼爾・康納曼與阿莫斯・特沃斯基（Amos Tversky）發現，堅持與放棄之間互相影響的偏差標準。

康納曼與特沃斯基從一九七〇年代起，便辨識各種行為因素，說明為什麼我們經常不會做出完美的理性決策。他們在一九七九年的研究論文提出了「前景理論」（prospect theory），後來成為行為經濟學的基石。

前景理論是一種人類決策的模型，解釋了一個人對風險、不確定性、得與失的整體偏好與偏見。**前景理論的重要發現之一是我們厭惡損失，認為損失對情感的殺傷力，大於等額的收益。事實上，損失之痛，大約是勝利之喜的兩倍**。

當我們評估幾個新的選項時，我們會為了規避損失，青睞潛在的淨損值最低的幾個選項，即使那些選項的預期價值較低。也就是說，我們厭惡損失，以致做出理性的人不會有的抉擇。

想像有人給你以下兩個提案，你可以在萬無一失跟賭一把之間選擇。在兩種提案中，你會挑哪一個？

- 我欠你一百元。我讓你選擇收回一百元或擲銅板。擲到正面，我給你兩百。擲到背面，我一毛都不給你。你要擲銅板嗎？
- 你欠我一百元。我讓你選擇還我一百或擲銅板。擲到正面，債務一筆勾銷。擲到背面，你就欠我兩百。你要擲銅板嗎？

如果你跟大部分人一樣，就像康納曼、特沃斯基的受試者（所有研究中的受試者一致呈現前景理論的這一面），你會在自己領先的時候選擇放棄，在第一個情境中選擇你絕對拿得到的一百元收益。你大概會覺得此舉很有道理。畢竟，何必冒險放棄已是囊中之物的一百元，去擲銅板呢？

但是當你落於下風，比如在第二個情境中，你會選擇賭一把，去擲銅板。你大概也會覺得這很合理。反正已經短少一百元，不如投機一下，收回那一百元？

當然，在兩種提案中，不論選哪一個選項，長期而言你都不賺不賠。如果你收到擲銅板的提議時可拿回一百，此時你拒絕擲銅板便可以拿走萬無一失的一百元，不然就賭一把。如果你擲銅板，半數時候你可以拿走兩百元，半數時候會一無所獲，長期來說一樣是贏一百元。

如果你欠一百元，兩個選項的長期結果也一樣。你不擲銅板必然要損失一百元，不然就賭一把。如果你擲銅板，半數時候可以勾銷損失，半數時候賠兩百元，長期的預期損失是一百元。

如果賭一把不能改變你長期的預期收益或損失，好歹可以給你改變結局的機會。賭博的選項給人引進運氣的機會，將事情從萬無一失，變成無法預知短期結果的狀態。

這樣的差異暴露了我們行為上的反差，有時想退出，有時想賭一把。當我們有收益，便不會引進運氣，運氣可能會抹除原本萬無一失的收益。我們要見好就收。

但虧損時我們會賭一把，引進運氣，希望一筆勾銷我們已經失去的部分。突然間，我們不在乎不確定性了。我們虧損時，便想要借助運氣。

首次面臨一個抉擇的時候，損失或收益都還不存在，我們便會想要避免損失，偏愛不易有損失的選項。我們不想承擔風險，從一開始便封殺可能會造成虧損的選項。

但是當我們帳面上已經有虧損了，我們會主動冒險。丹尼爾．康納曼後來描述這是「厭惡穩賠」（sure-loss aversion）。

因為厭惡穩賠的結果，我們不願意停止已經開始做的事。這是因為只有放棄並拒絕賭一把，才會讓帳面的損失變成拍板定案的損失。接受擲銅板的選項，或許還有避免那種局面的可能。

帳面的收益存在時，我們便不願意冒險，以防失去已經贏得的收益。這時我們要確保帳面的收益變成實際的收益，因此拒絕博奕。

康納曼與特沃斯基想要調查這些傾向是否夠強烈，足以讓人願意付出代價買一個能夠確保自己穩賺的機會，也願意付出代價來避免穩賠的情況。

想像我們將兩個提案改成下面這樣：

- 我欠你一百元。我讓你選擇收回一百元或擲銅板。擲到正面，我給你兩百二十元。擲到背面，我一毛都不給你。
- 你欠我一百元。我讓你選擇還我一百元或擲銅板。擲到正面，債務一筆勾銷。擲到背面，你欠我兩百二十元。

留意，現在兩種提案都不是盈虧平衡。

當你可拿一百元，擲銅板有半數時候會讓你收到兩百二十元，另外半數時候零元。這表示冒著可能失去你原本贏得的一百元的風險擲銅板，長期收回的淨值會是一百一十元。因此新提案現在給出的選項，是你賭博就可以有一百一十元的長期利益，以及你收下穩贏的一百元並走人。如果你現在拒絕擲銅板，你也回絕了那十元的額外收益。

康納曼與特沃斯基發現，人們確實願意放棄額外的收益，確保自己穩贏。他們願意付出代價，以免擲銅板蒸發掉自己的穩贏，悔不當初。

在我們的例子裡，他們謝絕了投資一〇%的收益，而且這筆收益是你將錢存進任何存款帳戶的十倍。但大部分人會放棄，不願意收下這份好處。

話說回來，當你有一百元的帳面損失而你收到了提案，半數時候可以一筆勾銷這筆損失，但半數時候你得付出兩百二十元，此時預期價值變成負十元。現在的選擇是接受穩賠一百元，或接受讓你長期下來損失一百一十元的賭博。這表示如果你選擇擲銅板，你賠的錢會比直接放棄並付出穩賠的一百元再多十元。

康納曼和特沃斯基發現，人們確實願意為了借助運氣的機會而付出代價，唯有如此，他們才可以反轉穩賠的局面。

理性的人會在第一個提案中答應擲銅板，在第二個提案拒絕。然而不理性的人非常多，他們在穩賠跟穩賺的時候行為並不理性。何時要留下來、何時要走人的抉擇反轉了。

基於這些發現，我們要調整關於放棄的經驗法則，改成：及時的放棄通常會覺得放棄得太早，此處的通常，具體而言就是你有虧損的時候。

見好就收，反而不理性

既然放棄的臭名遠揚，怪不得勸人不要放棄的名言從來沒有少過。

但有一條其實在鼓吹大家放棄的經驗法則：見好就收。就像許多讚揚永恆堅持的勵志格言是餿主意，這一句支持放棄的處世之道也不妙，儘管存在了超過四百年，也沒好到哪去。

「見好就收」強化了康納曼與特沃斯基發現的那一種不理性。

當然，有時候，見好就收是合理的建議，特別是當你在一項會有長期損失的提案中設法贏了的時候。就像百家樂或擲骰子的賭博遊戲。想像你在玩百家樂，而你可以拿回幾百元的彩金。這樣的運氣已經很不錯了，因為你每投注一美元，便要輸二．五美分。長期下來，假如你一直玩下去，你贏回的彩金會蒸發殆盡，因為俗話說得好，莊家永遠贏。

這是見好就收的好時機。當你的下一把是會虧損的提案。

但一般而言，見好就收不是因為當事人醒悟到自己是運氣好、克服了勝算低下的逆境。他們見好就收純粹是基於自己占了上風的事實，不論他們的處境可以給他們長遠的利益或不利。如果他們恰巧退出必輸的局面，大概是無心插柳。他們不過是不願意冒險，害怕失去已有的事物，即使放棄必須付出代價。

說到底，這便是康納曼與特沃斯基發現的情況。

我們應該給人的真正建言有點複雜，不是一句四字真言可以涵蓋的：見好就收……前提是你在下的這盤棋或你在走的路線以後會虧損。如果你當下處境的預期價值是負數，儘管放棄。但預期價值是正數的話就堅持下去。

然而，這樣的經驗法則太冗贅。咖啡杯根本印不下啊。

散戶策略：見好就收，不好就死撐

散戶（時常在線上交易的非專業投資人）也有相同的傾向，見好就收，虧了就死抱活抱。

愛力克斯・伊馬斯（Alex Imas）目前是芝加哥大學布斯商學院（Booth School of Business）的教授，二〇二〇年時他與幾位同僚在實驗室之外的環境中，複製了康納曼與特沃斯基這一項著名的發現。

交易平台上的散戶下單時，會預設在單價高於或低於某個價位時終止委託。這稱為「停利委託」（take-profit orders）與「停損委託」（stop-loss orders）。（撲克牌玩家一般不會設定停利，倒是經常設定停損，輸了一定金額就退出牌局。）

注意，遵循停損委託的股民會被迫將帳面損失變成實際損失，停利委託則相反，會在盤面對股民不利時，讓他們的帳面收益面臨風險。這就類似預先決定在你賠一百元時不擲銅板，在你可以收一百元時擲銅板。

研究團隊想調查股民會不會履行自己的停利及停損委託，還是會更接近康納曼與特沃斯基的受試者，輸了就寧可賭一把，贏了就退出。

愛力克斯．伊馬斯對我解釋：「幾乎沒人撐到停利委託設定的金額。他們在那之前便自己退場了。」也就是說，股民會在停利委託讓他們退場之前開溜，確保自己穩賺，不論繼續抱著股票的決定會不會讓他們賺更多。當他們有了帳面收益，便沒興趣繼續賭運氣，拿原本可以落袋為安的收益冒險。

（希望現在大家已經明白，「見好就收」的建議實際上有多糟，我們在這些情況下便已經缺乏理性了，見好就收會更強化不理性的自然傾向。）

另一方面，股民虧錢時會取消停損委託，寧可去賭股價會恢復，不必將帳面損失變成實際的損失，出此下策的風險是越虧越多。

顯然，**我們的目標應該是在預期價值為正數的時候堅持下去，不論我們先前的行動是贏或輸**。由於這些決定含有不確定性，究竟是堅持下去還是放棄才是最佳選擇，是我們很少能夠確知的事。就像計程車司機可以輕易知道自己的單日營業目標有沒有達標，我們很容易便會知道自己是領先或落後，因此我們便以此判斷要不要堅持。

結果就是我們在領先的時候放棄，不惜放棄贏更多的良機。如果我們落後了，便不放棄，即使堅持下去——試圖由負轉正，反而可能輸得更慘。

這種事我在撲克牌的牌桌上看多了。玩家贏錢的時候，只要有人稍微說一聲還不下牌桌，大部分人便會連忙拿走彩池的籌碼去兌現，生怕撤得不夠快。但輸錢的時候，他們屁股會牢牢黏在椅子上也是事實。有很多次，我看見平時技藝精湛的撲克牌玩家酒醉、疲憊、生氣或者單純就是打不好，輸了錢又不肯下牌桌。

這種見好就收的策略會讓撲克牌玩家大虧，打得順手卻早早離開牌桌，因為打得順就贏了，打得不順就在牌桌上苦撐，因為不順會輸。

別誤會，這也要付出金錢的代價。不論是股市或其他投資標的，這種行為傾向都會打破你的底線。

專業投資人買股優異，賣股則不然

顯然，撤回停損委託的散戶不專業。但假如是專業的投資人，這種傾向便會消失嗎？如果你在某個領域累積了足夠的經驗與專業，你判斷何時應該放棄的能力會提升嗎？

打撲克牌便是如此。撲克高手更懂得判斷何時應該棄牌、離開牌局。而且，原來計程車司機的放棄能力也會隨著資歷上升。

在二〇一五年的研究論文中，普林斯頓（Princeton）經濟學者亨利・法博（Henry Farber）檢視一份計程車司機的行為資料，時間從二〇〇九年橫跨到二〇一三年。他發現，儘管老手對於何時要繼續工作、何時要收工的抉擇未必完美，卻比資歷較淺的司機強。

既然經驗可以校正撲克牌玩家與計程車司機的放棄能力，或許專業投資人也會比散戶更有能力判斷出場的時機與售出哪一檔股票。

克拉科夫・安喀巴尼塔萬（Klakow Akepanidtaworn）與愛力克斯・伊馬斯等同僚，便問了這個問題，而答案是……多少有一點。

研究團隊的分析確實顯示專業投資人克服了散戶常見的錯誤。這些投資組合經理不是照著見好就收、不好就抱股的簡單原則來判斷是否放棄。但分析結果也顯示他們買進與賣出的決策品質並不一致。

研究團隊檢視了操盤老手的資料，一共七百多位法人機構的投資組合經理，他們管理的平均資產價值將近六億美元。難怪他們會發現，專業投資人對買進哪一檔投資的決策表現，遠比大盤指數的指標來得好。這些投資組合經理買進的股票一般表現得比指標強超過一百二十個基點（一．二個百分點）。

這些投資人大半時間都在尋找值得投注心力的優異策略與論文，做學問與專業的素養讓他們更上層樓。你可以看到他們對買進時機的判斷超越了圖表3-1中的指標，指標追蹤了他們在一段時期裡的超額報酬。

但他們放棄的決定呢？在決定賣出哪一支股票時，他們表現如何？

為了了解這些專業投資人賣股的決斷能力，安喀巴尼塔萬、伊馬斯與一群同僚拿這些投資人的實際賣出決定當指標，與一個假設性的策略作比較，也就是在賣股的時間點上，假裝他們從投資組合裡隨機賣出股票，看看績效如何。

也就是說，他們賣出股票的時候，他們放棄的決定是否比得上乾脆拿飛鏢射他們的投資組合，看

圖表 3-1　賣出收益－留存收益

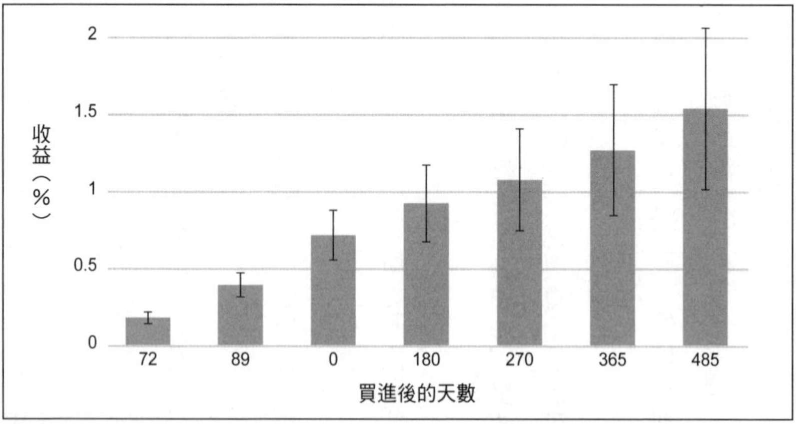

Akepanidtaworn, Klakow, Rick Di Mascio, Alex Imas, and Lawrence Schmidt, “Selling Fast and Buying Slow: Heuristics and Trading Performance of Institutional Investors,” *SSRN Electronic Journal* (2019), doi.org/10.2139/ssrn.3301277.

射中哪一支就賣哪一支呢？

結果，他們的表現很差。

這些專家買股的優勢並沒有與賣股一致。他們買進的決定可賺一百二十個基點的超額報酬，而他們賣出的決定，按年計算的損失卻是七十到八十個基點。這表示他們還不如隨機賣出投資組合裡的股票來得好。

這在圖表 3-2 一覽無遺，你可以看見跟射飛鏢相比，他們隨著時間流逝虧損了多少。

以這些專業投資人來說，他們判斷出要將哪幾支股票加進投資組合，創造了大筆的超額報酬，而這些報酬大部分會被決定賣股的機會成本抵消掉。你可以這樣想：要是他們隨機挑選要脫手的股票，便可以拿更多錢去投資更好的機會。

不論是任何類型的投資者、計程車司機、康納

圖表 3-2　賣出收益－留存收益

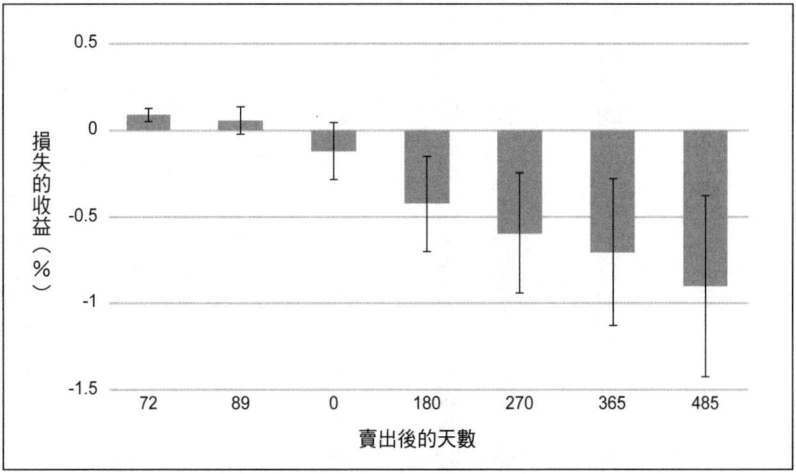

Akepanidtaworn et al., “Selling Fast and Buying Slow.”

曼和特沃斯基的受試者、撲克牌玩家、攀登聖母峰的人，我們都能看見缺乏放棄技能的代價非常高昂。

論文作者們挖掘數據，以理解這些專業投資人是按照什麼策略，篩選售出的股票。他們發現這些投資人售出時，主要是為了買進下一檔股票籌措資金。這便決定了售出的時機。至於要賣哪支股票來釋出資金，研究團隊發現這些投資人使用的經驗法則，並不涉及預期價值。他們售出的股票，只限投資組合裡的超級強股，不然就是超級弱股。

也就是說，如果是買進，專業投資人會認真找出日後獲利潛力大的價位。賣出時卻不會做足功課，即使做了也不會那麼認真判斷售出的價位或這些價位的前景。

最佳的放棄策略是檢視你持有的全部股票，別只看你投資組合中的弱股，全面判斷哪些股票的未來效益最低並售出。這能將投資組合的整體價值拉到最高。畢竟，這便是他們的買進策略，嫻熟地以數據導向的強大策略，成功創造超額報酬。

於是問題來了，他們明明握有大把的數據，卻沒有意識到自己的售出決策有問題，也沒有善用數據，建立解決問題的模型。

追蹤未做之事的後續發展

關於放棄，我們很難得知後續的變化。我們做一件事的時候，自然會追蹤事態。我們知道後續發展，因為那是我們正在走的路。如果我們要爬聖母峰、經營公司、跟人交往或工作，我們便會追蹤這些事，因為我們是當事人。那是我們置身的時間線。

然而，事情結束後，要得知後續的發展便會面臨兩個問題。

第一，絕大部分事情在我們放手之後，便不會有明確的資訊，可供我們了解要是堅持到底的話會怎樣。那只會是一種假設或違反事實的想像。要是我沒有結束公司營業的話會怎樣？要是我繼續做那份工作會怎樣？要是我改念別的科系或大學會怎樣？

我們不會有情報，只會有一堆「要是那樣的話會怎樣？」

因此，我們很難比較放棄的決定是否比維持現狀的決定更好。除了天馬行空的想像，我們沒有可供直接比較的資訊，只有空想。

第二，我們放棄時，通常會遵守眼不見、心不煩的俗話。以我們的天性，不會追蹤跟自己不相干的事物。這很可能便是投資組合經理的問題所在。他們買進了股票，便天天追蹤行情，因為那是投資組合的一部分。但是脫手後，便不會照著老樣子追蹤，因為現在那不在他們的帳面上了。那跟他們的損益表不再沾得上邊，就他們看來已經沒有明顯的關聯。

可悲的是這些投資人其實坐在極其難得的位置上，有實際的數據可供他們檢視自己的決策品質。以下的問題他們都能找到答案：我賣出的時間對嗎？我太早賣了嗎？我太晚賣了嗎？要是當初從我的投資組合裡挑出不同的標的來賣，效益會不會比指標好？

研究團隊調查一番，發現這些投資人一直因為自己售出的判斷而吃虧，理由很簡單，就是他們不做分析來找出答案。

操盤手有時會製作影子帳本，記錄他們考慮買卻未買的股票，追蹤當初要是買進的話會怎樣。我為在金融市場工作的客戶提出的解決方案，便是用相同的策略取得賣股決策的後續情報。記帳追蹤這些賣出的決策，看看假如在賣出的時間點上隨機賣出投資組合裡的另一支股票，以此作為指標，跟你實際賣的那支股票比較兩者的效益會差多少。

在許多情況下，我們不會有任何可供追蹤的資料，讓我們得知維持原有做法的話會如何。但對投資組合經理來說，這個問題卻有顯而易見的解決方法。他們要像追蹤買進決策一樣，認真追蹤賣出決策的下文。

第 3 章摘要

- 前景理論的一項重要發現是厭惡損失的現象，也就是損失對情感的衝擊，大於等額的收益帶來的情感衝擊。
- 厭惡損失令我們偏愛不易出現損失的選項。這導致我們厭惡風險。
- 有好處可撈時，我們傾向於太早退出，以免承受喪失這些好處的風險。也就是說，我們喜歡見好就收。
- 面臨虧損的時候，我們會勇於冒險。我們想要撐下去，期盼虧損永遠不會變成真的。丹尼爾·康納曼說這是厭惡穩賠的現象。也就是說，我們在劣勢下會情願撐下去。
- 及時的放棄通常會覺得太早放棄，此處的通常，具體而言就是你有虧損的時候。
- 散戶的放棄模式也是見好就收，不好就撐著。
- 即使是專業投資人，放棄的決策也不是恰到好處。他們選股的表現優異，賣股則不然。
- 我們自然會去追蹤自己在做的事，取得後續的事態發展。但一旦退出某件事，我們也會一併停止追蹤那件事的下文。這便形成了無法取得優質後續情報的問題，進一步導致我們很難砥礪放棄的技巧。

專欄

勇於放棄再捲土重來的最佳風範

酋長岩（El Capitan）是世界最著名也最壯觀的岩石。

位於優勝美地國家公園（Yosemite National Park）的酋長岩是龐然大物，已知的攀登路線超過七十條。從底部到頂端的垂直高度約九一四公尺。

人類首次攀登是在一九五八年，一支團隊在十六個月裡抽出四十六天，將岩栓打進花崗岩的岩體中，用繩索將自己拉上去。

五十八年後的二〇一六年，攀岩高手艾力克斯・哈諾（Alex Honnold）決定將這塊岩石的攀登難度，提升到簡直難以想像的瘋狂程度。他要在一條名為「搭便車」（Freerider）的極度艱難路線上「單人徒手攀登」（free solo）。只有自己一人。只花一天。從底部到頂端，不安裝也不用岩栓，只用大自然現成的踩踏點。也不以繩索輔助攀爬，更重要的是萬一他摔落，也不會有繩索阻止或限制摔落的後果。

哈諾向幾個攀岩高手透露，他考慮在搭便車路線進行單人徒手攀登。他答應讓朋友金國威（Jimmy Chin）拍攝他的攀登過程，金國威認為這將是優異的紀錄片，不僅因為哈諾是極少數考慮進行如此危險的攀岩的人，也因為從來沒有人單人徒手攀爬酋長岩。

幾乎所有的人攀岩都會用繩索確保安全。人體承受不了從超過約二十四公尺的高度墜落。至於垂直高度幾百公尺甚至幾千公尺的岩體，墜落必死無疑。

連世界最強的攀岩者們（自詡為「徒手」攀岩者）都要正視不可避免的重力，嚴陣以待。徒手攀岩者會繫著繩索來保障安全，但不用繩索輔助攀登，就像空中飛人或走鋼索的人會用安全網（或繩索）來保障墜落時的人身安全。徒手攀岩是一種對技藝的考驗，但如果你是從地表二十四公尺以上摔落，沒人會計較你用了繩索。

單人徒手攀岩也相當考驗技巧，但第一次失誤便會要人命，因為沒有繩索可以拉住從致命高度墜落的你。因此，單人徒手攀岩者才會寥寥無幾，而知名的單人徒手攀岩者大部分已經不在人世。

這樣的壯舉是終極的不成功便成仁。另一位熱血的攀岩強者湯米．考德威爾（Tommy Caldwell）是協助哈諾練習的朋友，他說：「想像一下奧運金牌等級的運動成就，但不拿到金牌就會死。單人徒手攀爬酋長岩差不多就是這樣。你一定要做到無懈可擊才行。」

拍攝哈諾也是困難、昂貴、細緻的過程。金國威召集的攝影團隊是一群經驗老道的攀岩者。他們跟金國威、考德威爾一樣，多數是哈諾的朋友。他們得從攀爬路線上找到放置、架設、操作十台攝影機的地方。他們也必須在鏡頭外完成工作，確保不干擾或協助哈諾攀爬。

哈諾將搭便車路線分割為三十段，在二〇一六年以幾個月時間，一一用繩索練習這三十段（稱為「繩距」）的困難點。攝影團隊經常拍攝他在搭便車路線上的訓練過程，包括他在第六繩距的極限平板（Freeblast Slab，離地約一四六公尺）失足時也入鏡了。他繫著繩索，因此「只」下墜了約九公尺，但仍然墜落得夠遠，扭傷了腳踝，撕裂了一條韌帶。受傷三週後，傷勢還沒全好，他便恢復練習，很快便決定進行單人徒手攀爬，因為冬天快來了，一旦冬季天候降臨，就別想在二〇一六年爬了。

攝影團隊拍攝了全程。

在行動當天的早晨，他在三點半起床，摸黑開始攀登。攝影團隊必須待在鏡頭外，同時各就各位。當他爬到第六繩距，一部攝影機從遠處拍到他，他的頭燈是唯一的照明。

哈諾懸掛在第六繩距的山壁上，覺得自己的腳可能靠不住。

在這樣的場面下，對於是否繼續攀爬最容易做出不良的決定。他準備了幾個月，錢也花了。好幾位攀岩者撥冗幫忙他準備，有的掛在岩壁上拍攝他。他們很多人跟他是親密的朋友，包括拍攝哈諾這一場行動的金國威。

金國威手上有一些影片，但要將那些素材剪成一支紀錄片，卻沒有動人心魄的登頂一搏，就像試圖推銷一部洛基的電影，但這部電影卻在洛基的訓練階段劃上句點。如果哈諾只爬了一四六公尺到第六繩距，紀錄片便會流產。

更糟的是攀登季結束了。當紀錄片取決於一位打算明年繼續努力的單人徒手攀岩者的一舉一動，「明年再來」的意思跟「永遠不會來」沒兩樣，甚至他不見得能活到再一次嘗試。

儘管所有的條件都不利於哈諾在那一刻放棄，他卻故意毀了自己的行動，就近拉住一根防護性質的岩栓。他用放在粉袋的麥克風說：「爛死了。我不想待在這裡了。我不幹了。」他爬下來。整支攝影團隊爬下來。一夥人四散無蹤，哈諾上了他的休旅車（也是他那段時間的住處），開了約五六三公里返回拉斯維加斯的家。

艾力克斯．哈諾隔年六月捲土重來，攝影團隊再次集結，而他成功登頂，單人徒手。《紐約時報》（*The New York Times*）稱之為「無與倫比的運動壯舉，橫掃各類運動，空前絕後」。金國威與共同導演伊莉莎白．柴．瓦沙瑞利（Elizabeth Chai Vasarhelyi）在二〇一八年發表了這部紀錄片，片名為《赤手登峰》（*Free Solo*）。

《赤手登峰》贏得了奧斯卡最佳紀錄片。

大概每一位觀賞《赤手登峰》的人都會贊歎哈諾攀岩的難度、危險、技藝（更別提全程的拍攝）。顯然，身強力壯的艾力克斯．哈諾在二〇一七年六月的單人徒手攀登，的確是出神入化，所向披靡。

但他在第六繩距放棄攀爬、下山的精神壯舉，便不是那麼顯眼。當他決定豁出去，在那個二〇一六年的早晨開始攀爬，所有的現實條件——顯然，只有重力例外——都在推動他撐下去。他已經花了幾個月進行訓練。他的朋友們不但為了他的目標付出時間和金錢，更冒著生命危險拍攝他的行動。一整個拍攝計畫都可能付諸流水。

認識哈諾的決斷為什麼如此出色，我們可以窺見推著所有人撐太久的考量因素，學習決斷的策略，協助我們在判斷幾時要堅持、幾時要放棄的時候，更有哈諾的風範。

Part

2

—

虧損，讓決策失準

第 4 章

就算贏不了，
也要加碼付出

過去成功的特質釀成失敗的結局

一九三〇年代接近尾聲時，哈洛．斯托（Harold Staw）的父母與幾百萬的美國人一樣，攜家帶眷從東岸前往南加州，進駐追逐美國夢的最後疆域。雪莉．波斯納（Shirley Posner）也跟他們一樣舉家進駐洛杉磯，認識了哈洛。兩人相戀，在一九四〇年結婚，有了兩個小孩，第二次世界大戰期間，哈洛在洛杉磯的國防工廠工作。

戰後，哈洛和雪莉在加州聖貝納迪諾（San Bernardino）安家落戶，位於人稱「內陸帝國」（Inland Empire）的地區最東邊，距離洛杉磯約九十七公里。洛杉磯在戰時相當繁榮，是國防用品的生產重鎮。榮景不斷擴展，內陸帝國有許多農場與柑橘園變成了住宅區。

哈洛的繼父與母親經營一家雜貨店，哈洛跟雪莉有樣學樣，買下一間鄰里間的小店。他們讓店面有了微薄的收益，可是幾年後，哈洛看到了警訊。大型連鎖超市在攻城掠地，老爹老媽式的經營模式遲早會敗下陣來。

哈洛得找到更有前途的生意。

到了一九五二年，他察覺芳塔納（Fontana）出現一種獨特的商機。芳塔納在聖貝納迪諾的西方約十六公里，位於一條高速公路的路線上，據說日後可以直通洛杉磯。芳塔納是欣欣向榮的工廠城鎮，凱瑟鋼鐵（Kaiser Steel）在二戰期間在這裡設置了規模龐大的工廠，當美國參與韓戰，工廠更是忙翻天。

那裡的工人大部分是初來乍到的新住民，此時領取優渥的薪資。哈洛認為他們代表一個市場，可以賣家電給他們。由於工廠的工人都是鋼鐵工會的會員，他的店將是工會會員的專門店，類似軍事基地的福利社。

一開始，除了這個點子，他沒有別的資源。斯托夫妻賣了雜貨店，哈洛拿著賣店的一小筆錢，只租得起一間原本是雞舍的小屋。但雪莉帶著兩個年幼的孩子一起幫忙，哈洛便幹勁十足地將小屋的雞毛清掃乾淨，經營起工會商店。

他的資金買不起太多存貨，整間店是不折不扣的空殼，但他運用有限的空間與預算提供折扣價。顧客可以在現場查看各種樣品。如果顧客看到喜歡的冰箱或爐檯，他便幫顧客向廠商訂購。

哈洛的點子成為充滿遠見的第一步，因而建立起成功的連鎖零售店。挪為它用的雞舍的業績實在太亮眼，哈洛便拓展版圖，在西邊約十九公里外的阿普蘭（Upland）一間較大的房屋開店，地點一樣在興建中的高速公路路線上。阿普蘭的店面空間較大，存貨較多，除了家電，現在也主打家用品。哈洛擴充客群，做起其他工會的會員生意（後來全面取消會籍限制）。

五〇年代是哈洛．斯托恣意成長的時期，而他身邊的一切似乎也是。內陸帝國的人口在那十年成長將近八〇%。大洛杉磯地區（後來綿延涵蓋八萬八千平方公里）因為快速拓展的加州公路系統而往來更密切，成為世界上成長最快速、幅員最遼闊的大型都會地區之一。似乎沒有止境的人潮一波波湧向南加州提供的機會與生活形態。這些人找到了好工作，收入上升，開始建立家庭，有了房子，最後搬進更大的住宅。

他們需要家電、家居用品、大量的日用品，而哈洛．斯正是向他們販售這些商品的人。哈洛開了一間更大的店，現在改名為ABC商場，地點在蒙特克萊（Montclair，從高速公路西行只要五公里）。他與業主協議出一份五十年的租約。這間店的獲利能力遠遠超越了他在芳塔納時的想像，也不是他在阿普蘭賺得到的。

他迅速買下一個又一個的競爭者，拓展規模，其中一次是併購另一位老闆的兩間店面。ABC商場的科維納（Covina）店面——在聖貝納迪諾到洛杉磯的半路上，位於仍在擴建的高速公路旁，非常寬闊，超過九二九〇坪，如果不是全美最大，也是加州最大的零售商場。哈洛將這些店面打造成真正的一站式購物中心。除了販售從服飾、家居用品、大型家電等應有盡有的商品，他也將空間出租給專業的服務提供者，比如保險公司和驗光師。

到了六〇年代初，ABC商場是南加州的主要連鎖零售商。一九六一年，哈洛．斯托達成他最大的一筆擴展交易，收購以德州為據點的折扣零售商：薩吉商店（Sage Stores）。薩吉的背景與哈洛類似，都是草根。哈洛從專做工會會員的生意起步，薩吉則是憑著售貨給政府的員工發跡。（Sage 是「州政府與中央政府員工」的第一個字母的縮寫。）兩家公司合併為薩吉國際（Sage International），斯托是最大的股東兼執行長。以一九六二年首次公開發行的股價計算，薩吉國際的身價是一千萬美元，斯托家族的股份超過三〇%。

哈洛．斯托的發跡與大部分的成功故事一樣，是商業技巧與運氣的結合。他很了不起，自己摸索著從幾乎一無所有，闖盪成一方富豪（而且可能還會有更多的財富向他湧來）。他起家的主要資產是才智、毅力、膽識，他憑著這些本錢，從自己預見卻不受他控制的有利趨勢大發利市：嬰兒潮世代的人口結構變化與消費文化的壯大。

這些有利的趨勢在南加州持續到了六〇年代（及之後），但打折扣戰的零售商機太有賺頭，終於引來了哈洛．斯托鬥智鬥不過、硬拚拚不了、要買又買不到的競爭者。

哈洛併購薩吉那一年也是第一家凱馬特（Kmart）開張的那一年。

凱馬特後來被沃爾瑪（Walmart）和塔吉特（Target）撂倒（沃爾瑪跟塔吉特都在阿肯色州及明尼蘇達州開設了第一家店，也都是在一九六二年），但在六〇年代，撂倒別人的是凱馬特。在加州更是如此。克雷吉（S.S. Kresge）廉價商店原本就是成功的全美連鎖零售商，在一九六二年一月，在洛杉磯北部的聖費南多（San Fernando）開設第一家凱馬特。一年結束時，全美已有十八家凱馬特。

凱馬特的門市在哈洛的店面附近竄起，有時就在馬路對面或同一條路上。凱馬特連鎖店有削價的本錢。因為他們採用相同的選址策略與經營手段，扳倒其他的當地零售商來擴展自己的事業版圖，以致加州的獨立折扣商店式微。

到了六〇年代尾聲，ABC 商場（加州的店面仍然用這個名稱）已經沒有利潤。在德州，薩吉仍然成功，持續開設新的店面，欣欣向榮。凱馬特還沒在德州大肆擴張。即使是在隔壁阿肯色州創立的沃爾瑪，也要到一九七五年才進軍德州。這對母公司有利，因為薩吉的成長抵消了 ABC 商場節節升高的虧損。

但這對哈洛．斯托便成了問題。他是薩吉國際的執行長兼最大的股東，但德州店面的經營者們（併購時取得可觀的股份）越來越憤慨他們得攤掉哈洛在加州的虧損。他們要擺脫 ABC 商場的店面，趁著仍然有價值的時候脫手。這相當於甩掉哈洛當初建立的那一部分公司。

該怎麼抉擇似乎一目了然。

哈洛經營的公司有強項（德州的零售業務）與弱項（加州的零售業務）。他對凱馬特的競爭威脅沒有良策。此外，他的德州股東揚言要背棄他，他們很清楚薩吉國際（他從過去到未來都會是最大的股東）要是能砍掉在加州的弱項，獲利將會提高很多。

但哈洛不願出售或結束這些店，這些ＡＢＣ商場的據點是他的寶寶。他創造它們，滋養它們，拉拔它們長大。它們具體呈現了他付出的大量心血與及時的決策。

到了七〇年代初期，德州股東們的怨念爆發成代理人之爭，花大錢打起醜態百出的官司。最無情的一擊來自他的好友兼長久以來的律師，轉身投靠德州陣營，代表他們打官司。

即使薩吉國際動盪不安，哈洛拒絕割捨ＡＢＣ商場，反而談判出一份協議，放棄薩吉國際一切可獲利資產的利息，賺不了錢的資產全部歸他一個人。德州股東們拿回他們的薩吉店面，哈洛在之前併購的合夥人們則拿回他們的兩間加州店面，哈洛拿回其餘的加州店面。

為了維持跟凱馬特的競爭，哈洛開始動用他與雪莉積攢二十多年的財富，徒勞無功地挽救生意。

幾年後，好運撞上門了，弗雷德．麥爾公司（Fred Meyer Inc.）提議買下他的困境。弗雷德．麥爾是成功的區域折扣商，創立於奧勒崗，正在尋找加州的據點。當時，他們已在四個州建立了超過四十間店面，自從一九六〇年起便是上市公司。

哈洛拒絕了。

哈洛．斯托最後失去了全部的零售生意，也散盡了全家人累積的財富。唯一讓他跟雪莉沒有陷入赤貧的是蒙特克萊店面那張五十年的租約。在ＡＢＣ商場早已消失之後，他可將店面出租給別的店家，賺取少許收入。

諷刺的是，許多承租者跟哈洛一樣，不肯順應變動不定的商業生態，步上哈洛的後塵。比如美國電腦公司，在二〇〇二年超級盃打過廣告又歇業的公司名單上有他們，哈洛的房客名單上也有他們。

旁觀哈洛．斯托的境遇，很容易察覺他忽略了一些相當明確的訊號，沒意識到自己大勢已去：他沒有與凱馬特競爭的能力、其他的獨立零售商在新的商業生態下紛紛潰散、以前的併購夥伴的態度、好友兼律師不跟他同一陣線。

如果他在薩吉的職位上沒有放下ABC商場與利潤的機會，之後絕對有機會接受弗雷德．麥爾開出的有利條件，擺脫困境。但他卻選擇繼續白費心機的努力，最後幾乎傾家蕩產。

最令人不解的是原因：**是什麼蒙蔽了一位腦袋如此聰明、靈活的決策者，看不見近在眼前的明確警訊？曾經讓他大顯身手的某些作為（透過堅毅、決心、永不放棄），為什麼釀成他的敗局（透過缺乏彈性、死纏爛打，或許甚至有點狂妄自大）？**

如果我們可以挖出哈洛．斯托失敗之謎的謎底，或許便能造福許多人，包括我們自己。

為什麼人們常陷入必輸的努力？

我們面對注定失敗的努力，甚至在看見該放手的強烈警訊以後，我們往往會撐得太久。最早探討人類這種傾向、影響力也最大的學術論文之一，第一句話便非常簡單地指出，這種行為傾向令人困惑的原因：

「直覺上，我們以為一個人在自己的決定或行動會造成不良後果時，就會放棄原本的決定或行為。」

這篇一九七六年的重要論文是《陷入泥淖已及膝：對既定行動加碼付出之研究》（*Knee-Deep in the Big Muddy: A Study of Escalating Commitment to a Chosen Course of Action*），作者是哈洛與雪莉的兒子貝利．斯托（Barry Staw）。

在父親頑強地與凱馬特及自家股東打必輸的仗時，貝利．斯托在鑽研學問，矢志成為新生代的社會科學家，設計新的方法釐清我們為何陷入必輸的努力，在劣勢中撐得太久，找出能夠協助我們精進脫身之道的最佳策略。

斯托在越戰期間成年，認為美國捲進戰火衝突是一個典型的例子，揭露了一旦我們投入一件事，便很容易不可自拔。他覺得美國對越戰的付出，便是我們缺乏放棄能力的活生生、血淋淋又代價高昂的慘烈實例。

他對破解謎團的渴望，便是他的研究動機。他這篇一九七六年的指標性論文的標題《陷入泥淖已及膝》，典故更是出自皮特．席格（Pete Seeger）一九六七年的反戰歌曲《陷入泥淖已及腰》（*Waist Deep in the Big Muddy*）。

越戰結束時，民間普遍認為越戰是不可能贏的，其實決策者也心裡有數，卻依然不讓美國退出戰爭，民間的反應方式不是斯托後來說的「加碼付出」（escalation of commitment），而是宣導如果美國繼續為戰事投入更多資源，並不能真的打勝仗。

斯托指出《紐約時報》（*The New York Times*）、《華盛頓郵報》（*The Washington Post*）曾經不顧政府的反對，刊登了國防部的越戰祕史《五角大廈文件》（*Pentagon Papers*）內容，揭露國務次卿喬治．鮑爾（George Ball）在一九六五年告誡過林登．貝恩斯．強森（LBJ）總統參戰後必然會陷入的困境，「一旦我們有了大量傷亡，便會走上幾乎不可逆的過程。到時我們會陷得太深，已經不能在全面達成目標之前便停下來，否則全國都會蒙羞。在蒙羞與實現我們的目標之間，我認為蒙羞的可能性更高，即使在我們付出可怕的代價之後。」

強森當然沒有聽從他的警告，後果也如鮑爾所料。越戰讓美國花了將近兩千億美元（將通貨膨脹算納入計算的話，大約是現在的一兆美元）。美軍死亡五萬八千人，還有傷員三十萬人。林登．強森的政治生涯因此落幕，失去連任機會。越戰讓一整個世代的民眾普遍不信任政府及有關當局。

為了贏不了的戰爭而加碼付出，這類問題一再重演。當美國進駐阿富汗，便花了二十年才完成撤軍，儘管有三位總統承諾撤軍。努力了二十年，付出兩兆美元後，塔利班（Taliban）便在美軍撤出幾天後重新掌權，揭露美國從來沒有真正打贏那場戰爭的事實。

斯托對加碼付出的核心見解，是這種現象不限於越戰那樣的事務，不是只關乎國家自尊的複雜地理政治衝突。他的實驗室及田野實驗顯示，**不論是在個人、組織、政治實體的層次上，當我們察覺苗頭不對，當我們收到自己要輸了的強烈訊號——別人一目了然的訊號——我們不僅拒絕放棄，還會兩倍、三倍地努力，做更多的決定，打算用更多的時間和金錢（及其他資源）挽救即將失敗的目標，而且我們會強化自己的信念，認為自己走在正確的道路上。**

貝利．斯托或許是後來才領悟這一點，但他對加碼付出的研究協助我們了解，為什麼當初讓哈洛．斯托建立商業帝國的堅毅後來毀了他，明白他父親怎麼會忽視如此明確的訊號，以致沒意識到他應該結束加州的生意，直到最後一無所有，只剩下蒙特克萊店面的一紙租約。

等到自己都吃虧了

我們知道在事關重大的時候，可能很難抽身。然而，這個領域卻有一些精采的研究，發掘了我們願意為了多微小的小事加碼付出。有一份比《泥淖》早一年發表的研究論文，便是探討等待的簡單行為。

美國心理學家傑佛瑞．魯賓（Jeffrey Rubin）與喬爾．布洛克納（Joel Brockner）做了一個有趣的實驗來回答兩個問題：人們會為了永遠等不到的事物等待多久？他們願意為了繼續等待的機會付出多少錢？結果，**人們願意等待的時間出乎意料地長，願意付的金額也明顯超過他們在等的東西的價值**。

研究人員們讓學生們做計時的填字遊戲，完成者最高可領八美元（相當於現在的四十五美元）。想要領到全額就要在三分鐘內完成遊戲，每多花一分鐘，能賺取的金額都會下降，一直降到零元為止。他們隨時可以走人，即使沒有解出任何一個謎底，也能賺到二．四美元的車馬費，但他們得趕在流逝的時間將金額砍到比那更低之前才行。

由於有幾個特別艱澀的字眼，他們可以使用填字遊戲字典（那是在每個人都能上網的時代之前），但字典只有一本，而且研究人員告訴他們，還有好幾位受試者在其他幾個房間做同一個填字遊戲。因此別人使用字典時，他們只能停下來等候，但計時可沒有停下來。

這項研究中的受試者不知道根本沒有字典，等待將是遙遙無期。比一半再多一點點的受試者，等待那本不存在的字典等到超過時限，獎金降到低於二．四美元。這篇研究論文作者們的實際措辭，是他們等到「『無路可退』，陷入僵局，不管怎麼做都不會有滿意的出路。」

加碼付出的代價高昂。如果受試者早早退出，便能賺到更多獎金。或許，我們覺得放棄會拖慢我們的腳步，但魯賓和布洛克納證明了問題通常出在堅持不懈。

過去四十五年來，學界對加碼付出的研究——在不同的實驗室實驗及田野實驗，還有他們對常見行為的解釋——證明了在各種情境與條件下，都看得到這種被必輸的目標困住的現象。

我們被自己的決定牽著走的情況層出不窮。面對機會與相關的資訊，我們會過度堅持，拒絕放棄的機會，動用更多資源來挽回先前付出的心血，力挺我們原先的決定。

凡事都是如此，不論那件事是花更多時間排隊、發動一場贏不了的戰爭、守著一段惡劣的感情或爛工作太久；或砸錢修車，而修理費還超過那輛車的價值。所以一棟房子可能變成錢坑；我們不肯撇下一部難看的電影，就因為我們已經開始看了；企業持續開發並支援已經明顯式微的產品，或是在局勢早已轉變之後，依舊在推動原訂的策略。

喬治・鮑爾是對的，這種行為是常態。

在勝算渺茫的時候堅持下去，比如拳王阿里跟羅伯・霍爾，並不是卓越。趁還沒真的失敗，放棄必敗的行動，斯圖亞特・哈奇森、史都華・巴特菲爾德、艾力克斯・哈諾這樣的人物才是了不起。

第4章摘要

- 承受虧損的時候，我們不但更可能堅持必敗的行動方針，還會加倍堅持。這種傾向稱為「加碼付出」。
- 加碼付出頑強而普遍，個人、組織、政體都會發生。一旦開始做一件事，我們每個人都有陷進去的傾向，尤其是在苗頭不對的時候。
- 加碼付出不只發生在大事上。小事也會，可見這種毛病無處不在。

第 5 章

沉沒成本與害怕浪費

蓋不成的高鐵，為什麼還要繼續蓋？

二〇〇八年，加州選民同意發行九十億美元的公債，興建連結洛杉磯和舊金山的高速鐵路系統。這條鐵路系統的最高時速約三五四公里，也能夠將路線上的加州人串聯起來，或許可帶動地方的蛻變。

加州的經濟引擎是北部（灣區、矽谷）與南部（洛杉磯、聖地牙哥）的濱海中心。高鐵的高速與機動性，可讓集中在南北海濱的榮景，雨露均霑到南北之間的所有區域。這也能緩解南北都會區過熱的房市，住遠一點也能有合理的通勤時間。

公債發行案通過後，這條高速鐵路預估可在二〇二〇年完工，造價三百三十億美元，到二〇二〇年時的每年營收將是十三億美元，盈餘三億七千萬美元，高鐵將可自給自足地維持營運，後續的利潤將越滾越多。發行的公債只占預估的總工程款四分之一，缺口將由聯邦基金、額外的州基金、公私夥伴關係補足。

這些估算與規劃都是加州高鐵局（California High-Speed Rail Authority）提出的。高鐵局從一開始便負責規劃、設計、興建、經營這條鐵路。他們運籌帷幄，同時接受州長及州議會的監督。

高鐵局每隔兩年製作一次新的商業計畫，並更新所有的預估。在這些更新中，成本與完工日期一再增加，事實越來越清晰，這些計畫與預估——不論是原始的版本或後來的修訂版——都完全脫離現實。

從一個令人咋舌的例子，可以看出高鐵局的預測有多離譜。記得二〇二〇年的預估營收是十三億美元嗎？高鐵局的營收低於這個數字。

低了多少？低了十三億美元。整條鐵路沒有哪一段是可以營運的。

鑑於高鐵局過去工程的精確度，沒有理由相信修訂後的二〇二九年（初步通車）或二〇三三年（完工）的預測可以合理實現。這也不令人意外，畢竟他們在二〇一〇年核准興建第一段鐵路（馬德拉〔Madera〕跟弗雷斯諾〔Fresno〕之間的四十公里），但破土便延誤了足足五年。

完工日期會延誤的鮮明訊號：開工便拖了五年。

為什麼這麼曠日費時？原來他們得解決兩項艱巨的工程障礙，才能讓預定路線上的中央部分及內陸部分，銜接到加州南北兩端的主要都會地區。首先，他們必須設法在提哈查匹山脈（Tehachapi Mountains）的地表上鋪設鐵路或炸出一條通道，才能讓貝克菲爾德（Bakersfield）從南邊連接到洛杉磯。這還是小巫，第二個瓶頸才是大巫，也就是代阿布洛嶺（Diablo Range）那個稱為帕契可隘口（Pacheco Pass）的部分，界於中央谷地（Central Valley）與灣區（Bay

Area）北部之間。

高鐵局可不是沒辦法在二〇一〇年得知這些障礙。提哈查匹山脈和帕契可隘口存在了至少五百萬年，絕對是在高鐵局規劃路線、炸山、在底下興建長長的隧道之前就有了。

二〇一八年，高鐵局承認帕契可隘口下方的隧道是「在成本與時程上最大的不確定因素」。他們知道炸山的費用是天價，也知道工程很艱難，必須排除地形造成的技術障礙，穿越一條活動的地震斷層。但他們不知道問題能不能解決，能的話要怎麼做、幾時做、需要多少成本。

二〇二〇年，高鐵局承認工程的難度無與倫比。高鐵案的隧道走廊（包括帕契可隘口和提哈查匹山脈）「占了預估的總成本的將近八〇％」。

你或許會以為，既然高鐵局終於明白這兩道瓶頸的處置方式都充滿變數，大概兩者都很棘手且所費不貲，那他們便會先擬訂詳細的解決方案，等排除了難關再繼續興建。畢竟，如果你找不出將洛杉磯銜接到舊金山的方法，而且將成本控制在納稅人願意買單的範圍內，何必蓋其他段的鐵路？

以旁觀者的觀點，這正是撤銷整項工程的完美時機，然而在二〇一九年，州長蓋文．紐森（Gavin Newsom）批准完成從貝克菲爾德北邊連結到美喜德（Merced）的鐵路鋪設計畫，這一段鐵路與兩項工程瓶頸不相連。美喜德離舊金山一七七公里，在帕契可隘口的另一邊。而貝克菲爾德離洛杉磯一六一公里，在提哈查匹山脈另一邊。

按他們的計畫，在完成那一段鐵路以後，工作重心便是興建連接舊金山和矽谷的鐵路，而兩地的鐵路銜接都已經很四通八達了。比興建這一條多餘的路線更糟的是，兩個地區都在帕契可隘口的北方。

因此，他們違反常識的判斷，打算繼續鋪設鐵路，不處理最後將占據子彈列車至少八〇%成本的問題。因為這一段鐵路比較便宜又好鋪設，他們要打造一條不能真的從哪裡到哪裡的高速列車，至少以這項工程在二〇〇八年年初時的規劃，去不了人們認為應該去得了的任何地方。

此舉的荒謬程度，簡直就像你計畫在月球設置公寓，而你的做法是先在地球蓋好公寓，至於「怎樣將公寓運到月球」的問題則等蓋完再說。

於是，目前預估在二〇二九年初步營運、在二〇三三年完工，看來都樂觀得太離譜，基本上不具意義。而他們對子彈列車本身成本的價值預估也一樣不可靠。二〇二一年六月時，高鐵局已經花了超過八十五億美元規劃並興建高速鐵路的基礎設施。而完成高鐵系統的預估成本已從三百三十億美元，飆到一千零五十億美元。

這些估算甚至沒有完整包含在北部及南部炸山、蓋隧道的費用，因為高鐵局直到最近幾年才確認問題有多艱鉅，但仍然沒有思索出詳細的對策，不知道如此龐大的工程所需的具體成本。

以工程的現狀判斷，假如決策者當初知道現在的情況，明白子彈列車的成本有多高、興建要花多久，他們大概根本不會批准。

但既然都動工了，高鐵局似乎便不願意罷手、停損。

讓人捨不得放棄的沉沒成本效應

對於子彈列車這種失控的公共建設案，如果你對「行為經濟空間」（behavioral economics space）有概念，你第一個念頭大概是「聽起來是沉沒成本的問題」。

理察・塞勒在一九八〇年率先指出，沉沒成本效應是普遍的現象，描述那是人們在決定要不要繼續做一件事並付出更多成本時，將之前投入的金錢、時間、心力或其他資源也納入考量的系統性認知謬誤。

一個絕對理性的決策者在判斷要不要繼續做一件事時，只會考慮未來的成本與利益。也就是說，如果持續做的預期價值為正數，理性的人會堅持下去。預期價值是負數的話，他們會放棄。

四十年來在各種領域的實驗與田野調查顯示，人們對沉沒成本的行為符合塞勒的假設。人們在判斷要不要向前走時，確實會考慮已經付出的成本。這麼做是因為他們的思維並不理性，認為只有繼續堅持，才能夠回本或是讓以往的付出有了價值。

簡單說，**沉沒成本效應令人守著他們應該放棄的事情**。

舉例說明，想像以下這個簡單的思想實驗：你熱愛的樂團要舉辦露天演唱會。在演唱會當天，寒意刺骨，還下著傾盆大雨，大概會持續一整晚。朋友說他們有一張多的票，願意請你去聽。你向他們道謝，但回絕他們的好意，因為儘管那是你喜歡的樂團，你才沒興趣站在人堆裡，渾身溼透幾個小時，承擔失溫的風險。

現在想像你買了一張票，當初開賣的折扣價是九十五美元。今天是演唱會的日子，天氣冷颼颼的而且雨勢很大，大概一整晚都不會好轉。你會去聽演唱會嗎？

如果你跟大部分人一樣，你的直覺反應會是這兩種情境並不一樣。在第二個情境中，人們更可能選擇去聽演唱會，因為他們不要浪費已經購買的門票。

這便是沉沒成本謬誤。在第一個情境中，你以一張白紙的狀態決定要不要聽演唱會。你還沒有買票，也沒有去聽的計畫。你只需要評估未來的成本與效益，考量在惡劣的天氣中站在戶外幾小時的不適，能不能抵消觀賞自己喜歡的樂團現場表演的喜悅。

如果你判斷拿免費門票聽演唱會的成本超過了效益，便表示你用已經買了的門票去聽演唱會的成本也會超過效益。

你花錢購票的事實應該不重要，事實上應該沒有半點分量，因為這些成本已經沒了，錢都付了。但我們往往會想：「要是我不去，買票的錢就白花了。」而這種效應比票價更強大。想像一下，假如你花的不是九十五美元，而是一百五十、兩百五十元或五百元。**價格越高，沉沒成本效應越強**。

另一個理解沉沒成本效應的簡單方式，是想想股市投資。決定要不要買某一支股票時，唯一要緊的是它未來的預期價值是不是正數。你相信買這支股票會賺錢嗎？這是你決定買進與否的方式，但當你已經持有這支股票，而股價從你買進以後便一直下跌，你便更可能死抱活抱，試圖贏回買價的虧損。

所以散戶打破了自己的停損，但這不理性。你今天不會買的股票，便是你今天不該抱的股票，因為決定持有跟決定買進是一樣的。

沉沒成本的問題，與康納曼及特沃斯基的研究一致，他們發現人們對接受賭博的意願，取決於他們進場時的股價會賺還是賠。這樣的一致性並不令人意外，因為他們一九七九年的研究結果（後來成為前景理論的一部分基礎），包含了塞勒在他的一九八〇年研究論文試圖釐清的內容。

各位還記得，康納曼和特沃斯基先讓受試者虧損，然後讓他們選擇是要退出，還是花錢賭一把，爭取一筆勾銷債款的機會。

當然，我們曉得人性的傾向是偏愛第二個選項，寧可賭一把而不停損，因為他們將已經欠人的債款也納入考量。我們知道這是事實，因為如果你給一個人（尚未贏錢或輸錢）擲銅板的機會，贏一百元或輸一百二十元的機率是一半一半，那麼毫無疑問，任何神智正常的人都不會賭這一把。然而在康納曼和特沃斯基的研究中，帳面上有虧損的受試者卻願意賭賭看。

康納曼和特沃斯基的命題有一種簡單的優雅。你可以看到決策謬誤，沒有摻雜其他會擾亂視聽的要素，比如這些受試者如何陷入虧損的處境，或他們有沒有意識到自己的預期價值是負數。在這些實驗及後續的實驗中，他們都明明白白地計算給受試者看，一切透明。

這不是計算有誤，而是認知有誤。

從演唱會那樣的簡單假設情境，也可以清楚看見這樣的謬誤。同理，你可以評估你有多渴望欣賞樂團的表演，拿來跟你有多不想在又冷又凍的寒雨中站上幾個小時相比，然而去不去卻不應該取決於門票是不是你買單的或票價。

但這種認知錯覺很頑強，即使你知道這項謬誤的原理，不代表在你面對這些類型的決定時，就不會犯相同的謬誤。

這就像視錯覺。在錯覺下，兩個方塊放在不同的背景顏色中，一個方塊看起來是棕色，另一個是橘色。但移開背景以後，便會看到那些方塊的顏色實際上一模一樣。與背景的對比效應，讓方塊在你眼中呈現不同的色澤。

但不論我將這些顏色相同的方塊拿給你看多少次，或是向你解釋視覺皮質是怎麼回事、為何出現這種錯覺，當你在放回背景之後重新檢視方塊，你仍然會看到一個方塊是棕色，一個方塊是橘色。

你不會沒看到。

在你評量放棄與否的決定時，要「沒看到」沉沒成本也會有類似的困難。

「公共建設」燒錢又蓋不成的課題

沉沒成本謬誤的痕跡遍布加州子彈列車。假如我們今天詢問任何人，要將子彈列車當作全新的建設案來評估可行性——得知突破天際的成本，目前已高達一千零五十億美元但大概還會大幅增加，以及要炸穿兩座山脈的難度——顯然絕大部分人的答案是打死不行。

除了工程的直接成本，還有機會成本的議題。加州支付的每一塊錢工程款，都是由納稅人提供的資金，這筆錢原本可以拿來為納稅人開創更多的價值與更大的公眾利益。但想像一下，政治人物要有多大的膽識才敢停工，他們很清楚一旦停工，便會被指控「浪費」超過八十億美元建造不曾完工的列車，到時他們便得替自己辯解。堅持下去以「回收」這些成本的壓力是極其巨大的。

對於這些類型的公共建設工程，沉沒成本是常見的課題。從幾十年前的一九七〇年代中期到一九八四年間，田納西–湯比格比水道（Tennessee-Tombigbee Waterway）*跟子彈列車有相同的命運，成為聯邦政府最昂貴的公共建設工程之一。吉米・卡特（Jimmy Carter）總統認為這項工程是浪費公帑，想終止而未果。《紐約時報》報導：「其他區域的國會議員說那是二十億美元的廢物，最惡劣的政治分贓。」

諷刺的是，以前付出的龐大成本成為不終止工程的理由。這條水道完工的關鍵是一群參議員（來自這條水道穿越的幾個州）成功主張：「花了那麼多錢才停工，是浪費納稅人的錢。」阿拉巴馬州的參議員耶利米・丹頓（Jeremiah Denton）是這麼

* 作者註：心理學家哈爾・阿克斯（Hal Arkes）與凱薩琳・布魯莫（Catherine Blumer）在一九八五年一份關於沉沒成本效應的重要論文中記錄了這個開發案。

說的：「終止一項已經投資了十一億美元的公共建設，是昧著良心不當運用納稅人的錢。」

儘管丹頓參議員沒打算解釋沉沒成本謬誤，但我想可能沒人比他講得更清楚。

紐約的秀崙核能發電廠（Shoreham Nuclear Power Plant）是傑瑞・羅斯（Jerry Ross）與貝利・斯托一項田野研究的主題，是另一項昂貴得多的公共建設案，也有加碼付出的問題。這座核電廠在一九六六年原本預估的成本是七千五百萬美元，預計在一九七三年完工。光是讓原子能委員會（Atomic Energy Commission）准許開工，費用便已經超過興建整座發電廠的初步成本，並且連原訂的完工日期都超過了。

在一九七九年，這項建設案的負責人宣稱完工八〇%。一九八三年，依然沒有完工，而這座核電廠的業主的發言人坦白承認沉沒成本的問題，指出如果他們從一張白紙的角度評估這項工程，他們不會繼續興建：「假如我們知道這座發電廠跟相關所有的瑣碎支出需要燒掉差不多三十億美元，要申請許可證、政治問題……我們應該會選擇放棄。」

但他們繼續蓋！他們又努力了六年，多花了二十五億美元，而發電廠依舊蓋不完，這才罷手。

看著這些一敗塗地的實例，很容易翻白眼，想道：「典型的政府敗家。」但**沉沒成本效應讓我們每個人在大小事務上，興建一條哪裡都去不了的鐵路，拒絕放棄，就因為我們捨不得已經用掉的資源。**

比如：房子都變成錢坑了還不離不棄的人；我們哪裡都去不了的鐵路；拒絕割捨大學主修的領域，即使我們不快樂，因為我們都修了那麼多課了，花了那麼多時間念書；我們投入了許多年在一個行業磨練便捨不得離開，因為離開便表示我們的磨練是一場空；我們把難看的電影看完，不願白費前面已經用在觀賞的時間。

做任何事都得付出時間、心力或金錢，因此沉沒成本謬誤會影響我們每個人對何時該停下來的決斷。

付出越滾越大，越難放手

二〇〇四年，有一款暢銷的電玩遊戲《塊魂》（*Katamari Damacy*）。這是個簡單粗暴的遊戲，莫名地讓人欲罷不能，故事背景很宏大卻簡單。你控制一位小王子的行動，他的父親宇宙大王給他一顆有黏力的球，稱為「塊魂」，你要將它滾向四面八方，黏起地上的垃圾和雜物，黏的東西越多，球就會越來越大。

你為什麼要出任務？因為宇宙大王喝醉了，意外毀掉一大堆星辰。你得讓這顆球越滾越大，直到變成星辰，以取代宇宙大王毀掉的星球。故事情節很呆，但不會比小精靈或俄羅斯方塊更呆，你還讓小精靈去吃點點跟水果、將方塊塞進空隙呢。

塊魂不能滾過比自身大的東西。否則，衝擊力會撞掉原本黏附的事物，令你的球縮小。一開始，塊魂的尺寸只能黏起螞蟻、圖釘、釦子之類的玩意兒，撞上老鼠可就慘了。

但隨著你成功黏起雜物，球會變大。然後你可以嚇壞老鼠。你滾過電池、一盤盤的食物、收音機、鞋、寵物。牛、熊、相撲選手、車、怪物、建築、島嶼、山脈。

有人列出了一部分平淡無奇的小東西，然後評論：「二十五分鐘後，這玩意兒從地上拔走了彩虹。」

就像塊魂滾來滾去，蒐集雜物以增加分量，並蒐集越來越多也越大的雜物，沉沒成本謬誤蘊含自我強化的特質，千萬要小心防範。

我們開始做一件事情，便會有各種累積——時間、金錢、付出的心力。我們的成本漸漸堆疊上去，事情的分量隨之成長，刺激我們加碼付出，越來越難放手。而堅持下去的決定本身又讓我們累積出更多成本，下一次我們考慮放棄時，決定繼續撐著的可能便更高。而天平上屬於堅持不懈的那一邊，籌碼便越加越多。

整件事便滾雪球一般越滾越大。

學生們等待那本永遠不會出現的填字遊戲字典也是如此。一旦他們開始等，已經付出的時間會導致他們等得更久，用在等待的時間因而延長，而這又令他們再多等一等。同時，他們的補償金一直在消逝。

我們都做過這種事，甚至是像在雜貨店排隊之類的小事。我們在決定要排哪一個結帳隊伍之前，我們活像愛因斯坦。我們不但會看不同隊伍的長度，還會粗略評估收銀員們的動作速度與經驗。我們會掂量現場顧客，是不是沒有先拿好錢，或是在分神注意小孩，或是在笨手笨腳地翻折價券，或是在推車底部也堆放了商品。

然而開始排隊以後，我們花了時間等待，便不會以相同的幹勁決定要不要換一個隊伍。當我們看到隔壁隊伍的收銀員三兩下便幫三位顧客結完帳，而我們這邊的收銀員在跟顧客閒聊，只結了一個人的帳，我們會不會感到嫌棄？翻個白眼？一定會。我們會換一個隊伍嗎？幾乎絕不。我們等得越久，陷入我們選擇的隊伍時間越長，越不甘心改排別的隊伍。於是，我們便被困住了。

合不來的感情會變成一場塊魂遊戲。你的朋友哀嘆遇人不淑。你要是問：「怎麼不分手呢？」他們往往會說：「我都花那麼多時間磨合了。」有時他們甚至會說：「我付出了整顆心、整個靈魂啊。」他們付出的時間越多，越不可能分手，於是投資越來越多時間磨合，分手的可能便更低，往覆循環。

怪不得一旦你跟朋友談過這種事，相同的話題便會一再回鍋。他們機能失調的感情會越滾越大塊，捲進許多事物——生活安排、朋友、寵物、購買消費用品、財產……直到他們從地上拔走了彩虹。

莎拉・奧斯廷・馬丁尼茲也有類似的處境，然後她才看出辭職與否的決定，實際上是預期價值的問題。當她投入事業的時間變多，辭職就變難了。她是在付出十五年的光陰後才開始考慮改行。等她聯絡我的時候，她萌生辭意已經一年了，而這又一次提高她辭職的阻力。

這是散戶抱著賠錢的股票不放的原因之一。想像你面臨那種處境：當你的股票虧損，你取消停損委託單，因為你想要轉虧為盈。那往往令你累積更多的虧損，於是你更不可能放棄那張股票。

我在撲克牌桌上，看到加碼付出在我眼前上演。玩家們會輸，然後為了翻本而賭，賭了又賭。這個決定會讓他們輸更多，然後又賭，有時甚至會提高賭注。

他們會陷入其中。

也因此史都華・巴特菲爾德與艾力克斯・哈諾才如此了不起。

他們兩人都做到停損，儘管他們為了實現目標都砸下了極大量的資源。巴特菲爾德放棄為

Glitch 下功夫時，他已經努力了四年，投資人提供的資金也用掉了超過一千萬美元。哈諾為了登上酋長岩的頂端，已經自我訓練了幾個月，甚至還有一支朋友組成的攝影團隊跟他一起攀附在山上，記錄他的準備工作，而能不能拍完這支紀錄片得看他攀岩的結果，然而他照樣在二〇一六年登上岩頂之前放棄。

過去的付出強化拒絕退出的意念

在貝利．斯托一九七六年的經典實驗《陷入泥淖已及膝：對特定行動加碼付出之研究》，他詰問我們對一件事情的付出，對我們評估是否堅持下去或放棄時的影響有多大。

他發現答案是很大。

斯托找了幾群商學院的學生，讓他們各自決定一家企業應該如何分配研發經費給兩個部門。他給學生們這家公司及那兩個部門十年來的財務報表，以協助他們做決定。

受試者必須各自做一個全有或全無的決定，讓其中一個部門得到一千萬美元的研發經費，也就是他們只有兩個選項：將一千萬美元全都給一個部門而另一個部門沒半毛錢，或是另一個部門全拿而這個一毛不給。

學生們拿到數據後，對於應該將經費分派給哪一個部門有了情理之中的爭執。一個部門比較賺錢，另一個則是成長得較快。

果然，第一次做這個決定的受試者們出現分歧，兩個部門都得到了大約一半的受試者支持。

斯托想要調查的是，選擇將經費交給哪一個部門的初始決定，會不會影響後續的經費分配決策，尤其是受試者得知他們選擇的部門表現不佳時。也就是說，斯托在探索已經有虧損的人在擬訂新的分配決策時，是否更容易延續之前的決定，依舊將經費分配給他們已經給過資源的同一個部門。

為了找出答案，他給所有學生這家公司未來五年的模擬財務報表。無論他們選擇將經費交給哪一個部門，這一次的新數據都會顯示他們選擇的部門五年來的業績是一灘死水，虧損日益增加，表現得比他們沒挑的那個部門差很多。

看過業績數據後，受試者有了一筆兩千萬美元的新經費，現在他們要給兩個部門分配金額合適的經費。斯托假設學生們在看到自己選擇的部門表現不良以後，會為自己當初的決定付出更多，在第二次分配經費時青睞同一個部門。

事實確實如此，這便是他發現的答案。受試者分配給自己原先選擇的那個部門的研發經費，平均為兩千萬元裡的一千三百多萬元，他們當初沒選的那個部門則略低於七百萬元。

為了真正追查到底，他還找了另一群受試者，他們第一次決定兩千萬美元的分配，這是全新的決定。他們看了相同的財務報告，也得知那個表現欠佳的部門五年前拿過一千萬美元的研發經費（一位後來離場的財務人員告訴他們的）。在這一回的實驗，當初將研發經費分配給這個部門或那個部門的人並不是他們。

當這些初來乍到的受試者將這兩千萬美元分配給兩個部門，給之前拿過經費的部門平均只有九百萬元，遠低於另一群賠掉了沉沒成本的受試者給的一千三百萬元。

對比非常鮮明，當初做出賠錢決策的受試者分配給同一個部門的經費，跟另一群拿到相同資料及企業歷史卻沒涉及上一次分配決策的人相比，要高出將近五〇%。

斯托的研究揭露了**你過往的決定很可能會影響你，讓你決定加碼付出，然而其他第一次面臨相同情境的人，卻可能會決定放棄**。他也在《泥淖》指出，**堅持下去的決定帶有自我強化的特質：「因為需要替以往的行為辯解，決策者可能會在面臨負面的後果時付出更多，而更高的付出可能又帶來更負面的後果。」**

斯托的發現也開始拆解籠罩著他父親的謎團。既然哈洛．斯托的幾間加州店面長期虧損，每況愈下，卻拒絕弗雷德．麥爾公司的收購提案，實在令人不解。

但他兒子的研究讓我們窺見了背後的原因。哈洛．斯托一直在累積損失，一再出手挽救衰微的加州店面，將他的付出加碼到幾次拒絕退出的機會，幾乎萬劫不復。

只要開始做一件事，「心理帳戶」就打開

一流的撲克牌玩家之間有一種說法，就是打牌是長長久久的事。

這句話提醒了玩家，他們打的某一手牌不是今生最後一手，他們打牌的那一天也不是今生最後一天打牌。撲克牌玩家一生打的手牌有成千上萬，在人生大局中，他們打牌有沒有輸掉哪一把，真的不痛不癢。重要的是他們讓自己那些日子、那些手牌的整體預期價值最大化。這便是他們說這遊戲長長久久的意思。

這句真言的用意是協助撲克牌的高手克服沉沒成本謬誤，在牌桌上的沉沒成本謬誤，便是為了保護你投資在某一手牌的賭注而不願棄牌，或是在你賠錢時不願退出牌局。當然，適用於撲克牌的道理也適用於人生。

我們都需要這種提醒，因為我們的心理帳戶有一個怪異之處。

我們開始做一件事情時，不論是打撲克牌在彩池下注、展開新戀情、找工作或買一支股票，我們便有了一個心理帳戶。結束那件事情時，不論是棄牌、結束一段感情、離職或賣出股票，我們便會注銷那個心理帳戶。

要是打撲克牌拿到的手牌不如人，我們不棄牌，不然投到彩池的賭注拿不回來，虧損會成真。如果我們在牌桌上輸錢，只要不放棄，不然離開時身上的錢會比一開始要少。如果是感情關係或工作，我們不走人，不然會覺得浪費或失去付出的全部時間和心力。

當然，這些做法很不理性。**真正重要的是讓你所有事務的整體預期價值最大化，讓你心理帳戶的整體預期價值最大化**。如果你投資了幾檔股票，總會有的賺有的賠。重點在於你的投資組合是否全賺，而不是哪一檔股票的漲跌。

但那不是我們天生自然的想法。我們想的不是手上股票的整體投資組合。我們給每一支股票獨立的心理帳戶，除非有賺，否則便不願意終結帳戶。

股票也是，我們手上的撲克牌也是，個別的決定、計畫、登山或在改建的雞舍開一間折扣商店都是如此。當我們開始做一件事，便開了一個心理帳戶。苗頭不對了，我們便不願放棄，因為我們不喜歡在虧損時終結一個帳戶。

所以撲克牌玩家會提醒自己，打牌是長長久久的事。**記住人生是長長久久的事，對我們每個**

人都有益。

最難承受的代價——人命

沉沒成本越高，越難放棄，而最高的成本，當然是殞落的人命。因此，是否退出戰爭或何時退出的決定，艱難得揪心。

退役四星上將東尼．湯馬斯（Tony Thomas）是美國特種作戰司令部（U.S. Special Operations Command）指揮官，在二〇〇一年至二〇一三年間執行阿富汗軍事行動（他投入伊拉克戰爭那一年例外）。他出席過很多軍人的葬禮，向許許多多的軍人遺族致贈國旗。他告訴我那是相當令人謙卑的體驗，那些慘烈的人命損失會強化我們每個人都會碰上的沉沒成本問題，因此一個國家一旦開始累積這一類的損失，便特別難退出戰爭。

有一回，一位剛剛死了兒子的軍人母親抓住他的手，說：「堅持下去，打完這場仗。」上將差一點腿軟。在那一刻，他想要為她冒險犯難。

在這些葬禮上，他感受到了那些哀慟的父母不曾明言卻放在心上的無聲訊息：「跟我說我的孩子沒有白死。」

殞落將士的母親說「堅持下去，我的孩子才不會白死」這種話無可厚非，我們不可能不被如此真摯的要求撼動。那是人人都能感受到的沉重，不論我們是決定出兵的決策者之一，或者只是讓軍人與軍眷做出這種犧牲的一般民眾。身為一個有血有淚的人，你不可能對這種事無感。

然而，現實是在判斷這場仗是要打下去還是退出時，該考慮的重點是這場仗是否值得再讓下一個人冒著生命危險上戰場，儘管我們本能上想要將已經殞落的生命納入考量。如果繼續打仗，我們取得滿意戰果的機率，值得我們讓更多的軍人去賭命並讓他們的眷屬承受喪親之痛嗎？

知與行，是兩回事

我們對「認知偏誤」（cognitive bias）有許多直觀的看法，包括沉沒成本謬誤。最常見的其中一種是如果你有相關知識，知道有這回事，便不會犯錯。

我知道我們已經花了許多時間講登山的故事。但要解釋知與行的差異，請容我再說一個。

這則故事的主人翁喜愛戶外活動，是老經驗的登山客，名叫傑佛瑞．R（Jeffrey R.），他給自己設定了一個目標，要爬完新英格蘭（New England）的百大高峰。在登山界，這是了不起的成就。其中好幾座山沒有正經的山徑，要去只能走雪地機車的小徑、陳舊的木棧道、畜群的行進路線。這些路線有的得「披荊斬棘」，強行通過長了林木或野草蔓生的區域。

傑佛瑞．R爬完了百大的九十九座山，去緬因州征服最後剩下的福特山（Fort Mountain）。當天氣惡化，霧氣來襲，他的登山夥伴決定掉頭。傑佛瑞．R不肯走，獨自前進。

他的遺體在幾天後被發現，顯然是摔死的。

我為什麼要說這個故事？不是跟某些故事差不多嗎？有一個人回頭了。其他人繼續前進，悲劇收場。

這故事裡的傑佛瑞．R是傑佛瑞．魯賓，他正是與喬爾．布洛克納一起做研究的那一位傑佛瑞．魯賓，他們研究人們等待一本永遠不會來的填字遊戲字典時的行為，探討加碼付出的主題，拿出傲人的研究成果，影響深遠，緊接著便在一九九五年喪命於登山。若說誰最了解陷入一項行動中不可自拔，即使收到了應該放棄的明確警訊也無法停損會出什麼問題，那便是他了。

然而，那一天他不可自拔。

我們每個人都應該引以為戒，別以為你都讀到這一頁了，懂得沉沒成本謬誤的概念，光是憑著這一份知識便能夠克服這項問題。既然魯賓都無力克服，我們便該正視這對我們其他人該有多難。

知與行，是兩回事。

無法假裝自己是第一次做決定

許多知道沉沒成本的人告訴我他們找到了對策，然而他們錯了。基本上，無論他們以前是否做過相關的決定，都會問自己：「假如這是我第一次為這件事做決定，我會採取這個做法嗎？」比如，想像你有一支股票的買價高於大盤行情。也就是說，你在賠錢。你會問自己：「如果把這當作一個新機會，我會買還是賣？」如果你的新決定是買這支股票，就繼續留著（因為留下這支股票代表你持續擁有它，相當於下單買進）。要是你不會買這支股票，就脫手。

這樣的「絕地控心術」*真的管用嗎？

我們可以再一次向貝利．斯托尋求答案。

在《泥淖》實驗的一次後續實驗中，史丹佛大學教授伊塔瑪．賽門森（Itamar Simonson）和

* Jedi mind trick，《星際大戰》電影中的絕地武士技能，以原力製造幻覺，控制別人的思維。

斯托請受試者做一項商業決定，分配兩項產品的行銷資金，一個是無酒精啤酒，一個是淡啤酒。第一個決定一樣是全有或全無的選擇，是決定哪一項產品應該追加三百萬美元的行銷預算。他們做出決定後，便按照他們的選擇提供他們三年份的模擬銷售數據，再讓他們作第二次的決定，這回是追加一千萬美元的行銷預算，看他們會如何分配給兩項產品。

調查員們測試了幾種方案，看看受試者面對之前給過三百萬行銷資金的產品，加碼付出的情況是否會減輕。其中一種是絕地控心術，也就是請受試者當作自己是第一次人做這個決定，明確指示他們要分析資金的分配對兩項產品未來銷售額的利弊。

儘管受試者收到的指示是這一次的新決定只展望未來，不考慮過去，但他們的決定依然跟上次類似，給之前便拿到額外資金的產品多一點預算（五百一十萬美元），另一群上次也做了失敗決定的受試者這一回並沒有得到只展望未來的指令，然而這兩群受試者的決定其實差不多。不過，還有一群受試者真的是第一次面對這第二回合的決策，他們只分配三百七十萬美元給那一項之前拿到額外的行銷預算卻虧損的產品。

假裝自己是第一次做這個決定的指令，根本沒有減少加碼付出。

光是知道沉沒成本效應是沒用的。絕地控心術幫不了你。沉沒成本的問題已經談得夠多了。該輪到好消息了。

第5章摘要

- 沉沒成本效應是一種認知錯覺，人們在考慮要不要繼續做一件事、投入更多資源時，將他們之前已經投入這件事的資源也納入考量。
- 在沉沒成本效應下，人們堅守著應該放棄的事情。
- 在決定堅持好還是放棄好的時候，我們擔心要是抽身而去，便白白浪費了之前付出的資源。
- 如果你察覺自己想著「要是沒撐到成功，我就浪費了兩年的生命」或「現在不能開除她，她都在這裡工作幾十年了」，你可能便犯下了沉沒成本謬誤。
- 沉沒成本會越滾越大，就像塊魂。你用掉的資源會讓你更不甘願放棄，於是你更可能累積額外的沉沒成本，你放棄的可能便會降得更低，如此循環不已。你之前投入的資源越多，越難放手。
- 我們不喜歡在虧損時終止心理帳戶。
- 懂得沉沒成本效應，不代表你不會再受荼毒。
- 假裝你以一張白紙的狀態檢視一個情況，無法哄騙自己不將沉沒成本納入考量。假裝自己是第一次做那個決定，然後問自己會不會採取原本的路線，並不會像你直觀的想像那樣減輕沉沒成本效應。

第 6 章

協助放棄的心理模型：猴子與基座

如何用最快速度，辨識出不會成功的計畫？

艾力克．泰勒（Eric Teller）高中時，朋友們覺得他的髮形像阿斯特羅人造草皮（AstroTurf），便叫他阿斯特羅。他用慣了綽號索性改名，大學時甚至在車身側面畫了美國卡通《傑森一家》（*The Jetsons*）裡的狗狗阿斯特羅。

阿斯特羅．泰勒在一九九八年取得卡內基美隆大學（Carnegie Mellon University）人工智慧博士學位。在研究所時期，他與人合力製作一項結合了肖像與電腦科學的互動式畫廊裝置藝術。他也創作小說，最早出版的兩本便是那時候寫的。

自那時候起到二〇一〇年間，他與人合作創立並扶植五家公司。其中一家是避險基金公司，以機器學習的技術選擇投資標的，另一家是成功的配戴式身體偵測儀器公司。他還在史丹佛大學當過教授。

二〇一〇年，他與賴瑞．佩吉（Larry Page）、謝爾蓋．布林（Sergey Brin）、塞巴斯提安．特隆（Sebastian Thrun）合作，在Google建立內部創新中心。佩吉與布林是Google的其中兩位共同創辦人。特隆當時是副總裁，曾是卡內基美隆及史丹佛的教授。他一直是機器人學的創新者，主持Google的無人駕駛車專案，後來創辦優達學城（Udacity）線上教育平台。

Google X實驗室的「X」原本是暫時的代號，因為他們認為名稱是相對不重要的細節，改天再取就好。結果X保留下來，這倒是方便，因為Google後來自己改名為字母公司（Alphabet）。

泰勒擔任X的執行長，但他實際的職稱是「射月隊長」（Captain of Moonshots）。他接受這項職位的唯一條件，是他對公司有絕對自治權，而Google創辦人們答應了。即使X是字母的子公司，泰勒始終堅持企業文化上的分野。

X成為著名的育成中心，培植各種點子，以突破傳統的風格延續貝爾實驗室（Bell Labs）、全錄帕羅奧多研究中心（Xerox PARC）、湯瑪斯・愛迪生實驗室（Thomas Edison's laboratories）的傳統。X的宗旨是建立並推動「改善幾百萬、幾千萬、甚至幾十億人生活」的科技。

他們專精的生意領域，就是辨識並加速世界轉變的點子。這表示他們否決大量的妙點子，因為這些點子促成的改變是緩慢遞增的，不符合他們的企業目標。X的其中一句口號是「以十倍力衝撞世界最棘手的問題，不是只促成一〇%的改善」。

主持這樣一個目標如此崇高的創新實驗室，泰勒或許正是完美人選。他深刻、革命性的思維不是從天外飛來的。他的祖父愛德華・泰勒（Edward Teller）是傳奇物理學家，是氫彈的發明者之一。他的外祖父傑拉德・德布魯（Gerard Debreu）是贏得諾貝爾獎的經濟學家與數學家。他的父親是量子力學的哲學家，母親是服飾設計師及教育資優兒童的教師。

他流著創新的血液，在字面意義上及譬喻意義上都是。

X是創新中心，但不是不計成本、不問時間長短的任何創新。X有非常明確的公司章程：在五到十年的時間框架下，將他們最棒的點子從概念發展到具備商業價值。一個點子如果只是提出改變世界的解決方案並不夠，即使提出的解決方案有可能實現也不夠。他們還得確定點子具備經濟效益，將來可支持自身的營運，可以獲利。

將時程訂為五到十年的原因在於，如果解決方案可在五年內開發出來，便大概有人著手研究了。如果需要超過十年，等他們的技術能夠上市販售時可能已經過時了。

當一個專案發展到潤飾產品或具備經營規模的階段，便會從X「畢業」。X最著名的畢業專案是自動駕駛車輛，是他們早期的專案之一。二〇一七年，它變成慧摩公司（Waymo），納入字母公司旗下。早在二〇二一年，慧摩的估計價值便是三百億美元。其他發展到能夠商業化的研發專案包括Google大腦（Google Brain，史上最大的機器學習神經網絡之一）、維樂利生命科學（Verily Life Sciences，集結各種醫學科技於一身，比如可監測血糖值的智慧隱形眼鏡）、翼（Wing）送貨無人機。

許多沒有成功畢業的專案計畫，是針對全球問題的精妙創新點子。潛鳥計畫（Project Loon）研究建立巨大高空氣球網絡的技術，要為世界上仍無網路連線的最後十億偏遠地區人口提供網路，霧角計畫（Project Foghorn）的目標是將海水轉化為燃料，成為乾淨又豐沛的石油替代品。

X經常大動作揮棒，明白大部分時候會揮棒落空。泰勒將每一個計畫當作在期貨市場上購買選擇權。就跟大部分的選擇權一樣，你得付錢才能持有，而且金額會遞增。

他告訴我：「我們接下來幾年會買一千個選擇權。我們十年只需要呈報四個給桑達爾（桑德爾・皮查伊（Sundar Pichai），字母公司執行長）。」泰勒認為他的工作是盡可能以最低廉的成本，聰明建立有價值的投資組合。

即使你的老闆是字母公司，你的時間、金錢、注意力照樣是有限的資源。這表示泰勒要以最快的速度，辨識出不會開花結果的計畫。他要實現大刀闊斧的點子，一定得大刀闊斧地停損。從迅速喊停而省下的每一塊錢，都可以投入能夠改變世界的事物上。

為了讓X的員工更擅長放棄，阿斯特羅・泰勒建構了一個獨特的心理模型，融入X的企業文化中：猴子與基座。

想像你要訓練一隻猴子站在公園的基座上，用幾支火把表演雜耍。要是你做得到這麼驚人的演出，你便有一個賺錢的節目。

泰勒看出這個節目要成功，有兩項關鍵：訓練猴子跟建造基座。第一個關鍵是可能阻礙成功的棘手障礙。另一個關鍵是打造基座。自古希臘以降，人類就會建造基座，年代大概比古希臘更早。歷經兩千多年的歲月，人類早已將基座研究得透徹。你可以在家具行或五金店買一個，或是將一個裝牛奶的木箱反過來放。

艱難的瓶頸，是訓練猴子用燃燒的火把雜耍。

這個心理模型的用意是提醒你，**如果你訓練不出這樣一隻猴子，便沒有建造基座的意義**。

換句話說，**你應該先處理一個問題裡最棘手的部分**。

「猴子與基座」成為他們公司的用語。X的員工提出企劃案的時候，你會看到#猴子優先及猴子的圖像。他們用這種方式指出必須完成的艱難部分，假如做不到的話，那個企劃案便不值得嘗試。

此處的重點是你創業的時候，你要做的第一件事不應該是設計完美的名片、製作漂亮的商標，或想出最帥氣的公司名稱。

畢竟，X的名字當初就是這麼來的。

先解決背上的猴子

霧角專案，是X公司開發將海水變成燃料的技術專案，可示範「猴子與基座」心理模型的運作方式。第一隻猴子是找到這個概念可行的證據，但X已經拿到科學家的背書，當初便是科學家的最新研究讓X注意到這種新技術，雙方是夥伴關係。第二隻猴子是商業可行性。他們生產這種燃料的成本，必須大幅低於目前每加侖（約三．八公升）的汽油價格，市場才會大量採用。

在他們開始時，如果能做出與每加侖八美元的汽油等值的燃料，在最昂貴的市場便會有競爭力，比如斯堪地納維亞半島（Scandinavia）。第一道障礙是在海裡建造運輸管線的天價成本。他們以為跟現成的海水淡化設施結為合夥關係，便能夠排除問題。但他們很快便察覺，目前全世界的海水淡化廠的管線運輸量，只是他們生產需求的杯水車薪。當時傳統燃料的管線成本也於事無補。

他們意識到自己對付不了那隻猴子。也不太可能在隨後三年拿出有價格競爭力的燃料，所以終止了霧角專案。

有時，按照猴子與基座的辦法，你可能得在兩年後、五年後或者像潛鳥專案（用網路串聯偏遠地區的專案）的九年後，終止你的計畫。其實，不管是兩年或九年都無妨，只要你終止的時間因而比其他情況下更早。

早一點停損，便是大贏。額外的好處是你重拾自由，可將有限的注意力及資源，轉而投入其他更有效益的行動，爭取更高的預期價值，降低機會成本。

「要是我們找到致命弱點，」泰勒告訴我，「那就幸好是花了兩百萬美元就找到了，而不是兩千萬元。」

阿斯特羅．泰勒顯然明白，放棄讓你更快抵達目標。

你越快察覺你該走人了，便能越快投向更好的事物。越早做到這一點，省下的資源越多，資源便能拿來做效益更高的事。

猴子與基座的心理模型的好處之一，便是有時能讓你在行動之前就放棄。

幾年前，X考慮開發如今所說的超迴路列車（hyperloop），一種實驗性的高速鐵路系統。超迴路列車的概念沒問題。從工程角度判斷，打造實際的基礎設施不是太難。

要讓超迴路列車切實可行，必須擺平的猴子是讓乘客或貨物毫髮無傷地上下車，以及讓列車安全地加速到預期中的速度及減速而不出事。興建兩百碼的鐵路，不足以讓你判斷這些挑戰能不能克服。事實上，泰勒與X的團隊發現你得打造出差不多整套系統，才能確定你會不會成功。你得架設一大堆基座，才曉得猴子們難不難纏。

他們很快便決定不幹了。

泰勒的其中一個寶貴見解是，打造基座會造成錯覺，讓人以為事情有進展，但實際上沒有。完成你清楚自己能處理的細節，不會挖到寶貴的情報，得知整個目標是否值得追求。你知道自己可以打造基座。問題是你能不能訓練猴子。

最重要的是，泰勒明白打造基座也是在累積沉沒成本，即使你後來發現沒辦法訓練猴子要火把，你會更難放棄。先專心處理猴子，暫且別忙著完成在現實中不成問題的事，自然可以減少你因而累積的包袱。

從加州子彈列車，便可以看見打造基座引發的錯覺。我們已經在四面八方的平地上鋪設了數不清的鐵路。一百五十多年前，人類便大致弄懂了如何鋪設鐵路，鐵路公司因而在十九世紀的最後二十五年裡，成為世界上利潤最高的企業之一。鐵路是我們有能力打造的設施，這點我們心裡有數。

因此，在列車路線上鋪設的任何鐵路都是基座。但他們在二〇一〇年批准興建的第一段鐵路，是在馬德拉到弗雷斯諾之間的平地上。

阿斯特羅．泰勒也明白一件更幽微卻同等重要的事，那便是當我們去對付猴子卻發現問題很棘手，人性傾向便是將心思轉去打造基座，而不是放棄。

我們寧可營造自己仍然有進展的錯覺，不願放棄並承認失敗。

這也是加州子彈列車的寫照。高鐵局撞上帕契可隘口與提哈查匹山脈這兩隻大猴子，轉身便多蓋了兩個基座，也就是將貝克菲爾德連結到美喜德的鐵路，如果蓋完了，接著便輪到將舊金山連接到矽谷的鐵路，這是紐森州長在二〇一九年核准興建的工程。

假如加州的決策者們按照X的做法評估高鐵案，套用猴子與基座的思維，或許就會跟X終結超迴圈鐵路一樣迅速否決高鐵案。結果，他們的塊魂越滾越大，子彈列車越來越難停下。

拋下你解決不了的猴子去蓋基座，是雙面的災難。局勢都擺明了不會成功，你卻一直砸資源，而那些資源原本可以投入更有益的事情。高鐵局每次為子彈列車浪費一塊錢，那一塊錢便不能用在其他更有可能造福加州納稅人的重要點子。

猴子與基座可歸結成幾個很棒的建議：

先擺平棘手的難處。

盡快設法解決難題。

小心虛假的進展。

預先約法三章，設定「終止條件」

我們已經知道，當我們面對應該放棄的訊號，我們不太擅長理性地回應。事實上，我們見到苗頭不對，往往會加碼付出，反而不停損。光是知道問題癥結沒有用，拿絕地控心術問自己「假如我想像自己是第一次做這個決定呢？」也不濟於事。

但有一招能奏效。

如果預先找出應該留意的訊號，規劃好回應的方式，一旦面臨應該停損的情況，便能提高我們停損的可能。

基本上，做一件事情時，你要想像自己可以從哪些跡象，得知這件事不值得繼續努力。問自己：「日後如果看到哪些訊號，我便不會再走這條路？這些足以讓我推翻目前這個決定的局勢或我的個人狀態，透露出什麼訊息？」

你列出的答案便是一份終止條件，也就是終止一個計畫、改變心意或停損的條件。這能協助你判斷應該喊停的時機，盡量做到及時放棄，是最好的技巧之一。

終止條件可以是你蒐集到的情報，比如猴子無法馴服、你實現目標的可能性不夠高，或是你運勢不佳的訊號。

從我們討論過的許多實例，我們都想像得出可能的終止條件。以哈洛．斯托來說，終止條件可以是假如店面的利潤低於某個門檻，便找機會脫手。你也可以將終止條件，設定成限制損失額度的形式，假如你必須動用個人的私產，以額外的資金維持店面的營運（或投入超過某個額度的資金），你便脫售或結束這門生意。或者，在極端的情況下，也可能是你信任的人要你放棄行動，比如你最要好的朋友兼律師在你官司纏身時，選擇跟你的對手站在一起。

在《毛刺遊戲》的案例中，終止條件可以是如果沒在某個日期招攬到某個數量的死忠顧客，你便放棄。

從加州子彈列車的情況，你可以想到許多可行的終止條件，比如當你的預算變成原始預算的三倍不止時便放棄。

最清楚的終止條件例子之一，是聖母峰的折返時間。如果你下午一點還沒登頂，你便不能在天黑之前平安返回四號營，因此你必須停止登山。

在一九九二年時，伊塔瑪．賽門森和貝利．斯托探索預設終止條件的效果，在同一份研究中，受試者先決定分配經費給兩項啤酒產品，得知出師不利，然後得到第二次分配經費的機會。

研究人員想知道預設的終止條件，能不能讓這些受試者分配經費的方式，類似首次決定經費分配的另一群受試者。

各位還記得，首次決定第二次經費分配（一千萬美元）的受試者分配三百七十萬美元給之前拿過經費的那一款啤酒，而之前做出失敗分配決策的受試者則給了五百多萬元。我們已經知道，請受試者重新分析未來的利弊，無法改變他們的行為。

但另一種策略見效了，他們請一群受試者設定基準線，做法是在做出第一個決定之前，便預設銷售額與收益的最低目標。這些受試者在看到銷售慘淡的數字後，只分配三百九十萬美元給他們先前選擇的那一款產品。他們現在的分配方式，與真的第一次作這項決定的受試者一致。與其他參與兩次經費分配但沒有設定基準線的人相比，金額低了很多。

後來，有許多對預先約法三章的研究，結果也是如此。**不論是減肥計畫、工作計畫、學習計畫，預先跟自己約法三章確實能讓人的行為更理性。**

基本上，終止條件建立了放棄的事前規範。

漏斗式管理，讓時間用在最有潛力的事

你大概想得到許多可以應用終止條件的生活大小事。開始跟人交往時，你要預先思考清楚。

在什麼狀況下，你會認為應該分手？或者，以單次的約會來說，什麼事會讓你想要結束那一次約會？這可以套用在就讀某一所大學、挑選科系、開啟事業或接受一份工作。

終止條件的妙用多多，一個顯而易見又高價值的用途，便是公司業務部門的漏斗管理（funnel management）。業務人員的一大困擾便是管理漏斗頂端的所有機會：你要開發哪些商機？著手開發商機以後，幾時要放棄？

公司要獲利，就要確保業務人員的時間，是用在開發最有價值的潛在客戶，既要考慮到敲定合約的可能性，也要顧及可能的成交金額。

當然，這些挑戰有很多並不限於業務。當你開始開發潛在的客戶，你便投入了時間和心力。這些時間和心力令你很難捨棄潛在的客戶，你付出的資源越多，越難放下這些潛在客戶來停損。

你除了白費資源去開發不會成功或低價值的潛在客戶，還要付出機會成本。你資源有限。你每花一分鐘在追求預期價值低的事物，便少一分鐘去追求更有價值的機會。

這些問題在業務人員身上更嚴重。他們的性格是不願放過任何可能的業務機會，直到破局為止。業務人員的天性是堅毅。那種態度便類似只要仍有一線生機便不棄牌的撲克牌手，如此日後便可以擁有不必被「要是我沒放棄呢？」折磨的安寧。但那也跟撲克牌手一樣，是在浪擲資源，日後必然會破產。

設定終止條件，可協助業務人員做出理智而有效率的決定，效果良好。

舉個例子，**mParticle** 是我的客戶，我曾經輔導他們為業務流程建立並落實終止條件。**mParticle** 是一家 SaaS（軟體即服務）* 公司，他們提供的客戶資料平台（CDP）協助客戶的團隊整合他們的客戶資料，並將資料連結到各種行銷及分析的應用程式介面（API）。

我開始跟他們合作時，他們的業務捨不得放掉價值低的商機，部分是因為企業文化灌輸給他們的觀念是，放走任何機會都會讓公司失去立足點。

業務人員的時間是寶貴的有限資源。任何用在低價值商機上的時間，便不能用在高價質的商機上，不能拿來開發新機會。這表示如果他們不能迅速辨識並放棄此路不通的商機，實際上會減慢他們的進展。

擬訂一套終止條件，能協助業務團隊在苗頭明顯不對的時候早早停損。

為了建立終止條件，我們先輔導業務部門，讓他們列出能夠判斷潛在客戶不值得開發的各種訊號。為此，我們將以下的提示文字寄給業務人員及業務部門的主管：

* 使用者透過網路連線便能使用的雲端應用程式。

想像你從一份提案委託書（RFP）或資訊徵求書（RFI）接觸到潛在客戶，進行開發。如今六個月了，客戶開發失敗。回顧這段日子，你察覺這筆生意做不成的跡象早已出現。那些跡象是什麼？

一般而言，將自己投射到未來，想像自己失敗了，然後回顧那段期間的細節來判斷失敗的因素，這種概念便是所謂的「事前驗屍」（premortem）。事前驗屍是很棒的技巧，能幫助你建立優質的終止條件。

這一則提示鎖定的目標，是業務人員（及我們所有人）常會忽略、合理化、無視的初步失敗跡象。也就是說，我們在尋找各種可顯示事態有異的指標，是我們直覺上應該留意卻沒注意到的事情。

我們請業務團隊的成員在回答以上的提示詞時，不能置身在群體內，要另外找獨處的時間，如此才能蒐集到最廣泛的答案，不受其他人意見的影響。我們也請他們答覆的時候，當作是假設的情境，別想著他們目前在開發的潛在商機或是已經失去的客戶。這麼做是因為我們明白，當人們必須決定要不要放棄或是分析他們剛剛失去的機會，這時他們的觀點會最片面。

他們的答覆一再提到幾個訊號，包括：潛在客戶的主管不曾出席任何會談、提案內容顯然是針對特定的競爭對象或潛在客戶直接詢價，不問其他資訊。

然後，我們將這些訊號轉換成終止條件。有些納入清單的訊號夠明確，看到便可以停止開發這個潛在客戶，什麼都不必做。比如，要是潛在客戶開門見山直奔費用，這便是此路不通的明確訊號，表示這個潛在客戶只把業務人員當作工具人，準備在價格上打壓競爭對手。

但其他訊號需要進一步的行動。對這些訊號，我們一一辨識業務人員需要盡快向潛在客戶發掘的資訊。視挖掘到的資訊而定，業務人員會繼續跟對方談這樁生意或放棄。

比如，要是最初幾次的會談都沒有主管到場（一個有轉圜餘地的終止條件），業務人員便要按照公司的規矩，提議下一次會談時確定主管一起來。業務人員會向潛在客戶說明，以他們的經驗，雙方主管都出面洽談的交易會比較順暢，假如潛在客戶願意的話，便要在下次把主管請到場。如果對方拒絕，業務人員便會終止交易。

建立這一套終止條件可以讓業務團隊更有效率地管理漏斗，確保業務人員多把時間用在最有潛力的商機上，盡快砍掉希望渺茫的潛在商機。這些終止條件也給了 mParticle 業務人員另一個贏的方式。公司對業務人員的考核，顯然仍然要看他們帶來的業績收益，但現在他們也把業務人員與潛在客戶交涉時，是否遵循終止條件納入考核。

他們是天生剛毅的人，活著就是為了敲定交易，給他們這一條額外的獲勝管道，對於讓他們學會適時放棄是至關重要的。

我們往往認為漏斗管理的概念是業務人員或投資人的事。但我們每個人都在管理自己的漏斗：我們能夠追求的利益、我們能夠修習的課程、我們上班能做的案子、我們能應徵的工作、我們能交往的對象。

我們都需要做這些抉擇，判斷哪些機會可以嘗試、哪些要略過或放棄。我們東挑西揀的時候，要盡量少花時間在不值得的事物上，把最多時間留給優質的事物。

你設定終止條件的時間可以是在接受公司職位之前，或在決定科系、大學、要買的房子、要住的地方之前。當你花錢購買演唱會的門票，你可以想想在怎樣的天候狀態下，你會吸收成本、待在家裡。

終止條件很適合用在股市投資。設定停損或停利都是終止條件的例子，但你也可以設定更廣泛的條件，預先問問自己，什麼樣的市場狀態會令你改變投資策略，想想你可以從哪些訊號，察覺市場變成那種狀態。

幸好，即使你已經投入一件事，你也沒有錯過設定終止條件的機會。無論何時何地，不管是你的交往對象、已經在你名下的房子、你投資的標的、你在念的大學，你都可以放眼未來，想像你不滿意自身的處境，辨識出當初你察覺了哪些你該放棄的底線或訊號，卻置之不理。你買進一支股票時或許沒有設定停損或停利，但你可以現在設。

畢竟，當下永遠是未來事物的事前。

最佳的放棄條件：狀態與日期

最佳的放棄條件包含兩個項目：一個狀態與一個日期。狀態就是字面意思，是你本人或你手上事情的客觀、可測量的狀態，一條你有達成或沒達成的底線。日期是指幾時。

終止條件一般包含狀態與日期，形式為「假如我在某個日期或某個時間，有（或沒有）處於某個狀態，我就得放棄」或「如果我沒在Y（時間）做到X，我就放棄」或「如果我付出了Y（某個額度的金錢、心力、時間或其他資源）還沒做到X，我就該放棄了」。

以 mParticle 來說，其中一條終止條件是決策者沒有出席會談，業務人員要據此提議下一次開會必須有主管到場。轉換成狀態與日期就是：「如果下次開會（日期）找不到主管出席（狀態），我就終止交易。」

看看X的公司章程，就找得到狀態與日期的互動範例。X的專案必須具備以十倍速改變世界的潛力（狀態），還要能在五至十年內（日期）實現商業可行性（狀態）。

麥克雷文上將為狀態與日期的概念，提供了在高風險情境下的特殊應用範例，那就是策劃海神之矛行動（Operation Neptune Spear），突襲奧薩瑪·賓拉登（Osama bin Laden）。海神之矛行動劃分為一百六十二個階段。在每個階段都具體規範你得達成什麼狀態才能繼續行動，以及在那個階段遇上什麼狀態便必須終止行動。據麥克雷文告訴我，由於這些都預先規劃完畢，一旦開始執行任務，事到臨頭之後，他在任務期間或許需要下達的指揮命令，便只剩下五個。

他舉了兩個會令他們終止任務的終止條件。在任何時候，他們的進度如果落後一小時，便終止行動。或者，在前往賓拉登據點途中，在剩下五〇%路程之前的任何時間，若是他們行跡敗露，被巴基斯坦政府拖累，他們便掉頭。若是走了超過五〇%的路才被發現，那便是麥克雷文必須臨時下達的指揮命令。

當然，這場突襲行動成功了，麥克雷文不需要執行終止條件。但不是所有的任務都成功。「鷹爪行動」（Operation Eagle Claw）便是著名的例子，當時是一九八〇年卡特總統任內，試圖援救被伊朗挾持的美國人質。鷹爪行動的其中一條終止條件是如果能飛的飛行器總量少於六架直升機（因為機械固障、意外或其他因素），他們便終止行動。他們派出八架直升機到第一個集結待命地點，但只有五架抵達時還能飛，符合終止條件，因此他們放棄任務。要不是他們預先設定了終止的條件，不難想像萬一他們在那當下必須做出終止任務的決定，那該會有多艱難，畢竟那可是人命關天的任務。

預先思考終止條件裡的日期與狀態很重要，這已經在利害得失最高的情境下確立並通過考驗，那些都是會牽連到許多人、改變世界的決定。然而，相同的概念也可以廣泛應用在個人生活中，讓你把資源用在重要的事物上，避免在應該放棄的時候建造更多基座。

凱文．佐曼（Kevin Zollman）是卡內基美隆大學的教授，也是賽局理論哲學家。他提供了將狀態與日期應用在尋求學術工作的絕佳範例。人文學科博士的終身教職職缺相對稀少。職缺稀少的情況是出了名的，不太可能改變。

當新科出爐的博士想尋求終身教職，他們會面臨兩大問題，因此在求職之前設定終止條件便非常重要。首先，在人文學科，離開學術界的決定是單行道。一旦你選擇從學術界出走，要回頭便難如登天。明白走了便沒有回頭路會讓人更難放手，即使真的出現他們應該放棄的強烈訊號。

第二個問題在於人文領域有很多你可以建造的基座，也就是你可以找到很多副教授與博士後的職位。這些工作不是終身教職，卻會讓人以為自己在向前走，事業在前進。

我們很容易從一個基座挪到另一個，從博士後轉戰副教授等等，認為事業上的重大突破指日可待。當然，每個基座都在累積你的沉沒成本，你會投入更多時間與心力來等待你的終身職，越等越難轉身離去。

不想落入這種陷阱，就設定底線吧，要明訂狀態和日期，事前便要想清楚。調查新科出爐的博士得到終身教職的平均時程，在行事曆圈出那個日期，那便是放棄的最後期限。比如，假設是取得博士學位的四年內，如果你在四年內（日期）沒有敲定終身職位（狀態），你就得放棄。

如果你的目標是成為奧運短跑選手，調查世界最強的跑者在十五歲、或十八歲、或大學時的短跑速度。你可以列出各階段的里程碑，達標了便繼續努力（只要這樣的追求你仍然樂在其中），沒達標便放棄，換一個新目標。

如此，你可以將更多時間，用在值得追求的事物上。

你可以將狀態與日期套用在感情上。假如你的目標是結婚（或確立長期關係），要是你的對象沒有在某個日期之前求婚（或答應你的求婚，或展示確立長期關係的意願），你便應該重新出發，找一位跟你一樣渴望定下來的對象。

職涯發展也一樣。如果你的職務是低階工作，日後有升遷的空間，盡快弄清楚成功升遷的人經歷過哪些過渡時期的里程碑，也許是加薪、初步的提拔、額外的責任或行業特有的拔擢方式。打聽成功升職的人在力爭上游的過程中幾時得到那些訊號，將那些訊號的狀態及日期納入你的終止條件。

只要比原來好，不必求完美

我在牌桌上用了不少終止條件，好讓自己更能夠放棄（整手、整局）。停損便是一例。如果我輸到某個金額，我就退出。這一點在我剛剛展開撲克事業的時候尤其重要，因為菜鳥特別不會判斷自己輸是技不如人還是倒楣。（停利在撲克牌局上並不合理，所以我沒有停利。）

轉為職業牌手之後，我仍然遵守停損。菁英等級的撲克牌手一旦上了牌桌，尤其是人在牌桌上而且在輸的時候，對於放棄與否的判斷能力也會下降。因此，即使我累積了經驗，更了解自己的牌技品質與短暫起伏的運勢，我一樣會限制自己輸錢的額度。

我也察覺自己在六至八小時以內的表現較佳，因此我規定自己打八小時就得放棄。由於我更能夠感受到牌局大勢的重要性，如果牌桌上的玩家品質大幅滑落，比如有的玩家去兌現籌碼不玩了，換新的玩家上場，我也會堅決退出。

這些終止條件改善了我退出牌局的能力。但我無懈可擊嗎？我還差得遠呢。

當我輸到預設的上限，總是會退出牌局嗎？不見得。如果我可以在賭場取得資金，有時我會領一點出來繼續玩。

我打六到八小時的牌就一定會停嗎？絕對不是。有時我一口氣打超過二十四小時。當然，也有的時候我說服自己牌局的大勢仍然良好，即使令大勢良好的玩家已經離開，換了難纏的對手上陣。

我距離無懈可擊很遙遠，但設定了終止條件，確實讓我比原來好。走在打牌的漫漫長路上，我相信預設的底線對我有利，因為我投入預期價值為負數的精神資源及財力資源，有時減少了。**重點在比原來好，不必求完美。畢竟，我們只是凡人，面對未定之天，很難完美掌握放棄的時機。**

阿斯特羅．泰勒知道他們X未必都在正確的時間放棄。他覺得無妨，反正他們一直在這方面下功夫，整體比原來好即可。「這正是X的收益特別豐厚的原因。不是因為我們精通自己決心追求的目標，而是因為我們努力不輟的追求，讓我們有點成功，最後盛大成功。」

整體來看，猴子與基座的心理模型與終止條件，協助我們克服不願在虧損時放手的心理障礙。首先，兩者都能讓你提早放棄，自然能夠限制你在放棄時必須自行吸收的損失。而你必須吸收的損失越少，越容易轉身離去。

第二，當你預先訂立明確的終止條件，並預先承諾會在看見那些訊號時放棄，便能提高你遵守條件的可能，即使在你走向失敗之際。當你可以事先做出停損的決定，要終止這些心理帳戶的時候便會更得心應手。

第6章摘要

- 猴子與基座是協助你快點放棄的心理模型。
- 基座是一件事情中你清楚自己能夠解決的部分，比如設計完美的名片或商標。最棘手的是訓練猴子。
- 對於錯綜複雜的雄心壯志，一、先辨識困難的部分；二、盡快解決困難；三、提防虛假的進展。
- 建造基座讓人誤以為自己在朝著目標前進，但如果你不可能擺平困難點，去做簡單的部分便是浪費時間。
- 先對付猴子可讓你快一點決定放棄，減少你投入那件事的時間、心力、金錢，讓你更容易抽身離去。
- 碰上解決不了的問題，我們常會乾脆去建造基座，卻沒有選擇放棄。
- 預先跟自己約法三章並決定履行這些規範，可提高你及早放棄的可能。
- 開始做一件事的時候，建立一套終止條件。日後要是看到記載在終止條件內的各種警訊，你就曉得該是放棄的時候了。

- 終止條件可以給你打預防針，減少你在有了利得或損失以後需要作的決定，進而縮減你「事到臨頭」的不良決策。
- 在組織裡，終止條件給人另一種獲得獎賞的形式，遇到案子不是只能閃避或盲目地努力到失敗為止。
- 建立終止條件的常見、簡單方式是使用「狀態和時間」：「如果在（日期），我有／沒有（處於某個狀態），我就放棄。」

專欄

不拿金牌就一無所有的奧運選手

雅麗山卓・柯恩（Alexandra “Sasha” Cohen），小名莎夏，一九九二年七歲時首次對花式溜冰產生興趣，此時的美國女性自一九六八年起便已經在每一次的冬季奧運會奪得獎牌。當她開始參加青少年的高級組賽事，女性花式溜冰是最多人觀賞的冬季奧運會項目。美國的溜冰選手，比如克麗絲蒂・山口（Kristi Yamaguchi）、南西・克雷根（Nancy Kerrigan）、塔拉・利平斯基（Tara Lipinski）、蜜雪兒・關（Michelle Kwan），都是家喻戶曉的名字。

許多美國民眾會收看資格賽及奧運以外的賽事，尋找下一位超級巨星。柯恩的年紀比關小四歲，比利平斯基（在二〇〇二年奧運後退役）小兩歲，跟幾千位年輕的女性運動員一樣投入競爭激烈、嚴苛的地方訓練計畫，一心一意要成為花式溜冰選手。

莎夏・柯恩成為那個年代最優秀的花式溜冰選手之一。從九〇年代末到她在二〇〇六年義大利杜林（Turin）的冬季奧運會拿下銀牌（此時二十一歲），她在青少年、全美、國際的菁英賽都表現一流。

柯恩年僅十五歲便引人注目，在二〇〇〇年美國花式溜冰大賽（U.S. Figure Skating

Championships）拿下第二名，敗給蜜雪兒・關，當時關已經贏了兩次世界大賽（World Championships），拿過一次奧運銀牌。關在美國大賽所向無敵，贏了一九九六年賽事，然後在一九九八年至二〇〇五年八連勝。

柯恩緊追在後。除了二〇〇一年因為背部的應力性骨折必須退賽，在二〇〇〇年到二〇〇六年間，她在美國大賽的成績依序是：銀、銀、銅、銀、銀、金。只有蜜雪兒・關（及二〇〇三年的奧運冠軍莎拉・修斯（Sarah Hughes））的成績領先莎夏・柯恩。

十七歲時，她是二〇〇二年鹽湖市（Salt Lake City）奧運第四名，在二〇〇二至二〇〇三年間的溜冰大賽（Grand Prix）奪金六次（包括二〇〇三年的花式溜冰總決賽）。她在二〇〇一年至二〇〇五年間贏了六場其他的國際賽事，在二〇〇四年、二〇〇五年、二〇〇六年的世界大賽都拿到獎牌（銀、銀、銅）。

在柯恩投入花式溜冰期間，她的專注力與毅力都符合我們對世界頂尖運動員的期待。她七歲開始溜冰，十一歲已定期參賽，為了盡量將時間用在練習、訓練、競賽，她開始在家自學。她專心致志的苦練造成無數次的受傷，累積相關的身體損害。她的背部一直有問題，以致二〇〇一年無法參加美國大賽，二〇〇四年及二〇〇五年的賽程表也因此受限。

但二〇〇六年看來將是莎夏・柯恩揚眉吐氣的一年。此時蜜雪兒・關二十五歲，一度為了爭取奧運出賽資格而受訓，但臏部受傷，沒有參加二〇〇五年下半年的三場比賽。緊接著又退出一月份的美國大賽，結束連勝八年的紀錄。

柯恩奪金，終於成為美國冠軍。

關要求帶傷參加奧運，簽了切結書，得到批准，但她在杜林的第一次練習時受傷，不得不退賽。這象徵了蜜雪兒．關縱橫溜冰競賽的事業從此結束。這時，柯恩顯然繼承了美國的溜冰王朝，美國此時連續十屆的奧運賽都拿了獎牌，其中五面是金牌，包括前四屆奧運賽的三面。

柯恩在短曲項目後領先眾人，金牌非她莫屬。然而，決賽的長曲項目進行不到三十秒，她便摔了一跤。儘管摔了一跤，當場明白自己贏不了了，她仍舊完美無瑕地完成表演，拿了銀牌，在她一長串的功績又添一筆，可見她多麼優秀。

要是她沒有摔那一跤，或許她會拿著金牌，從競賽生涯退役。她已經有背部損傷，臏部最近受過傷。等下一回奧運，她便會是二十五歲，與蜜雪兒．關在二〇〇六年參加奧運時同齡，而關因為三次不同的傷害不能上場而揮別奧運。

二〇〇六年四月，奧運才剛結束兩個月，她便宣布要捲土重來，爭取二〇一〇年奧運代表隊的名額。她暫停出賽，但沒有放棄花式溜冰。從二〇〇六年到二〇〇九年間，她一樣置身在嚴苛的溜冰世界中。

在美國花式溜冰界闖出一片天的獎賞，是在專業的展覽活動表演的機會，還能參加《冰上冠軍》（*Champions on Ice*）及《冰上明星》（*Stars on Ice*）的巡迴演出，而柯恩反覆領賞，從二〇〇七年到二〇〇九年都是領銜人物。

莎夏．柯恩不喜歡巡迴表演。雖然報酬豐厚，但她說：「那不是我想要的生活。我不想在體育館的場地閒晃，重複同一件事，像《今天暫時停止》（*Groundhog Day*）*。」這很耐人尋味，既然都苦悶成這樣了，她為何不放棄？

柯恩也搞不懂自己，想不出明確的答案。她無論如何都不願意退役，認為「那太絕決，不留餘地。那會終結一個身分……我大概得撐到自己夠鬱悶，悶到不能正常生活為止吧。」

她覺得自己有責任再一次爭取奧運代表隊的名額。溜冰是她認同的身分，堅毅是她認同的身分。沒有把持住的話，「就是軟弱，要是我不努力，就會因為這條路太艱辛而放棄。」

二〇〇九年五月，她開始為了重返競賽舞台受訓。因為右小腿肌腱炎（不辭千辛萬難，苦練十五年後必然會累積出來的身體損傷）兩次退出美國大賽之後，她參加了二〇一〇年的美國大賽。她必須取得前兩名才能參加溫哥華奧運，但拿到第四名。

她終於不再花式溜冰，但主要是情勢所逼，不是自願的。女子花式溜冰選手到二十五歲便不再有競爭優勢。她超齡了，而她「不會說那是放棄。只是我好像自由了。」

儘管她的溜冰事業已是遙遠的前塵往事，她的戰果長存。她在二〇〇六年拿下的銀牌，不但延長了美國女子花式溜冰在奧運的連勝紀錄，變成十一連勝，而且截至二〇二二年為止，她都是最後一位在奧運拿下單人花式溜冰獎牌的美國女性。

不得不放棄溜冰以後，她過起愉快的生活。在二十六歲念大學，回歸睽違十五年的校園。她在二〇一六年取得哥倫比亞大學（Columbia University）的學位，同年她榮登美國花式溜冰名人堂（U.S. Figure Skating Hall of Fame）。她在摩根史坦利（Morgan Stanley）擔任投資經理，已婚，成為人母，兩個孩子分別在二〇二〇年一月及二〇二一年八月出生。

從莎夏．柯恩的故事，我們可以學習許多關於放棄的道理。她顯然一直在累積沉沒成本，她與她的家人都為了她的事業，付出了漫長的時間、金錢、心力。她厭惡損失，也無法（直到她萬不得已）看見不溜冰的人生怎麼過。

但我們在 Part 3 要探索的是，她的經歷蘊含了更廣泛的道理，也就是身分認同的議題。莎夏．柯恩其實很像本書提過的許多人物，包括努力要登上聖母峰峰頂的登山客們，比如已故的道格．韓森：她為了溜冰已經付出太多，注重不成功便成仁的目標，而她的失敗感不斷進逼，只有捲土重來才能擊退。

大致上，我們做什麼樣的事便會成為什麼樣的人，身分與我們專注的焦點息息相關，包括事業、感情、計畫、嗜好。放棄任何一項，都得應付喪失一部分個人身分的未來。而那很痛苦。

---

* 喜劇電影，男主角被困在人生中最糟糕的一天，日日重複那一天。

Part

3

身分認同
造成的障礙

第 7 章

讓你有所偏心的稟賦效應

我們容易對親手打造的事物執著

二〇〇六年，加拿大企業家安德魯．威金森（Andrew Wilkinson）創辦元實驗室（Metalab），業務內容是為科技公司設計並打造行動應用程式。元實驗室立即有了獲利，成長迅速。客戶名單包括蘋果（Apple）、Google、迪士尼（Disney）、沃爾瑪及知名的成功新創公司，例如Slack。

這些年下來，他用了一部分的獲利開設超過二十家公司。此外，其中有一間是小小（Tiny），創立於二〇一四年，已投資及購買十幾間網路企業。由於威金森是有名的收購快手，收購完便不插手，並長期持有公司，於是大家稱呼他「新創界的華倫．巴菲特」（Warren Buffett for startups）。

威金森顯然從小小年紀就有企業家精神。在二〇〇〇年代初期念高中的時候，他跟幾個朋友創立了一個科技新聞網站，命名為MacTeens.com。他賣力經營網站，甚至爭取到訪談蘋果創辦人賈伯斯（Steve Jobs）的機會。網站相當成功，既要管理人員，又要洽談廣告生意，還要製作內容，經營網站不亞於一份全職工作，占據了許多時間，他差點畢不了業。

在大學短暫修讀新聞傳播之後，他輟學了，創立元實驗室。二〇〇九年，他想要一個能夠與工作團隊共享待辦清單的方法，決定打造自己的待辦清單工具。這點子變成一項軟體產品，名叫

Flow，由他投注資金並持續打造到二〇二一年為止。Google 文件（Google Docs）、Slack（二〇一三年雇用元實驗室設計介面）之類的雲端軟體工具市場自那時候起便急速擴張，但在他萌生這個點子時，市場仍在初期階段。他早早便踏進這個領域，正確地預見了這類產品的潛在市場規模。元實驗室已經夠成功，憑他的資源，大可獨立創辦 Flow，自行出資，不找創投公司之類的外部投資者。

威金森與元實驗室的兩位程式開發人員努力了九個月，成功製做出這個待辦清單工具的測試版。他馬上對這項產品自豪起來，他是這麼說的：「真的很酷。從第一天就超級成功。」

Flow 的測試版很快便有了每個月兩萬美元的經常性收入，不久後，一個月便能成長一〇%。這項產品炙手可熱，大型創投公司紛紛上門。

在培植新創企業的投資人圈子裡（以及追蹤這些人在忙些什麼的人所構成的更大圈子），對於創投基金（venture funding）與自助創業（bootstrapping）的利弊一向熱議不斷。威金森屬於昭告天下自助創業比較好的那一方，他認為自助創業比較適合他，而這也是他平時的投資策略。每個想投資他們公司的提案都被他回絕，顯然便是為了這個原因。

Flow 的編制很清簡，儘管初期的銷售數字看來前景可期，營運費用卻依然大幅超過收入，以這個領域的新公司來說，這並不意外。威金森樂於開支票填補不斷增加的開銷。他有資金，有他心愛的產品，還一再明言他不要外部投資者，免得稀釋他在公司的資金比重。

從 Flow 的初步成功，可見市場上確實需要協助團隊分享待辦清單的雲端工具，但他明白既然有潛在的需求存在，便表示別人會想打進市場。

Flow 開張不久後，威金森聽說了另一項名叫 Asana 的產品。他有擔心 Asana 的理由。Asana 的共同創辦人及經營者是達斯汀・莫斯科維茨（Dustin Moskovitz）。莫斯科維茨是臉書的共同創辦人、億萬富豪，在潛在投資人、員工、潛在用戶之間信譽卓著，知名度很高。

Asana 在二〇一一年年底上線後，威金森鬆了一口氣。「醜死了！那是工程師設計的。複雜又難用。根本不構成威脅。」

他拿 Flow 跟 Asana 初次亮相的版本做比較，認為還是自家產品好。「我們的團隊是他們的四分之一，資金也只有他們的一點點，我們就做出了我覺得更棒的產品。」

Asana 粉墨登場後，達斯汀・莫斯科維茨聯絡安德魯・威金森，兩人在舊金山見面喝咖啡，Asana 的辦公室就在那裡。會談時，莫斯科維茨開誠布公，說出他們握有多少現金，要招攬多少人才進公司。

威金森在會面結束後，相信莫斯科維茨的意思是 Asana 有優渥的資源而 Flow 追不上。許久之後，莫斯科維茨非常明確地聲明，他記憶中的那一場會談完全不是那樣。他認為自己在探索

Asana與Flow聯手的可能性，或許透過收購，如此便能夠對付這個圈子裡更有規模、更有名氣的競爭者。

他們對會議內容的解讀為何如此分歧，我們不得而知。但威金森的解讀角度，絕對吻合他對自助創業、創業資金的信念。這也強化了他的看法，認為Flow是東湊西湊的落水狗，而Asana不是另一間辛苦掙扎的新創企業，在自助創業者與創投創業者的擂台賽裡，他們是敵對陣營，Asana是「敵軍」的一員。

Asana的付費版發布沒幾個月（二〇一二年四月），便完成了三輪融資，最後一輪讓公司的估計價值提高兩千八百萬美元，上看兩億八千萬。

威金森本來可以判斷這不利於Flow。畢竟，他們的主要競爭者在蓬勃發展，資金充裕，在創投市場上顯然很搶手。但他認為這對Flow的前景是利多。既然經驗豐富的資金投資人認為Asana的價值是兩億八千萬美元，那他的公司擁有更棒的產品，價值想必會高出很多。

這時，Flow的支出超過每月收入的兩三倍，如果將追上Asana列為優先要務，增加支出便是必要的。憂心忡忡的財務長提起這件事，威金森告訴他，他們得撐下去。根據他的推論，Flow的價值必然高於Asana，這項產品顯然值得他繼續拿個人資金來投資。

他單槍匹馬對抗Asana的聖戰旋即成為消耗戰。為了讓Flow可以在多個平台上使用（跟

Asana 一樣）、升級增添客戶要的功能、甚至拿出跟 Asana 完全不能比的金額做行銷，Flow 的現金消耗率很快便翻了一倍。

威金森仍然相信持續投資 Flow 很合理，因為 Flow 的產品品質好。「我們開始拿錢打廣告跟雇用業務來維持少許的市占率，但我們主要是專心把產品做得比別人好。這是我們仍然擁有的優勢。」

他們持續給產品增加功能，程式的錯誤越來越多（軟體開發的常見問題）。儘管有頻繁注入的現金，工程與設計團隊的人力不足，工作過量。他們發現自己應付不了客戶源源不絕遞交的錯誤回報。每月成長率從二〇%下降到五%。

二〇一五年九月，Asana 推出新版，已經完全不像威金森批評得一文不值的原始版本。現在 Asana 具備 Flow 的全部功能，外加他希望 Flow 擁有的全部功能。Asana 能在更多平台上操作，卻不像 Flow 有滿滿的程式錯誤。

這時，Flow 的資金消耗率是一個月十五萬美元。威金森的總投資額超過五百萬美元，還看不到盡頭。全世界都在告訴他，以一間拼拼湊湊、自助創立的公司，想跟一間資金充裕、有創投撐腰的公司對打，必輸無疑。但他依舊沒有收手，又努力了七年，投資公司的金額最終達到一千一百萬美元。在這段期間，他看到收入成長的速度趨緩，終至停滯，而 Asana（與其他相同領域的競爭者）持續改良他們的產品。

在那段期間，Asana 提出以六百萬美元收購 Flow 的提案。威金森拒絕了，因為他投入公司的資金是一千一百萬美元，他不想讓五百萬美元的虧損變成現實。典型的沉沒成本謬誤。

最後，磨了十二年後，外加威金森說的「放火燒掉一千多萬美元」，他看見其餘的人早已一目了然的事。Asana 各方面都更好：行銷、產品、功能、支援、整合。Flow 縮編成原來的一點點，以不到原來三分之一的每年經常性收入損益平衡（極少成長）。

更重要的是，安德魯．威金森放下了對 Flow 的抱負。二〇二一年時，嚴格說來 Flow 仍在營運，但他已經明白以前的投資回不來了，Flow 在生產力工具市場上絕對不會占據多大的地盤。

威金森的故事揭示了**所有權會干擾我們放棄的能力，對我們親手打造的所有物更是如此**。

就連專業的經濟學家也會犯的錯覺

當我們持有某件事物，這件事物在我們心目中的價值，便會超過不在我們名下的同款事物。

理察．塞勒是第一位給這種認知錯覺命名的人，稱之為「稟賦效應」（endowment effect）。事實上，他提出稟賦效應的那一份論文，便是他在一九八〇年創造出「沉沒成本」一詞的那一份。他說稟賦效應是「人們願意脫手一件物品的價格，常常會高出他們願意購入的價格。」

塞勒拿一位傑出的經濟學家朋友當例子，這位經濟學家在一九五〇年代末期買了一箱高級葡萄酒，一瓶五美元。幾年後，葡萄酒的價格大漲。酒商想把酒買回去，向他開價一瓶一百美元。儘管他買酒沒超過三十五美元，他拒絕以一瓶一百美元的價格售出。但他也不肯以這個價格買進更多酒。這行為很奇怪。拒賣表示跟他買酒的人支付的酒價，會低於酒的價值。但這位朋友認為這批酒太划算，一瓶都不能賣，因此不肯自己占這個便宜，以相同的價格買進同一款酒。

波爾多葡萄酒持續熱銷。十一年後的一九九一年，塞勒、丹尼爾·康納曼和美國經濟學者傑克·柯內許（Jack Knetsch），提起了他們那位朋友與那批酒的近況。這時那一款酒的拍賣價格是一瓶兩百美元。他們的朋友偶爾會小酌一點，但依然「不願意以拍賣價格賣出那批酒，也不願意以同等價格買進同一款酒」。

他們大笑了一陣，卻覺得從經濟學的角度，這件事情很匪夷所思。因為他明明有賣酒賺取利潤的機會，他的行為無法用沉沒成本效應來解釋。於是，塞勒假設關鍵在於那批酒是他的東西，他是持有人。所有權令他認為，他持有的酒比不屬於他的酒更有價值。

要是連經濟學家都能陷入這種錯覺，即使朋友們在學術論文裡拿這件事取笑他許多年都不可自拔，想想我們一般人該有多慘。

四十年來，在後續超過一百份研究論文的研究人員們複製了塞勒的原始研究，並予擴充。稟賦效應在實驗室的初期證明相當簡單。

在傑克．柯內許一項早期的實驗中，學生們登記參加一項填寫問卷的任務。填寫前，一群受試者收到一個充當報酬的咖啡杯。另一群收到的報酬是一大塊的巧克力棒。

（第三群人可以二選一，兩者都不屬於他們，這是全新的選擇。他們的選擇很平均，五六％選擇咖啡杯，四四％選巧克力棒。）

柯內許想知道前面兩群學生在持有咖啡杯或巧克力棒之後，這些東西在他們心裡的價值會不會變動。為此，等學生填完問卷後，他給這兩群受試者一個機會，允許他們將報酬換成另一件東西。也就是說，持有咖啡杯的學生可以改拿巧克力棒，持有巧克力棒的學生可以改拿咖啡杯。

如果所有權沒有影響力，前兩組學生將報酬更換為自己喜歡的那一項以後，拿咖啡杯跟巧克力棒的學生比例，便應該跟只做了全新選擇的那一組一致。兩組都應該有大約一半的人更換報酬，原本拿巧克力棒的那一組或許會有稍微多一點人選擇更換，而原本拿咖啡杯那一組選擇更換的人則略少。

但柯內許發現並非如此。**原來，擁有一件物品，即使時間短暫，也會劇烈影響人們附加在物**

品上的價值。原本領到咖啡杯的人有八九％拒絕更換成巧克力棒。原本領到巧克力棒的人有九○％青睞巧克力，只有一○％換成咖啡杯。

柯內許與幾位搭檔（包括塞勒、康納曼）做了額外的實驗，來發掘稟賦效應如何造成買賣價格的不一致。這些研究嘗試複製他們那位經濟學家朋友的行為，那位朋友認為拿兩百美元買一瓶酒太貴，同時認為以一瓶兩百美元的價格賣酒太便宜。

其中一項實驗支付一部分的受試者現金，一部分則拿咖啡杯。領到咖啡杯的人填完問卷後，研究人員便問他們：「你願意拿咖啡杯交換的最低現金價是多少？」領現金的人填完問卷後，研究人員就給他們看咖啡杯，然後問：「你願意開出的最高價是多少？」

以一個印了校徽的普通咖啡杯來說，買賣價格之間的差異大到驚人。如果你是持有咖啡杯的人，你開出的最低售價，將是領現金的人最高收購價的至少兩倍。這比例在幾十年來的後續實驗裡都沒變，實驗裡用過的物品有遮陽帽舌、運動衫、整盒的筆，不論主持實驗的人從學校裡的書店搜括到什麼東西，結果都相同。

這些實驗的結果也符合我們的日常經驗。

你有一輛車，你在考慮要不要賣。你拿《凱利藍皮書》（*Kelley Blue Book*）查了行情，你心想：「不可能。我的車更值錢。」或「我的車至少值這麼多。我那輛車的價值明明是頂級的，搞不好還更高。」然後，當你出門選購新車，看到有一輛車跟你的舊車一模一樣，而車行掛上了《凱利藍皮書》上的高檔價格，你的反應是：「這些人瘋了。攔路的搶匪。那塊擋泥板有凹痕。」

稟賦效應顯然會影響放棄的行為。賣出你的所有物相當於放棄；你在放棄自己的所有權。不賣你的所有物是一種堅持的形式。當你取捨要不要賣你的酒、你的車或你的房子，你是在選擇要不要堅持擁有這些事物。

你的思維，也是你的所有物

稟賦效應造成的原始偏誤是厭惡損失。簡單說，如果損失在我們內心的分量超過等額的收益，我們便會更擔心失去已經持有的事物，而不會更想要取得不在我們名下的相同事物。

這幾十年的研究已經確認，我們也會因為厭惡風險以外的理由，持有各種事物。隨著研究的進展，我們對自認為擁有的事物，也有了更廣泛的認識。

稟賦效應的研究，原本是研究物品的實際所有權，以及我們在物品屬於自己之後附加上去的額外價值。但美國學者凱里．莫魯維奇（Carey Morewedge）與珂琳．吉布林（Colleen Giblin）

在二〇一五年的文獻回顧中指出，我們持有的事物遠遠不只是實際的物品。隨著稟賦效應的研究範疇擴大，我們也越來越清楚地看到，**信念、想法、決定都可以變成我們的所有物**。

當我們抱持自己的信念與想法走天下，那便成了我們的所有物。我們購買的物品與我們的想法，都是我們的所有物。

當我們投入一項行動，在某種意義上來說，便代表那個決定成為我們的所有物。我們附加到事物上的價值，不論是酒或我們對一件事的付出，大概都會超過那件事物在別人手上的價值，也會超過別人對我們所有物的評估價值。

如果你持有的事物同時是你打造的事物，稟賦效應會特別強烈。這稱為「ＩＫＥＡ效應」（IKEA effect），原因很明顯。你在ＩＫＥＡ購買的家具，多半得自行組裝。親手組裝的床頭燈在我們內心的價值，會大幅超過預先組裝好的同款床頭燈。

ＩＫＥＡ效應是我們必須對打造基座極度戒慎的原因之一。如果你打造某件你確定打造得出來的東西，比如你要打造加州子彈列車，而你的第一步是鋪設馬德拉與弗雷斯諾之間的鐵路，或貝克菲爾德和美喜德之間的鐵路，或舊金山和矽谷之間的鐵路，那你便打造了雙重的問題。你沒有調查有用的情報，查明自己能不能完成子彈列車，便投入了時間、心力、金錢，形成沉沒成本的問題。不僅如此，你還持有了你打造的事物，想放棄更是難上加難。

如果你要對自己審時度勢的那把尺動手腳，利用稟賦讓自己更捨不得放棄，你好歹要努力解決棘手的問題，讓你收歸己有的事物，變成有實質進展的事物。

嚴重扭曲價值的真相

稟賦效應可以輔助破解哈洛．斯托兩次拒絕出售店面的謎團。在他與德州股東的抗爭中，他的好友兼律師倒戈到另一方，而他賦予加州店面的價值，是官司另一方人馬不認為有的。加州店面是他親手建立的，德州店面則否，他不願意賣掉加州店面，來維護德州店面的價值。

當弗雷德．麥爾公司找上門，想收購他的店，他又一次認為價格太低，儘管他的店實際上在慘賠。在每一步路上，他都認為自己從一間雞舍建立起來的商業帝國，比局外人看見的更有價值。旁人看見他的商業帝國搖搖欲墜，那是他所看不見的。

稟賦效應也讓我們窺見安德魯．威金森將那麼多私產投入 Flow 的原因。威金森的故事非常清楚地披露了，大包小包的認知包袱，導致我們堅持得太久。

威金森以幾種形式持有 Flow。首先是最簡單的一種，威金森是 Flow 的正主。還有，那是他的點子。那是他構思出來的。那是他打造的。

他立即愛上自己的產品，當他跟類似的 Asana 一比較，當場說人家的產品「醜」、「複雜」、「難用」，他對自家產品的喜愛便更加熾烈。Flow 是美觀又好用的咖啡杯，Asana 是他碰都不會碰的糖果條。很難說他一開始對 Flow 的價值信心十足是否合理，但在最後幾年，他持續挹注這項失敗的投資案可一點都不明智。

稟賦效應明顯讓威金森賦予他的產品太高的價值，但你也能看出稟賦與沉沒成本效應結合在一起，會嚴重誤導我們的認知。當他決定縮減對 Flow 的付出時，卻照樣回絕了有人以六百萬美元收購的提案，因為那便無法將一千一百萬美元的投資全部收回，會賠。

稟賦效應讓塊魂滾得更大塊，超過沉沒成本效應已經添加上去的分量。**當你開始做一件事，之後又一再決定延續之前的行動，你不僅會累積更多的沉沒成本，你也會賦予你的想法更多價值，更相信自己的行動是正確的。**你打造事物的時候，不論是鐵路、書架、感情關係或你為課堂寫的報告，稟賦效應都會讓你審時度勢的那把尺更扭曲，加碼投入我們頹敗的目標。

就算數據充分的體壇，照樣會加碼付出

在實驗室探索加碼付出的主題二十年後，貝利・斯托著手驗證自己在這個領域的發現。他首先研究的領域之一，便是職業運動隊伍如何篩選隊員。在一項一九九五年的研究中，斯托與哈・黃（Ha Hoang）探索球員的選秀順序是否會影響他們後續在ＮＢＡ（美國國家籃球協會）出賽的時間與事業長度，而不涉及他們的球技水準。

當ＮＢＡ球隊以優先選秀權取得球員，這是相當現實的高風險決策，沉沒成本與稟賦都是潛在的課題。以優先選秀權取得的球員，會燒掉寶貴的有限資源，還得支付球員高薪。還有稟賦效應，因為球隊做出的是昭告天下的決定，這項決定是他們的所有物。由於成績最差的球隊可以最優先選秀，他們第一輪的選秀結果顯然將球隊的未來與他們選中的球員綑綁在一起。

沉沒成本與稟賦會不會影響球隊，給這些優先錄用的球員更多的上場機會並留在隊伍中，而不是其他表現相同的球員？

你或許會訝異，ＮＢＡ明明有推出最強陣容的強烈動機，答案卻是會。

ＮＢＡ與其他職業運動聯盟的獨特情況，很適合拿來研究放棄的行為。職業運動領域的決策者，向來可以迅速得知運動員的具體表現。職籃是數據充裕的領域，他們用許多客觀的評量標準

檢視球員的表現，有得分能力（得分、投籃命中率、罰球命中率）、韌性（籃板球、阻擋）、敏捷度（助攻、盜球）。教練與球隊管理都有審時度勢的強烈動機，他們要晉用最優秀的球員，顯然也求勝。

相形之下，我們其餘領域的人做決定時，多半不會有那麼詳實的資料，無法精準地計算不同選項的預期價值。當我們在決定要錄取兩位應徵者中的哪一位（或去兩家公司裡的哪一家上班），我們不會像NBA管理階層那樣可以依據大量的資訊，決定讓兩位球員的哪一位開球，或讓哪一位球員多待一季。

我們有憑有據的推測，不像他們那麼有憑有據。

這表示當教練與高層挑錯人，他們不可能只是紀錄而不知道數據。這種公開透明的選項，就像康納曼與特沃斯基研究前景理論的時候，也給受試者公開透明的選項。當受試者拒絕了預期價值為正數的賭局，或接受了預期價值為負數的賭局，並不是因為他們不知道賭局對自己有利或不利。**儘管該怎麼選擇一清二楚，你可以看到處於虧損狀態的人願意接受不利的賭局，而已經有帳面利益的人則會回絕有利的賭局，藉由放棄賭局來兌現帳面的利益**。

在NBA，人事決策涉及的利害關係，遠遠高於康納曼及特沃斯基的研究，你一定會以為他們有極強烈的動機，要做出正確的抉擇。但就像受試者接受及拒絕的賭局，NBA高層的抉擇並不總是明智。

斯托與黃想知道，在兩位球技相同的球員中，選秀順位在前的那一位上場的時間是否較多、職涯較長、比較不會被交易掉。為了尋找答案，他們分析了一九八〇年到一九八六年 NBA 選秀的選秀順位、球員表現的九種評量項目、五個球季的上場分鐘數、職涯長度，以及是否被交易過。

原來，選秀順位對日後的上場時間及球員名單的選擇，確實有獨立的影響力。「結果顯示球隊給選秀順序最前面的那些球員比較多的上場時間，留用他們的時間較長，即使球員的上場表現、受傷、交易狀態及位置都一致。」

在球員生涯的前五年，選秀順位是上場時間的重要預測指標。當球隊拿到一年份的打球數據以後，在第一輪獲選的球員在他們的第二個 NBA 賽季上場的時間，比球技相同但在第二輪才獲選的球員多五百五十二分鐘。球員的選秀順位每多一個序位，上場時間就少二十三分鐘（也就是說，在第一輪第二位獲選的球員，比第一輪第三位獲選的球員上場時間多二十三分鐘）。

當球隊在第一輪挑出一位球員，這位球員留在隊上的平均時間，比上場表現類似但在第二輪才獲選的球員多三．三年。選秀順位每低一位，被球隊裁撤的可能性便降低三％。他們也發現第二輪獲選的球員被交易掉的可能性，比第一輪獲選者高七二％，選秀順位每低一位，被交易的可能性也增加三%。

既然在球壇的環境下可以積極評鑑球員的品質，數據滿天飛，而且決策的風險高，照樣會有加碼付出的現象，怪不得老闆會留任員工太久。怪不得學生拿到咖啡杯以後，開出比杯子價值高很多的價碼才肯交換。怪不得有一位經濟學教授既不願意賣酒，也不願意以相同的價格買酒。

一九九九年，柯林・卡梅爾與羅伯托・韋伯（Roberto Weber）使用更新的數據（一九八六年到一九九一年選秀會獲選的球員）及可以排除其他解釋的額外變數及方法，嘗試複製斯托的研究結果。結果他們的發現與斯托差不多。由於額外的變數，他們發現加碼付出的效應沒那麼強，但依然夠顯著，足以宣稱這是「關於不理性的加碼付出最確切的實際證據」。

說句公道話，斯托與卡梅爾對NBA的分析是在體壇的魔球（Moneyball）時代之前，魔球時代主要是仰賴數據分析來做決定。或許有人會說，以前的人對數據的應用方式或認同程度，都與現在不同。那你可以問一問：沉沒成本效應與稟賦，現在仍然存在於職業運動產業嗎？

加州州立大學聖馬可斯校區（California State University San Marcos）經濟學教授昆恩・基弗（Quinn Keefer），從二〇一〇年代中期起便進行過幾次田野研究，調查NFL（美式足球聯盟）及NBA選秀順位對球員上場時間的效應。這些研究中的決策是來自後魔球時代。他也用了進階分析評估球員的表現。儘管影響的程度下降，卻依然顯著，重現了一九八〇年代及一九九〇年代的初始研究。

誰要是認為自己可以客觀地決定是否放棄，這些針對主流職業運動領域的田野研究結果，應該敲響了嚴正的警訊。體壇的人可是聰明人，他們有數據充分的環境，有嚴密的反饋迴路，有強烈的動機。我們做出放棄的決定時，握有的資訊通常比他們少很多，而且我們的反饋迴路比較長、雜音又多。

害怕失敗，讓人不自覺維持現狀

稟賦及沉沒成本效應相輔相成，強化了加碼付出。「現狀偏誤」（status quo bias）令扭曲我們判斷標準的認知偏誤更加扭曲。

簡單說，現狀是你已經採取的路線，或你一貫的行事風格。現狀偏誤便是我們偏愛維持自己之前的決定、方法、路線，不願轉個彎，走向新事物或不同的事物。

同樣的狀況也出現在考慮換工作的時候，比如莎拉．奧斯廷．馬丁尼茲或莎夏．柯恩，或結束一段感情、換個交往對象時，或變更科系或學校時。對NBA球隊來說，一旦球員加入了球隊，他們便是現狀的一部分。要是讓他們坐冷板凳、交易掉或裁撤掉，便會破壞現狀。

在一份一九八八年的重要論文中，哈佛的經濟學者理察．澤克豪澤（Richard Zeckhauser）與波士頓大學（Boston University）經濟學者威廉．塞謬森（William Samuelson）用了「現狀偏誤」一詞。他們提出了實驗室實驗及田野研究，證實**個人會情不自禁地選擇維持現狀，即使這個選項的預期價值較低**。這是眾所周知的偏誤，頑強，而且已經證實會干擾個人及組織的決定。

現狀代表我們已經開設的心理帳戶，帳面上記載了沉沒成本，將我們一向以來為了一件事情付出的時間、金錢、心力都記在心理帳戶上。要是終止這個帳戶，投入新選項的懷抱，我們會覺得以前投入的資源都白費了。

我們也會賦予現狀一個價值，認可維持現狀的決定及隨之而來的後果。

另一個令我們堅守現狀的因素，則是我們在不同狀況下，對損失的厭惡程度有輕重之別。比起維持現行做法的潛在苦果，我們更受不了改弦易轍的潛在不良後果。

我們可以從奧斯廷．馬丁尼茲醫生的兩難看見這種狀況。她在考慮轉換跑道時，顯然想要規避損失。「假如我去了新公司，做了新工作，結果卻不如人意呢？」這是令她對新職務裹足不前的阻力之一。

同時，她留在目前工作上的下場其實一樣——都是生活鬱悶，即使她已經承認，不辭職的話不開心的機率是百分之百，她卻不太排斥這種結果。

這兩條路的潛在損失在她心目中的分量很懸殊。

約翰・梅納德・凱恩斯（John Maynard Keynes）是二十世紀影響力最大的經濟學家之一，他對這種現象下了一個精闢的結論：「世俗的智慧教導我們，遵循傳統而失敗的名聲，總好過不遵循傳統而成功。」當你採取不遵循傳統的路線，便要承擔因為違反現狀而失敗的風險。**不破壞現狀的做法要是失敗，也更容易得到眾人的諒解**。畢竟，當我們的決定帶來苦果，我們一定會拿來替自己開脫的說詞是什麼？「我遵守了規定」或「我維持了現狀」或「我做了大家都會作的選擇」。

走傳統路線而失敗的感覺沒那麼糟，論斷你的人也認為如此。

在這一切阻撓我們決定放棄的力量中，隱含的想法是我們不認為維持現狀是主動的決定，而改弦易轍是。我們更擔心做錯事，不怕不做事（不作為）才是錯的。我們更怕採取行動會「造成」苦果，卻不太怕因為不作為而「事情就這樣發生了」。

這種現象稱為「不作為偏誤」（omission-commission bias）。

換新工作、新科系、新戀情、新商業策略等等改變心意的決定，被視為新的決定，是正在影響你的決定。相對來說，我們其實根本不認為選擇維持現狀是一種決定。

考慮是否採取新的路線時，你大概聽過有人（包括你本人）說：「我不想現在決定。」你大概認為這是合理的說詞。但如果你退一步思考，你會意識到決定不改變本身便是一個決定。當你為了目標努力，在任何時刻，你要麼選擇維持原訂路線，要麼選擇換個方法。維持原訂路線也好，選擇放棄也罷，都是一種決定。

事實上，關於該走還是該留的決定，本質上是同一個選擇。

要更擅長放棄，其中一步是停止認為「我現在還沒準備好做決定」是合理的說詞。**在人生的每一刻，你都可以選擇維持現狀或改變現狀。選擇維持現狀，便同時選擇了不改變現狀。選擇放棄，便同時選擇了不再持續下去。要開始明白這些選擇都是主動的抉擇，這很關鍵。**

當莎夏．柯恩察覺在一座座的體育館奔波表演溜冰節目不是她嚮往的生活，那麼不放棄演出，便與她在最後一次參加奧運後決定退役一樣是她的決定。莎拉．奧斯廷．馬丁尼茲擔任急診室醫師及主管的最後那些年，以及後來辭職的打算，這些也都是她的個人決定。當哈洛．斯托與安德魯．威金森持續掏錢填補公司的虧損，他們也都做了選擇。要是哈奇森、塔斯克、凱西斯基在上午十一點半得知再走三小時便能登頂，於是決定繼續爬的話，那跟折返的決定一樣是決定。要是史都華．巴特菲爾德選擇繼續經營《毛刺遊戲》，那跟他結束營業的決定一樣是決定。

但不作為偏誤讓我們不給這些決定相同的分量，所以我們會接受別人「我還沒準備好做決定」的說詞，也因此我們接受自己說那種話。當然，那句話的真正意思是：「我還沒準備好脫離現狀。」

下一次你察覺自己說「我真的還沒準備好做決定」，其實你應該改口說：「目前，我認為現狀仍是最佳選擇。」或許你需要更多的情報，才能決定要不要換一條路。但你不應該因為太厭惡損失，便認為變更路線太可怕，不願放棄（或不願取得情報）。

不願涉足未知，反而讓局面更混亂

令局面更混亂的是，我們情願要已知，不願涉足未知，不想沾染混沌不明。不論你在做什麼事，不管事情可行或不可行，總比你沒經歷過的事物要來得有把握。

於是，有了「情願跟熟悉的魔鬼打交道，別招惹不認識的魔鬼」的格言。

奧斯廷．馬丁尼茲顯然便是如此。當我問她在目前的職務上是否愉快，讓她作答很容易。那是她熟知的狀態，她知道自己的苦悶。但是當我問她做新工作會不會開心，她說不知道，可見如果轉換跑道，她沒把握未來會如何，因為以前沒有相關的工作經驗。前途茫茫，令她害怕辭職。

當我問她在新職務上歡欣喜悅的時間會不會高於〇%，便讓她明白了在換工作這件事情上，仍然有已經確知的部分。具體來說，就是如果她換工作，便比較有可能快一點建立自己嚮往的生活。

在那一刻，她察覺最好還是跟她不認識的魔鬼打交道。

堅持下去，付出的龐大代價

反對放棄的偏誤不僅影響我們的生活，所有支持我們選擇維持現狀的因素，也會令組織付出龐大的代價。職業運動界就有許多不諳於放棄的真實案例，他們堅守明顯失敗的策略。

最引人注目的例子之一是職籃球隊學會善用三分球的速度慢到驚人。許多人記錄過這件事，包括麥可·莫布新（Michael Mauboussin）和丹·卡拉漢（Dan Callahan）在二〇二一年九月的論文，便討論過要在體壇及商業界進行改變，需要跨越的障礙。*

NBA在一九八〇年核准使用三分球。到了一九九〇年，遠距離投籃的命中率讓投三分球的預期價值超越兩分球。儘管那個年代的球員鮮少練習三分球。莫布新和卡拉漢引用賴瑞·博德

（Larry Bird）的說法，博德說除了之前全明星賽（All-Star Game）的年度三分球競賽，「印象中我根本沒練過三分球。」

博德贏了最初三屆的三分球競賽，分別是一九八六年、一九八七年、一九八八年，之後受傷，幾乎完全錯過一九八八年至一九八九年的整個賽季。他已經是史上最佳，是他那一代最會投三分球的球員，有史以來最強的純粹射手，勤於練球的事蹟是大家津津樂道的。想想要是他將三分球的價值發揮到最大，他的成就還會提高多少。

球隊的早期錯誤之一是小看三分球。球隊拿三分球的價值跟（所有的）兩分球比較，而不是拿三分球的價值跟在三分線內命中的球做比較。球員實際上只有兩個選項，要麼投一次中距離的兩分球，要麼投一次距離稍遠一些的三分球，兩者一經比較，預期價值的差異便會大增。具體的差距在聯盟採納三分球的規則不到十年後，便有了答案：拿下三分而不是兩分（增加五〇％）的價值，遠大於兩球命中率之間幾個百分點的差異。

＊作者註：除了莫布新和卡拉漢在論文中的論述，理察．塞勒在二〇二〇年三月麻省理工學院斯隆運動分析研究會（MIT Sloan Sports Analytics Conference）演講，也談到了運動團隊很慢才跟進的許多策略。塞勒在演講中列舉了職籃的三分球及 2 for 1（譯註：在比賽最後一分鐘確保己方拿下最後一次進攻機會的戰術）的機會、職棒的觸擊和盜壘、美式足球聯盟的第四次進攻決策與選秀。

他們在九〇年代初期認清了三分球的價值。然而令人咋舌的是，直到二〇一四年至二〇一五年的賽季，投三分球的風氣才在整個職籃聯盟超越兩分球。

此處再列舉一些職業運動團隊很慢才放棄的失敗戰術，也相當著名而且有文獻記錄：美式足球聯盟總是棄踢第四次進攻機會（而不是進攻）；達陣之後一定會來一個一分加踢（而不是兩分轉換）；職棒球隊將內野手安排在傳統位置（而不是布陣）；職棒球隊把觸擊和盜壘當作進攻的戰術；國家冰球聯盟（NHL）球隊不太願意早一點換下守門員，小幅落後的時候也是。

在職業體壇，創新（或只是追隨成功的創新者）的報償非常可觀。創新的人與迅速跟進的人都非常成功，比如棒球界的奧克蘭運動家隊（Oakland A's）與坦帕灣光芒隊（Tampa Bay Rays）、籃球界的休士頓火箭隊（Houston Rockets），他們以史上最低的薪資打造出了常勝軍。在美式足球界，新英格蘭愛國者隊（New England Patriots）締造了二十年的王朝，沒有仰仗選秀順位很前面的搶手球員。

在商業界，現狀偏誤的代價遠高於運動產業。在運動產業，如果你不創新或順應潮流，你或許會輸掉比賽或流失球迷，但你的運動團隊仍然存在。一支運動團隊有機會迎向潮流，趕上變化。在商業界通常沒有那種機會，因為等你奮起直追，可能已經出局了。看看二〇〇二年超級盃的廣告商墳場，你會頻繁看到這一項死因。無論是百視達或睿俠，這都是他們失敗的部分原因。

不管是商業決策或個人決定，我們都看到了各種認知效應攪和成一團，包括厭惡損失、厭惡穩賠、沉沒成本效應、稟賦、現狀偏誤、不作為偏誤，以致我們很難及時放棄。

原來，在那一堆難纏的認知效應中，還有另一種玩意兒：身分，這是我們下一個要談的主題。

第 7 章摘要

- 稟賦效應是一種認知偏誤，也就是在持有一件事物以後，那件事物在我們心目中的價值會上升。
- 我們賦予價值的標的不限於物品，也會給自己的想法和信念賦予價值。
- 稟賦會阻礙我們放棄，因為當我們給自己擁有的事物施加不合理的價值，估算出來的預期價值便是錯的。我們可能會認為自己創辦的公司、發起的專案或抱持的信念極具價值，但實際上價值沒那麼高。
- 我們寧可維持現狀。
- 比起改弦易轍的不良後果，我們更願意容忍維持現行做法的苦果。這種現象是「不作為偏誤」。

- 當你說「我真的還沒準備好做決定」，實際上是在說：「目前，我選擇維持現狀。」
- 即使是數據資料豐富的領域，比如職業運動項目，沉沒成本、稟賦、現狀偏誤一樣會扭曲我們的決策。

第 8 章

最難捨棄的，其實是自己

身分難以割捨到破產

西爾斯暨羅巴克公司（Sears, Roebuck And Co.）從一九八六年首次發行西爾斯郵購目錄到二〇一八年破產，興衰眾所周知。西爾斯最初三十年的營運，只以郵購目錄販售商品。西爾斯目錄是隨著社會的發展應運而生，促成了西爾斯這家新公司革新零售業。

三分之二的美國人居住在鄉村地區，基本上沒有購買量產商品的管道。由於鐵路普及，加上美國郵政署在一八九六年推出鄉村免運服務，郵政業務大增。多虧了最初的《優惠商品大全》（*Book of Bargains*，共五百三十二頁），居住在小鄉鎮及偏遠農場的人，突然有機會購買腳踏車、四輪馬車、服飾、家具、農業設備、縫紉機、成藥，似乎世界萬物都能買。

西爾斯很快便成為郵購消費品的商業巨擘。據估計，創辦人理察．西爾斯（Richard Sears）在一九〇八年退休時的身價是兩千五百萬美元。

高盛（Goldman Sachs）在西爾斯一九〇六年首次公開募股時投入四千萬美元，助長了西爾斯的大肆成長。西爾斯是美國第一家公開上市的零售商。他們的成長是公認的驚人，是最早在首次公開募股時公布本益比的公司之一。高盛在二〇一九年慶祝創立一百五十週年時，說西爾斯的首次公開募股是他們公司史上的重要投資，還提到了令人咋舌的募股規模：「以二〇一八年的幣值計算，那次募股相當於兩百六十二億美元。」

西爾斯隨後十五年依舊飛快成長，直到一九二〇年代，營業模式面臨幾個挑戰：汽車的機動性、競爭者變多、農業不景氣、人口流動到城市。

西爾斯的對策是轉型，從仰賴目錄販售消費品的業務模式，改成零售店面。

到了一九二九年，西爾斯經營的百貨店面超過三百家。西爾斯即使在大蕭條時期也欣欣向榮，零售據點的數目幾乎變兩倍。二戰落幕後，西爾斯持續成長、擴張。從一九四一年到一九五四年，年銷售額變三倍，成為三十億美元。之後二十年，年銷售額再一次變三倍，上升到一百億美元，在全美國各地郊區數不清的購物中心裡，必然會有西爾斯承租的據點。

到了一九七〇年代初期，西爾斯是美國消費文化的門面，年營收約占美國國民生產毛額一％。在隨便哪三個月期間，三個美國人裡便有兩人曾在西爾斯消費。

一九六九年，西爾斯宣布興建新總部的計畫，那將是世界最高的建築。一九七三年，一百一十層樓高的西爾斯大樓（Sears Tower）完工了。

西爾斯才剛剛進駐同名的摩天大樓，零售業務便面臨了比之前半個世紀更嚴峻的挑戰。就如同一九二〇年代，挑戰來自人口的變動，升溫的競爭與此息息相關。

西爾斯自一八九〇年代起，便培植並灌溉自己在美國消費者心目中的形象，而後被形象所困。一方面，廉價零售商（尤其是沃爾瑪、凱瑪特、塔吉特）蠶食了西爾斯最價美物廉的店家形象。西爾斯太自負，無法跟新興的連鎖零售商競爭價格，打不贏日益壯大的新興零售商。另一方面，財力上升的消費者受到高級形象的吸引，轉而光顧薩克斯第五大道（Saks Fifth Avenue）、諾德斯特龍（Nordstrom）、梅西（Macy's）、尼曼馬庫斯（Neiman Marcus）等百貨公司。

諷刺的是，當初是西爾斯展店到郊區購物中心，許多顧客才認識西爾斯的競爭者。此外，西爾斯廣泛的觸角已從優勢變劣勢。購物中心不僅讓互相競爭的百貨公司進駐，也讓專營零售商（例如蓋璞〔Gap〕）和有限服飾〔The Limited〕）有機會接觸廣大的消費市場。

西爾斯眼看自己就要第二度在顧客爭奪戰裡落敗。

商品銷售的年收入從一九七八年到一九七九年間減少一三%，從一九七九年到一九八〇年又下跌四三%。在一九七八年到一九八〇年間，零售部門的投資報酬率從比零售業中位數高一五%以上，跌到比中位數低三一%。西爾斯的投資報酬率比沃爾瑪低了將近四〇%。

西爾斯用盡辦法，都沒能解決他們著名的零售問題，止不住下滑。西爾斯不再是最成功的零售商，到了九〇年代初，也不再是規模最大的。在一九九一年二月，沃爾瑪和凱瑪特都超越了西爾斯，成為第一、二大的零售業者。

西爾斯衰退的最終章特別廣為人知：過時、破舊或關閉的零售據點；反覆承諾會整修或翻新店面；二〇〇五年與凱瑪特的災難性併購（至少一份刊物稱為「殉情」）；喪失投資資本；最後在二〇一八年迎來了大家預期已久的破產。

這個零售巨頭的興亡故事我們都耳熟能詳。但西爾斯的故事有一個不太為人知的版本，那個版本的西爾斯是金融服務公司。那個西爾斯生機勃發，即使零售業的西爾斯岌岌可危。

這個故事始於一八九九年，就在西爾斯發行第一本目錄僅僅三年之後，他們開設了銀行業務部門。接著在一九一一年，他們開始讓顧客信貸購物。

一九三一年，西爾斯注意到客戶群的有車階級日漸增加，看見了向顧客推銷車險的市場機會。他們創辦了全州保險（Allstate），最早是在西爾斯目錄銷售保險產品，三年後，則在西爾斯零售店面販售。全州成為西爾斯大家族裡蓬勃成長的一員。

到了一九五〇年代，全州將業務據點擴展到西爾斯門市以外的地方，販售各式保險，包括汽車、個人責任、人壽、醫療、商務、財產。

七〇年代是金融服務業務大幅成長的時期。西爾斯的店家信用卡比 Visa 或 Mastercard 更受歡迎。將近六成的美國家庭持有一張。全州已是美國最大的意外險公司之一。

到了七〇年代晚期，西爾斯努力拉抬疲軟的零售業務，同時積極擴展金融服務業的足跡。

一九八一年十月，西爾斯宣布兩項重大的收購。第一，是買下美國最大的房地產仲介公司科威．班克（Coldwell Banker），價格是一億七千五百萬美元。第二，買下最大的證券經紀公司之一迪恩．威特（Dean Witter），價格六億美元。一九八五年，西爾斯在這些收購之後，創辦了一張新的通用信用卡來跟 Visa 及 Mastercard 競爭，命名為探索（Discover）卡。

到了九〇年代初期，全州、迪恩．威特、探索、科威．班克都很成功，是西爾斯持續成長、有利潤的子公司。這些資產在當時的市價總值超過一百六十六億美元。這些家喻戶曉的公司從以前（除了迪恩．威特）到現在，都是你大概不曉得曾經屬於西爾斯的公司。

這便令人好奇起來，既然西爾斯擁有如此令人豔羨的眾多品牌，怎麼會破產呢？

原來，問題出在無法放手。更明確地說，是弄錯了應該放棄的項目。

當零售店面拖累了整體的財務表現，持有西爾斯大部分股份的機構投資者便施壓，要西爾斯的高層想想辦法。

高層的回應是？一九九二年九月，西爾斯宣布與自己的金融服務帝國一刀兩斷，準備脫售這些資產，將回收的資金用在讓西爾斯「回歸零售的本業」。

隨後兩年半，西爾斯一一捨棄了這些賺錢的資產。他們在首次公開募股賣掉全州二〇%的股份，籌措到二十多億美元。他們還以股票股利的形式，將全州剩餘的價值分配給股東，價值九十億美元。西爾斯用相同的兩步驟流程捨棄迪恩．威特探索卡，透過首次公開募股及分配剩餘股份

（價值約四十五億美元）的股利籌措到九億美元。最後，西爾斯以兩億三千萬美元的價格賣斷科威・班克。

西爾斯當然不曾解決零售業務的問題，破產了。他們曾經建立成功的金融服務公司，做過明智的收購並且經營有方，這些公司則繼續欣欣向榮。

全州在二〇二一年十月的股市估計價值是將近四百億美元，是個人險種的最大上市保險公司，承保了約一千六百萬個家庭。

西爾斯跟迪恩・威特探索卡分家不到五年後，摩根史坦利以一百億美元股票的形式買下迪恩・威特公司，在兩家公司整合後占四〇%的公司價值。到了二〇二一年十月，摩根史坦利的股市估計價值超過一千八百億美元。這項估計價值沒有包含探索卡，它在二〇〇七年成為獨立公司（變成探索金融服務〔Discover Financial Services〕）。探索公司在二〇二一年十月的股市估計價值是將近四百億美元。

科威・班克與其他幾間房地產公司整併，在二〇二一年以房產學控股公司（Realogy Holdings）的名稱上市。房產學在二〇二〇年經手一百四十萬件住宅交易，二〇二一年十月的股市估計價值超過二十億美元。

身為零售商，從一九七〇年代中期起，西爾斯便察覺自己爭不過別人。自九〇年代初期以來，西爾斯與各方競爭者的落差便不斷擴大。同時，西爾斯的金融服務業務也越來越成功。

當西爾斯不得不決定哪些資產要出售、哪些要保留，從局外人的角度，這應該是很容易的選擇。不論這個局外人是明智的專業金融人員，或西爾斯害怕的敵意併購者，答案都會是留下金融服務資產，趕緊離開衰頹的零售戰場。

但西爾斯做了相反的選擇，加碼投入零售店面，犧牲其餘的一切資產來充當奮鬥的財力。

怎麼回事？

部分問題在於你大概只知道（或記得）西爾斯是零售商。「西爾斯」與「零售業」是同義詞。零售業是他們的身分。

要是他們保留金融服務資產，結束或出售零售公司，或許在某種意義上他們便不再是西爾斯，至少不是大家認識的西爾斯。那是他們面臨的選擇。

說到放棄，最難割捨的便是你的身分。

我們都是自身身分的信徒

一九五四年，二十世紀最著名的心理學家之一利昂・費斯廷格（Leon Festinger），在報紙上看到一篇末日教團的報導。

末日教團的一個有趣特色是，他們會預測末日的具體日期，以此例來說，是一九五四年十二月二十一日。因此，費斯廷格才會注意到這則報導，因為他想知道到了那一天，末日沒有降臨，教團的信徒將會清清楚楚、明明白白地知道當初讓他們決定加入教團的信念是錯誤的，教團的一切都不正確，信徒將如何自處。他們會放棄信仰嗎？還是繼續相信呢？

費斯廷格與同僚亨利・瑞肯（Henry Riecken）、史坦利・斯坎特（Stanley Schachter）是詢問這些問題的最早期心理學家，在一九五六年，他們出版了這一項經典田野研究的發現《當預言落空》（*When Prophecy Fails*）。

他們看到的新聞是郊區的家庭主婦瑪麗安・基奇（Marian Keech）接收到外星人的訊息，這些外星人擁有卓越的才智，來自一顆名為克萊利恩（Clarion）的行星。根據那些訊息，十二月二十一日將有一場毀天滅地的洪水淹沒絕大部分的西半球。

心理學家們聯絡基奇，得知她是追尋者（Seeker）的領袖之一，信徒相信世界會在那一天毀滅，外星人會在洪水當天的午夜派來一艘太空船，拯救虔誠的信徒。

這個教團的信徒做出一連串改變生活的付出。他們辭去工作，停止上學，與懷疑他們的親友及非信徒絕交。他們將財產賣掉或送人。

心理學家們滲透到這個小教團，實地觀察一旦信徒的信念被推翻，他們將如何自處。費斯廷格一夥人在十二月二十一日之前，只要有空便跟基奇及她的信徒在一起。

到了十二月二十日傍晚，十五個人到瑪麗安．基奇家等待太空船及世界毀滅。快要午夜時，每個人都坐在客廳，外套放在大腿上，只有壁爐上兩座時鐘的滴答聲打破寂靜。

其中一座時鐘在午夜響起，外星人沒來，眾人困惑了片刻，直到一位信徒指出另一座時鐘還沒響起午夜的鈴聲，想必是第一座時鐘走得太快了。

幾分鐘後，另一座時鐘也響起了午夜鈴聲，而外星人依舊不見蹤影。兩位追尋者確信不會有前往克萊利恩星球的太空船，沒有等待洪水來襲。他們打道回府，一去不返，符合我們認知中，一個理性的人在信念（不管再奇怪）剛剛被全面推翻時會有的行為。

於是。現場剩下八位虔誠的信徒跟費斯廷格的觀察團。

《當預言落空》記錄的著名研究發現，是其他八位成員不願意停止相信預言，即使預言已經具體證實是假的了。反之，他們實際上加碼付出。

儘管追尋者之前迴避媒體的關注，現在他們積極引起注意。基奇轉述來自克萊利恩星的一連串新訊息，解釋情況，做出新的預測，擔保近期內會有額外的徵兆，成員們頻繁接受長時間的訪談，發布與外星人的最新接觸。他們跟所有好奇的人打交道，不管對方的好奇是否真誠，也不管對方的潛在動機。

出人意料的是，在預言中的世界末日之前疑心最重的兩位成員，克麗歐．阿姆斯壯（Cleo Armstrong）和鮑伯．伊斯特曼（Bob Eastman），在那之後成為最熱切的信徒，特別是克麗歐。她的父親湯馬斯．阿姆斯壯（Thomas Armstrong）醫師，在一座小小的大學城當內科醫生，跟基奇一樣成為追尋者的領袖。她的母親黛西（Daisy）也是信徒。鮑伯．伊斯特曼認為阿姆斯壯醫師是他的精神導師，十二月時基本上已經跟阿姆斯壯一家人同住。

在末日之前幾天的一連串事件令克麗歐和鮑伯起了疑心，懷疑自己究竟捲進了什麼事件。他們出席兩場由靈媒艾拉．洛威爾（Ella Lowell）主持的降靈會，並且聆聽現場錄音。這後來演變成令人困惑、前言不搭後語、自相矛盾的預言與訊息。克麗歐和鮑伯也從其他追尋者的盲信行為醒悟了，那些號稱來自克萊利恩星的訊息顯然實際上是當地青少年的惡作劇。

但「在二十一日之後那幾天，他們的行為出現驚人的轉變。儘管最合理的推斷是他們會在幻滅後放棄原來的信念，實際上卻恰恰相反。」

在十二月二十二日那一天及隨後那一週，這個教團面臨各界的攻詰，克麗歐時常接替父親及瑪麗安·基奇，出面回答記者的問題。她反轉了之前對待記者的方式（全面迴避或撒謊來脫身），樂於為這個教團的信仰發聲。

五個月後，她來到一家當地旅館車庫前的坡道上，又一次為了等待外星人到場守候一整夜。艾拉·洛威爾聯絡了阿姆斯壯醫師，說他們一家人會在那個地點被接走。這時的克麗歐是大學生，沒有向宿舍申請外宿的許可，大概是因為她相信等她去了克萊利恩星，有沒有外宿許可都無所謂。

要知道十二月時，在外星人沒有按照預言到場之前，克麗歐可是信仰不堅的人，她願意加碼付出到在車庫前面等候太空船一整夜，實在很奇怪。

成為教團成員已經是你個人身分的一部分。你是追尋者，你相信預言。信徒的身分成為你的本質，特別是因為你採納的信念如此極端，而你基於這些信念而採取的行動也同樣極端。你跟家人及朋友斷絕往來。你放棄全部的身外之物，承受外界的揶揄。

我們希望自己的身分可以長長久久。由於那個身分的血肉是用我們的信念建構出來的，我們也會想要維護自己的信念不受傷害。如果這個教團是你的身分，而你發現的資訊牴觸了當初讓你加入教團的信念，你要如何維持自身信念的和諧一致？

或許你會嘲笑追尋者的行為，說：「這些人一點都不像我，他們明明就是笨蛋。他們都加入邪教了，怎麼能指望他們有理性？」

但你要了解，**我們都是自身身分的信徒**。

為什麼西爾斯選擇賣掉賺錢的資產，挽救風雨飄搖十五年的零售業務？西爾斯被自己的零售商身分困住了。那是西爾斯認同的公司身分，也是外人眼中的西爾斯。

要是西爾斯賣掉了零售業務，從那一刻起，他們便不再是西爾斯，至少不會是世人認識的西爾斯。

毫無疑問，莎夏．柯恩的身分是「花式溜冰手莎夏．柯恩」。到了二十五歲時，她投入溜冰的人生已有十八年，挺過一次次的可怕傷勢，名震天下。那是她對自己的看法，也是公眾對她的看法。她願意忍受煎熬苦悶，在沒完沒了的冰上展演活動中出場表演，部分原因便在於此。要是放棄演出，從某種意義上來說，便是放棄她自己。

你不必聞名世界，這些身分議題便可以深深影響你停損的能力。每個人都一樣。當你說「我是老師」、「我是寫程式的」、「我是醫生」或「我是電玩咖」，你都是在宣告自己的身分。

大人會問小孩：「你長大了要做什麼樣的人？」我們不會問：「你想做什麼職業？」我們問的是他們要做什麼人，而不是要做什麼事。兩者的差異極大。

而孩子們都懂。「我要當消防員。」「我要當醫生。」「我要當籃球手。」

當你的身分便是你在做的事，要放棄自己在做的事就難了，因為那等於放棄你自己。

為了化解認知失調，更會替自己合理化

費斯廷格假設，認知失調可以解釋追尋者在外星人沒現身以後的行為。他推論當新的資訊牴觸原有的信念，我們會陷入認知失調。這時我們會不舒服，想消弭不適。因此我們便給新的資訊一個合理的解釋，以捍衛我們原本的信念。

艾略特・亞隆森（Elliot Aronson）是費斯廷格的早期學生，本身是社會心理學的先驅人物，他解釋**我們為了化解認知上的衝突，「常常會陷入自我辯解、否定、扭曲的混亂不堪中。」**

當外界說我們需要更新自己的信念，當新的資訊與我們的信念起衝突，我們的直覺反應是修改信念，以化解衝突。但我們往往會像教團的信徒一樣，合理化我們的新資訊，以捍衛原本的信念並堅守不渝。

如此，便不必承認自己錯了，不必認為自己相信的事物不是真的。

「我拋棄家庭、散盡全部的財產，不是沒有充分理由的。」

舉個簡單的例子。你在院子裡架設了某位候選人的政治看板，因為你支持他。他的政見符合你的價值觀。你到他的競選辦公室當志工。你為他拉票。你將他的競選貼紙貼在你車子的保險桿上。然後傳出消息，那位候選人捲進一樁可怕的醜聞。那樁醜聞十分惡劣，假如你是在競選期開始時得知，還沒決定要支持誰的你，便不可能力挺他。

但這時的你已經公開宣告你支持這位候選人。鄰居知道你支持他。來過你家或開車經過的人也知道，他們都看過你架設在前院草坪上的看板。

這時你怎麼辦？認知失調理論猜測你不會拔掉院子的看板，不會撕掉車子上的貼紙。你反而會繼續支持他，甚至加碼付出，給新資訊一個合理的解釋。是另一個政黨在抹黑你支持的候選人。權勢集團想要扳倒他。你欣賞他的原因之一，便是他不甩權勢集團。

不是只有新的資訊會跟你以前的信念起衝突，有時你自己的行為也會造成失調。

想像你相信自己是老實人，有一天你宿醉睡死了，沒聽到鬧鐘，上班遲到。老闆詢問你怎麼沒準時進公司，你說路上塞車塞爆了。

撒謊的行為違反了你認為自己是老實人的信念，這造成失調。你會突然認為自己不老實嗎？不會，你會合理化自己跟老闆說的不實言論。

「我又沒礙到誰。我不是每次都這樣。這是例外情況。」

不論是你本人的行為或新的資訊推翻了你的認知，當你在事實資訊與改變信念之間天人交戰，敗北的往往是事實資訊。

就像我們探討過的其他阻礙，認知失調會給塊魂添磚加瓦，於是你更難放手。每次你給新的資訊編一個合理的解釋，以維護你原來的信念，這條信念便更緊密地融入你個人身分的血肉中。否決事實資訊的行為會循環發生。下一次你發現不一致的資訊，或你的行為不符合你的信念，你會更奮力地堅持那些信念。

這說明了為什麼有些追尋者明明看見了明確的跡象，得知瑪麗安・基奇無法聯繫另一個星球的超級智慧生物體，卻不願意相信。他們不得不面對外星人沒來、洪水沒發生的事實，還有他們跟親友斷絕關係、散盡家產的決定，於是他們給末日沒有降臨一個合理的解釋。

或許是他們的虔誠讓世界免於末日。這不過是一場考驗，而追尋者通過了試煉。太空船沒來，是因為外星人已經來到地球，即將公開身分。

他們便是這樣化解了認知的衝突，就跟我們每個人一樣。

維持正面的自我形象，助長放棄的難度

對於身分，誰都想要維持正向的自我論述。我們想要良好的自我觀感，想要相信自己表裡如一又明理，不會犯錯，而我們對於世事的信念都真實無誤。照鏡子時，我們希望看見一個我們能給予正面評價的人。我們也希望別人看見我們時，跟我們一樣看見一個值得正面評價的人。我們擔心要是別人察覺，我們目前的決定或行為跟以前不同，別人會批判我們不對、不理性、反覆無常、容易犯錯。**我們想維持正面的自我形象，這種欲望助長了放棄的難度。當你放棄，便是要了結一筆心理帳目，而我們知道自己不喜歡帳目上有虧損**。

如果你捨棄一個信念，在那一刻，你便承認自己失誤。如果你做了一件事然後改變心意，你便會從「狀況不妙」變成「已經失敗」。要是你失敗，豈不是從一開始便錯了嗎？

當然，答案是並非如此。但我們的感受不是那樣。

如果你加入教團又退出，當初何必加入？何必送走全部的家產？何必跟家人斷絕關係？

如果你放棄花式溜冰，苦練了那麼久又算什麼？放棄是否代表你所有的決定都錯了？是否代表你沒有達成目標？

我們已經看見了，想維持內心和諧一致的欲望，阻撓我們放棄。擔心別人批判我們的眼光會跟我們自己一樣凶狠，這也會防礙我們放棄。

貝利・斯托證明了當我們擔心別人的批判，放棄的難度會提高多少。記得在《泥淖》中，當受試者決定將經費分配給兩個部門的其中一個，然後得知那個部門的表現欠佳，他們便在第二次分配經費時加碼付出，給那個部門的金額高於初次決定經費分配的受試者。儘管初次分配經費的受試者，將兩千萬美元裡的九百萬元分配給之前拿過額外經費的賠錢部門，但參與之前那一次經費分配決策的受試者，依據相同的資訊裁定的經費金額卻是一千三百萬美元。

這樣的加碼，似乎與我們渴望維持內心和諧一致的欲望有明顯的關聯。既然我之前給了那個部門經費，要是我現在變卦，不就表示我之前的選擇是錯誤的？

假如你同時渴望別人給你正面的評價，這種加碼付出的現象會不會加劇？

一九七九年，斯托與伊利諾大學（University of Illinois）學者斐德列克・福克斯（Frederick Fox）便探索了這個問題，調查對外在肯定的渴望，是否會讓受試者在分配經費時，給他們上一回便決定支持的部門更多經費。

為了調查答案，他們告訴一部分的受試者，他們只是公司試用的財務主管。他們能否保住職位，或許會取決於分配兩千萬美元經費的結果。他們還被告知，他們上一回分配經費的結果，令董事會懷疑他們所用非人，不太想讓他們轉為正職。

這一群受試者再度加碼付出，這回分配一千六百萬美元給他們上次選擇的部門。這樣的不良反應很巨大，比上一回將經費分配給那個部門的人增加將近二五%，比第一次做決定的人多出大約七五%。

當受試者得知別人會評量他們的決定，為什麼不理性的行為會強化這麼多？我們都會想像別人將如何論斷我們，想捍衛自己不落入那種處境。我們心裡會想，要是不維持原本的選擇，別人對我們的評價會打折。

諷刺的是想要維持理性形象的欲望，令我們在做決定時更不理性。

當一個人知道自己會受到評鑑，理所當然會認為別人在衡量他們的決策表現時，使用的標準是一個理性的人在相同情境下會如何做決定。

你或許會想，這會讓你的決定更精準到位，但實際上是反過來。想到要是放棄的話別人會如何評判你，令你更加遠離理性的基準線。

結果就是你更少放棄，付出更多。

太過重視自己的立場，變得冥頑不靈

原來，你的信念有多普及，與你不顧一切地捍衛它的決心呈反比。華頓商學院（Wharton School）教授及二〇二一年暢銷書《零阻力改變》（*How to Change*）作者凱蒂・米爾克曼（Katy Milkman），與如今在哈佛商學院（Harvard Business School）服務的約翰・畢謝爾（John Beshears）證實了**當你採取非主流的立場，遇到會推翻你立場的資訊時，你更可能加碼付出**。

他們沒有研究末日教團之類的奇特對象，而是檢視超過六千位股市分析師十八年來的企業盈餘預測及更新訊息。

股市分析師的職務重點之一是預測企業盈餘並更新預測。我們對財務分析師的想像，是一種非常理性、非常擅長分析的專業人士。「分析師」一詞就在職稱裡。

米爾克曼和畢謝爾想知道，當分析師預測的盈餘跟主流的觀點差異懸殊，而後看到自己的預測跟實際的盈餘差很多，他們會如何自處。

這些分析師會固執地維持原來的預測嗎？還是會參考新資訊，修改預測？

本書的讀者必然不會意外，許多分析師會執拗地堅持下去，他們為自己極端的立場加碼付出，儘管新的情報指出實際的數字不符合預測。

這似乎是認知失調與身分在作怪。兩位論文作者推測那不是刻意的行為。分析師的預測都是公開的。當實際的盈餘不符合預測，他們加倍堅持，行為就跟等不到外星人的教團信徒一樣。股市分析師堅守自己不準確的預測並不賺錢。其實，是賺不到錢。兩位論文作者發現，反市場指標或獨行俠的形象不利於分析師。頑強地堅持不正確的盈餘預測，反而會讓他們吃苦頭。

既然堅持原本的預測會吃苦頭，他們為何堅持？

我們對維持和諧一致的需求很強烈，在你背離當下的主流時似乎又更強烈。當你採取極端的立場，你便增加了自己與主流的距離。這距離令你的立場進一步融入你的身分，是你在茫茫人海中用於定義自己的身分。

為了重申這一點，米爾克曼和謝畢爾根據預測的數字屬於主流或非主流，檢視分析師如何回應更新的盈餘。如果極端的立場會進一步融入我們的身分，那預測數字符合主流立場的分析師，便應該比較不會加碼付出。

那正是他們發現的結果。

預測數字與主流一致的分析師，如果事後發現自己的預測與實際盈餘大相徑庭，他們非常樂意修訂預測。只有做出極端預測的分析師冥頑不靈。

這是安德魯．威金森很難對 Flow 停損的障礙之一。他在無意間將自己的立場公諸於世，主張自助創業比創投的後盾更優越。這讓他回絕了大量向他湧來的創投基金。他後來承認，他非常看重自己的立場及那些話。「我美化那個立場，那是我的身分。我真的非常重視。」當他的競爭者在創投基金的挹助下開始超越他，可能也助長了他的持續付出，即使全世界早已讓他看見，這項投資的預期價值不是正數。

這些現象的訓示在於，**當我們將自己的身分與任何信念綑綁在一起，務必要小心。對於不符合主流、與眾不同的信念更要戒慎，因為割捨這種信念的難度特別高，不管事實對錯。**

誤判別人對我們的觀感

這一切的悲哀之處在於，我們會想像別人對我們的觀感，然而想像經常是錯的。這表示有時候，我們因為擔心放棄會給人不良的觀感，便不理性地決定不放棄，但我們的恐懼卻是出於誤會。

坦白說，這些想像對我們身邊的人往往既不厚道，又胸襟狹窄，因為我們以為要是自己放棄了，即使放棄顯然是正確的，別人也會認為我們失敗，認為我們出爾反爾或軟弱。在這些幻想的情節中，我們不相信有誰會憐憫我們，也不信有誰會體諒我們出此下策。

但把別人想得那麼狠心通常並不公平。其實我們放棄時，別人多半根本不會那樣想。我們投射到別人身上的擔憂，只是我們內心的垃圾。

這便是莎拉．奧斯廷．馬丁尼茲的情況。「我擔心急診室的醫生同事會覺得我太弱，一個成事不足的叛徒。我擔心上司們會怎麼看我。」她很怕遞交辭呈給上司，以為他會發怒或沮喪。

當奧斯廷．馬丁尼茲終於遞出辭呈，上司其實很能諒解。當他們談完辭職的事，他道歉自己辜負了她，沒有減輕她的職務壓力，讓她撐不下去。她的營運主管說了相同的話，聽在耳裡很受用。

或許我們很快便長大成人，不再懼怕兒童故事捏造的恐怖食人魔、惡龍、巫婆。取而代之的是別人會如何論斷我們的恐怖故事，這些故事在我們的成年歲月裡持續折磨我們，卻一樣虛幻不實。

放下核心身分，帶來希望之光

我們說了這麼多無法放手的真人實例，不論問題出在身分認同、沉沒成本、現狀偏誤或其他干擾行事準繩的因素，但你不是無路可逃。我們知道史都華・巴特菲爾德、莎拉・奧斯廷・馬丁尼茲、艾力克斯・哈諾，僅僅是帶來希望之光的其中三人。

以企業界來說，比如西爾斯、百事達、ABC商場，我們看見企業受制於身分而崩毀。但話說回來，不是每一家公司都淪落到那種處境。也有值得注意的企業界實例，放下了與企業身分變成同義詞的核心業務，開創了持久的成功。

就像西爾斯以零售商的形象深入人心，飛利浦（Philips）則是以賣燈泡聞名的公司。那是他們的身分。畢竟，很多人在成長過程中，換燈泡時都會在紙盒上看到「飛利浦」的名稱。燈泡本體也印著「飛利浦」字樣。

西爾斯和飛利浦都在一八九〇年代成立。二〇一二年時，在西爾斯陷入死亡迴旋幾十年後，飛利浦是世界最大的照明產品製造商，在一百八十國販售。自一九六〇年代起，飛利浦的消費性電子產品也打響了名號，發明錄音帶、CD、VCR、DVD。

他們不但開發了相關的技術，擁有這些產品，還又一次將公司名稱印在產品上。

儘管這一切都可能干擾飛利浦放下身段隨機應變，但在二〇二〇年時，飛利浦已經不再販售任何照明產品。占據他們公司九八%營業額的三大業務類別是診療方案、互聯醫療、個人健康照護。

飛利浦現在是健康照護公司，年營業額逼近兩百億歐元。

就像西爾斯的金融服務部門，飛利浦很早便在開拓健康照護業務，跟他們著名的照明業務齊頭並進。

一九一四年，飛利浦兄弟建立了如今人稱的育成中心，也就是打造新產品的實驗室。一九一九年，飛利浦開始生產X光管。自此之後，飛利浦持續大量投資健康照護領域，研發產品並拓展市場。到了二〇一四年，在他們開始生產X光管將近一個世紀後，醫療科技占了他們四〇％的生意。

就像民眾多半根本不知道西爾斯擁有全州或其他的金融服務資產，一般人也不知道飛利浦跟醫療科技的關係。如果十年前隨便攔下一位路人來詢問：「飛利浦有什麼產品？」他們會說：「燈泡跟電視。」

西爾斯賣了賺錢的資產來加碼投資他們的核心身分，經營零售業，飛利浦則相反，在二〇一四年宣布賣掉核心的燈泡業務，專心經營健康照護的生意。二〇一六年，他們透過首次公開募股，釋出飛利浦二五％的照明部門。他們還宣布，剩餘的七五％也要脫手，並在二〇一九年年底時售出。

不像西爾斯，飛利浦分裂成兩間公司後，留在手邊的那一間雖然比較不知名，未來的預期價值卻較高。

我們知道有哪些涉及認知及身分的陷阱，會干擾我們放棄。不知怎麼地，這些了不起的人與企業克服了這些障礙。憑著我們對放棄的科學理解，我們可以從這些範例身上學習，雕塑出適合我們自己的放棄模式。

慎選你要堅守的事物。

堅持重要的事物、讓你幸福快樂的事物、讓你向目標前進的事物。

放棄其餘的一切，釋出資源來追求目標，停止堅持會拖慢你腳步的事物。

我們已經探討了一些實現這些目標的戰術：辨識出棘手的部分，優先解決，以免誤以為事情有進展；早早思考在哪些情況下要放棄，不等事到臨頭才來苦惱；預先設定終止條件並承諾會做到。

現在，我們要將注意力轉向另一個策略：尋求外援。

第 8 章摘要

- 關於放棄，最難放棄的是你的身分。我們的想法、信念、行動都構成了我們的身分。
- 當新的資訊跟原有的信念起衝突，我們會陷入認知失調。
- 為了化解這種衝突，我們要麼改變信念，要麼給新的資訊編一個合理的理由。往往，我們選擇後者。
- 認知失調也可能是因為新的資訊牴觸了我們以前的行動。
- 我們渴望讓內在維持和諧一致，讓過去的信念與行動，契合我們目前的信念與行動。
- 我們也要別人認為我們始終如一。我們擔心要是別人認為我們以前的決定、信念、行動跟現在不一致，他們會評判我們不對、不理性、出爾反爾、容易犯錯。
- 當我們知道或相信別人會評估我們的決定，我們會本能地以為自己會更理性，但其實是反過來。外在的認可會助長我們加碼付出。
- 處境越極端，我們越會扭曲認知來捍衛自己的處境。比起偏激的觀點，事實真相更容易讓你遠離眾人的共識。
- 擔心一旦放棄的話會被人看不起，這種恐懼通常都過度誇大了。

第 9 章

找個願意說出殘酷真相的放棄教練

如何不費脣舌，說服一個人放棄？

榮恩．康威（Ron Conway）最著名的稱號，是史上最棒的天使投資人之一。但他也很擅長當別人的放棄教練，這方面的名氣也應該一樣響亮才對。

康威是SV天使公司（SV Angel）的創辦人，提供早期創投基金，從一九九〇年代起便在投資新創企業，是創投基金界的傳奇人物。他成功的天使投資名單或許無人能及，含蓋了最近二十五年裡許多聲名顯赫的公司，包括臉書、Google、PayPal、Dropbox、Airbnb、Pinterest、推特、Snapchat。

康威顯然很懂得篩選贏家。

創辦新的企業需要膽識。康威是出了名的擅長輔導創辦人，協助他們灌溉願景，穿越企業成長期間迭宕起伏的挑戰，打造出改變世界的成功企業。

你大概不會訝異，以榮恩．康威的資歷地位，他協助這些創辦人建立正確的策略願景、堅定不移、實現目標，這樣的輔導本身便極具價值。但你大概會很驚訝，他特別自豪的本領，卻是協助創辦人判斷放棄的時機。

他將自己的理念濃縮成幾個字：人生太短暫。

康威體認到我們人生在世，能夠用在追求不同機緣的時間是有限的。創立、經營、扶植一間新創公司，已經夠辛苦了。以他的經驗，創辦人通常是有幹勁、有膽識、優秀的人物。具備這些特質的人在知名企業很吃香，職務有宜人的工時，薪資也優渥。但創辦人都選擇走另一條路，這條路的每週工時是一百小時，壓力片刻不停歇，基本無薪。舉世皆知，有些創辦人的睡眠時間不太多，主要是在父母家的車庫或是在辦公室打地鋪。

顯然，擁有改變世界的機會與一旦成功便可能得到超乎尋常的報償，讓他們的堅持有了價值。但以康威的觀點，人生太短暫，如果局面很清楚，成功的可能性已經低到搆不著了，便不該再承受那些辛苦。

即使以康威眼光如此銳利的人，對價值的嗅覺靈敏，他投資的新創公司只有一〇%左右能夠獲利。這表示，大概九〇%的投資對象會失敗。這麼有前途的人你不鼓勵他，卻勸告他放棄，未免太殘酷，可惜了人類的潛力。

這正是康威說「人生太短暫」的意思。

當然，幾乎沒有創辦人看得出自己的創業之路已不值得再走，因為他們是從局內人的角度向外看。康威身為知識淵博的局外人，具備豐富的經驗，可以比創辦人更早認清現實。他認為自己有責任，協助創辦人明白堅持下去是白費工夫，好讓這些優秀的人才可以抽身，嘗試其他更值得的機會。

康威的第一道障礙最顯而易見：讓創辦人真的認清公司不行了，該是離去的時刻。康威要對抗寄生在企業家身上的認知偏誤與動力，就是那些寄生的玩意兒讓企業家很難放手。他們是公司的創辦人。他們擁有公司，公司是他們的點子，那是他們一部分的身分。他們為了公司付出極大量的時間、心力、金錢，他們犧牲了那麼多。

如果現在放棄了，那代表什麼？是否代表從一開始就不該創業？他們浪費了時間？那他們還是他們嗎？

儘管如此，當康威察覺苗頭不對，便會坐下來，跟創辦人說明自己的看法。創辦人必然會否定，堅持成功即將到來。這些企業家通常可以伶俐地推銷願景，他們會發動全部的口才，企圖說服康威。

「這只是一時的不順。」「做出下一版就行了。」「只是要花時間打開產品銷路。」「我很清楚該怎麼做才能扭轉局勢。」

康威如何反制這些激烈的反駁？

他什麼都不做。

他會同意他們辦得到，不會試圖說服創辦人，指出他們的錯處。

反之，他會詢問他們，在隨後幾個月內，怎樣就算成功。他會問出具體的細節。憑著這樣的對談，他可以跟創辦人坐在一起討論，敲定評估公司表現的準繩，達標就表示公司在正軌上。然後，他們會同意改天再按照這些準繩檢討公司的表現，如果沒有達標，他們就得認真討論結束公司的事。

你八成覺得康威在運用終止條件的手段，因為他的確是在用這個辦法。

創辦人在會談後，會相信自己說服了康威他們可以力挽狂瀾。而你大概猜到了，康威的看法並沒有變。他在會談後，仍然相信要是創辦人明白他察覺的局面，他們會在當天結束公司。但他知道，想當場說服創辦人多半會白費脣舌。

讓創辦人協助設定終止條件後，日後雙方重新檢討公司的表現時，康威的勝算便有了顯著的提升，他可以讓創辦人識破自己的偏誤，做出正確的決定。

康威的手段很靈巧，在他的循循善誘下，當局者迷的創辦人便能夠在面臨抉擇的當下重新對焦，將注意力拉到未來的時間點上。重新對焦以後，創辦人便可以更理性地做出決斷。

這種勸人放棄的策略，允許創辦人再多花幾個月的時間、金錢、心力去挽救公司，即使康威已經清楚地看見大勢已去。但他認為多花幾個月已是大贏，因為創辦人關閉公司的時間，仍然比不花那幾個月的話要早很多。

沒有這一類的干預，天性堅毅的創辦人常常會咬牙硬撐，直到萬劫不復。以幾個月的代價節省幾年的光陰是很划算的交易，因為創辦人恢復自由的時間提前很多，能夠去追求更有勝算的目標。

即使如此，當這些公司沒能達標，他們常會反駁康威。這並不意外，因為任何手段都不是萬無一失。這些技巧只是讓我們比原來更快、更常放手。

這些創辦人最常用的反抗方式之一，是宣稱他們必須對投資人負責，要鞠躬盡瘁。除了這一份責任，他們相信如果不堅持下去，反而歸還剩餘的資金，金主對他們的評價會下降，認為他們失敗，以後絕不會投資他們的任何計畫。

就跟我們每個人一樣，創辦人對別人將如何看待他們或別人會有什麼反應，經常有不理性的想像，而康威便協助他們明白那不是事實。因為他本人便是投資者，從這個獨特的身分，他可以給這些創辦人一個更正確的視角，澄清他們想像中的投資者的實際樣貌。

在這個情況下，投資者的想法跟創辦人的想像是相反的，各方面都是。

將投資者的每一毛錢都拿來追求一個必敗的目標並不光彩。將資金歸還給投資人，才是在這種情況下有擔當的選擇，展示出他們在需要壯士斷腕時，有能力做出艱難的決定。這表示他們了解預期價值，可以靈活地回應新的情報與變動的局面，而不是冥頑不靈。

具備這一切人格特質的人，正是他們願意再次投資的人。

康威指出，歸還資金的下場跟創辦人想的不一樣，投資人跟對方再一次共事的可能性其實會提高。他甚至從自己的投資生涯中，舉出幾次他那樣做的實例。

創辦人難以停損的原因，不只是覺得對投資人有義務。他們也認為自己應該為了員工奮鬥。要是終結公司，員工會失業。他們與創辦人並肩努力，盡心盡力，犧牲了那麼多的生活要讓公司成功。即使是決心關閉《毛刺遊戲》的史都華．巴特菲爾德，也有這樣的顧慮。

難道創辦人不必基於道義，為員工撐下去嗎？

康威又一次指出人生太短暫，員工的人生也太短暫。

加入新創公司代表以低薪換取公司承諾的股權。這些才華洋溢的人願意做這筆交易，因為他們相信自己在打造能夠改變世界的事物，要是成功了，便能收割利益。一旦公司明顯不會成功，繼續努力只是困住他們，讓他們做必敗的努力。結束營業的話，他們便可以去做更有效益的事。

就像康威不想見到創辦人被必敗的事業困住，創辦人對員工應該也是如此。

在理想的世界中，我們對放棄的決斷應該很理智，就跟第一次要做這個決定的人一樣。但我們知道自己做不到。當你曾經為同一件事做過決定，累積了隨之而來的各種包袱，你便會承受各種很難擺脫的干擾。

基本上，榮恩・康威的做法是為自己投資的創辦人提供嶄新的視角，看見我們每個人當局者迷的現實。這樣的視角，以及他把終止條件應用得靈巧無比的手段，都讓他成為傳奇的放棄教練。

枉顧現實的樂觀，讓人堅守行不通的事

美國作家海倫・凱勒（Helen Keller）說：「樂觀，是令人功成名就的信心。」

認為樂觀可以讓你更快達成目標的信念在流行文化中根深柢固，證據便是持久不衰的各種暢銷書，比如諾曼・文森・皮爾（Norman Vincent Peale）的《積極思考的力量》（*The Power of Positive Thinking*）、拿破崙・希爾（Napoleon Hill）的《思考致富》（*Think and Grow Rich*）、《祕密》（*The Secret*）只是其中幾例。僅僅是這三本書，合起來便售出超過七千四百萬本。也別忘了經典童書《小火車做到了》（*The Little Engine That Could*）的訊息是：「我想我做得到。」

這條訓示不曾改變，被廣大群眾吸收。只要相信自己，勝算就會提高。

連現代心理學之父威廉・詹姆斯（William James）也說：「悲觀帶來軟弱，樂觀帶來力量。」詹姆斯相信正向觀想的力量，巧的是他所舉的例子是登山。他堅稱假如你去登山，卡在需要「冒

著危險也得勇敢跳過去」的地方，你應該想像自己跳得過去，這樣的信心能讓你成功。但如果你意志不堅地自我懷疑，你會在絕望中向前跳，墜落到裂縫裡。

加州大學柏克萊分校的哈斯商學院（Haas School of Business）教授唐恩・莫爾（Don Moore）便說詹姆斯的例子太荒謬。莫爾在二〇二〇年的著作《絕對自信》（*Perfectly Confident*）指出，即使樂觀能在那種情況下派上用場，能派上多少用場必然有極限。姑且假設旺盛的樂觀，能讓你躍過一八三公分寬的裂縫。但假如那條裂縫有六公尺寬，與其仰仗樂觀，不如務實地調整你的信心更有用。

而且莫爾曾經為此吃過虧，他謙遜地承認：「相信自己並沒有讓我的腳在過火儀式中免於灼傷。」

莫爾與猶他大學（University of Utah）助理教授伊莉莎白・坦尼（Elizabeth Tenney）、喬治城大學（Georgetown University）助理教授珍妮佛・拉格（Jennifer Logg），探索人們是否真心相信樂觀可以讓人發揮得更好。他們二〇一五年的論文讓人做了各種事情，從數學題目到《威利在哪裡？》*謎題都有，然後檢視他們的成果。

---

* 從圖畫中的人群裡找出威利的遊戲。

研究人員引導一部分的受試者樂觀看待自己可能會有的成績。他們請其他的受試者猜一猜，樂觀的人跟沒那麼樂觀的人相比表現是否有差，結果發現大家確實相信《小火車做到了》。大家認為，相信自己可以登上山峰、解出更多數學題目、找到威利的人，實際做到的可能性更高。

對樂觀的力量抱持脫疆野馬般的信心，在矽谷果然非常普遍，在這個世界上，過度樂觀不僅被視為創辦人的職責，也是被積極鼓吹的風氣，榮恩．康威相形之下便成了唱反調的人。樂觀的風潮影響了創辦人的實際信念。一項由三千位企業家作答的調查顯示，八一％的創辦人認為自己的勝算是七〇％或更高，而三分之一的創辦人認為自己的勝算是一〇〇％！

既然康威投資的那些雄心壯志的新創企業，大約每十家才有一家的收入是正數，可見世人的樂觀程度，已經近乎妄想。

當然，假如樂觀真的能提升表現，妄想出來的信心或許便有其價值。如果你做的生意只有一〇％的勝算，樂觀說不定能把勝算拉到四〇％。即使那比你想像的七〇％要低很多，卻比原來高，因此付出脫離現實的代價或許仍然划算。

莫爾他們便測試了這個觀點，看看樂觀的受試者做數學題目的成績是否較高，或找到威利的次數變多。他們發現樂觀的人努力解題的時間變長，可是解題的成績跟不太樂觀的人相比，卻沒有測量得出來的提升。

也就是說，他們放棄得晚，但成績沒有長進。

適用於堅毅的道理也能套用在樂觀上。樂觀讓你守住得值得的事物，但樂觀也會讓你堅守不再值得的事物，而人生太短暫，不該這樣揮霍。

問題在於樂觀會讓你高估成功的可能性與成功的規模。這表示你估算的預期價值，將會嚴重失真。

結果呢？**枉顧現實的樂觀，會讓你在該走人的時候不肯離去**。

當然，榮恩．康威期待並希望創辦人充滿自信。他希望他們對自己、對員工都積極正向，但不希望他們太過積極正向，以致堅守行不通的事物。

這些幹勁十足的企業家很難在樂觀與務實之間切換。他們需要優秀的放棄教練幫他們一把、需要教練的觀點。即使有這樣一位教練，教練還得有耐心，因為假如真的有那樣的切換開關，開關得由創辦人親手操作才行。

擔任放棄教練具備的特質

我問丹尼爾．康納曼，他認為擅長放棄的祕訣是什麼，他告訴我：「大家需要找到誠心誠意關愛自己的朋友，而且這朋友不在乎在那當下傷他們的心。」

當你事到臨頭，需要判斷自己應該放手或繼續努力，這時你的決定最容易被認知偏誤挾持，很難放手。康納曼的看法是局外人，比如一位朋友或你摯愛的人，更有可能理性地看待你的處境，因為他們不是跟你一樣的當事人。

問題在於當你是局外人，你看見某人走在必敗的路線上，你可能會覺得不說出殘忍的真相才是善意的舉動，因為你知道他們聽了會難過。但為了不傷他們的心，為了做個好人，你便讓他們沒機會看見你眼中的真相。

你不想傷他們的心，因為你愛他們。但你只是讓他們暫時不傷心。他們會在日後失敗的時候傷心，到時他們會傷心得更厲害。

我們都需要一個真心愛我們的人，而且這人明白為了我們長遠的幸福著想，最好說出刺耳的真話，讓我們知道自己所走的路線，是必須封殺的路線。

這便是丹尼爾．康納曼話中的重點。

當你找到這樣的朋友，請他們擔任你的放棄教練，協助你判斷終止行動的時機。

丹尼爾．康納曼畢生的研究主題便是認知偏誤與決策謬誤，既然連他都需要一位放棄教練，可見人人都需要。康納曼的放棄教練，恰巧是也得過諾貝爾獎的理察．塞勒。

我們大部分人沒有那種福氣，可以找到那種等級的人物來擔任放棄教練，但我們都應該努力在生活中，找出能跟我們直言無隱的人，那人可以是親密的朋友、精神導師、同事、兄弟姐妹、父母。

只要他們真心在乎我們的長遠福祉，願意說出我們該聽的真話，而不是我們想聽的話，那就夠了。

當然，幾乎每個人都有相反的經驗，別人不想傷我們的心，便不幫忙我們看清現實。你跟人分道揚鑣，突然間，你的好友們都告訴你：「我覺得你幾個月前就該甩掉他們了。」或你辭職了，而家人對你說：「我看得出來你不開心，你真的拖了很久才想通耶。」

當然，他們說這種話的時候，我們的反應都一樣：「既然你早就曉得了，怎麼不早說？」

而答案千篇一律：「我不想傷你的心。」

聽到別人說你應該放棄的傷心是一時的。但如果你付出了幾個月或幾年，經營不能讓你長久快樂的工作或感情，逝去的時光卻是一去不返。

安德魯．威金森在開除自己其中一家公司的執行長之後，便遇到這種事。好幾位朋友告訴他，他們早就看出有必要開除那個人。當他問：「你們怎麼不早說呢？」他們說：「我們不想害你不開心。」

這話聽了更刺耳，威金森隨即意識到，要是朋友們早一點吐露他們看見的真相，他便會提前做出決斷，節省寶貴的時間和資源。

所以榮恩．康威很自豪自己為創辦人扮演的角色，也因此當他提供局外人的觀點，讓創辦人及早放棄，他便認為是大勝了一場。

對於事業的追求、職涯選擇，或是關於個人生活的決定，我們都應該致力於兩件事：

1. 至少找到一個人當你的放棄教練。
2. 你應該盡力為你深愛的人擔任放棄教練。

有時強制喊停更有利

放棄教練能夠提供局外人的新鮮視角，不會被你越滾越大的包袱影響，但到頭來，你仍然得自己決定是否放棄，因此你可能會忽視教練的忠告。有教練在你身邊，可以提高你及早放棄的可能性，沒有教練在，你或許會拖更久。但就像康威投資的創辦人，很多時候你會否決教練的建言。

當然，有時候在某些情況下，放棄教練本人的權柄，其實便可以做出放棄的決斷。比如，經理可以強制屬下終止案子，或業務主管可以強制業務員停止開發潛在客戶。

善用終止條件，外加一位握有實權、能夠強制你放棄的放棄教練，是讓當事人最快也最有效率地停損的模式，尤其是個性特別堅毅的當事人。

海軍海豹部隊的堅毅特質赫赫有名，就憑他們熬過了海豹培訓的簡單事實。我們都記得電影裡經典的魔鬼訓練場面，新兵必須忍受大部分人會放棄的嚴苛條件，證明自己的本事。畫面上會有那個著名的銅鐘，受訓的學員去拉響銅鐘，便可以終止痛苦，不必忍受在冰冷的水域泡上幾個小時、幾天不能入睡、隨時進行的體能試煉。能夠加入海豹部隊的人，都是拒絕拉響那個銅鐘的人。他們的確是精挑細選的人才，因為海軍都沒辦法讓他們放棄。

麥克雷文上將明白，自己的一部分職責是管束一群要是沒人干預的話，真的寧死也不放棄的人。他是這樣說的：「你要他們鎮守機槍陣地，挽救人命，拿榮譽勳章。你需要這些孩子，但你也需要有指揮官說凡事都要講究時間和場合，不是每一次任務都得那樣。」

當然，麥克雷文的優勢在於他是指揮官，當任務發生符合終止條件的狀況，他是負責決定放棄的人。他可以憑自己的權柄終止任務，不管海軍的海豹隊員們想不想繼續任務（大概是隨時都想吧）。

榮恩．康威一定喜歡麥克雷文的身分，一個可以接管全局的放棄教練。但當他看到新創企業不行了，明白結束營業才是正確的，他卻得讓創辦人繼續努力，直到他們答應放棄才行，因為放棄是屬於創辦人的決定，不屬於康威。

我們都曾經明知道別人該回頭了，卻必須看著他們繼續前進，那是我們都經歷過的挫敗處境。要是你可以接管大局，替他們做決定，豈不是好多了？尤其是事到臨頭的時候，當事人是最沒有能力保持理性、決定是否放棄的人。

我們都感受過那種無力感，但不要誤會，我們也都曾經是那個令其他人很無力的當事人。要不要放棄是我們自己的決斷，而我們自己是最無法做出明智抉擇的人。

只要你曾經想要替別人接管全局，那必然代表有的時候，如果你將掌控權交給放棄教練，對你會更有利。

分治策略，提升放棄的決策能力

看看貝利．斯托的研究，便會曉得將主控權交給別人，是非常有效的放棄策略。一九九七年，斯托與耶魯大學（Yale University）教授西格爾．巴薩德（Sigal Barsade）、亞歷桑納大學（University of Arizona）教授肯尼斯．科普特（Kenneth Koput）研究銀行核發企業貸款的決策。當銀行核發貸款，銀行裡便有人要為核貸的決定負責。如果貸款人準時償還，最後結清貸款，便不必做其他決定。

但如果企業付不出錢，貸款人可能會再次申請貸款，企圖挽救公司，或是請求重新談判貸款合約上的付款條件。除了決定是否核准申請，銀行也得判斷是否照舊將這筆貸款列為資產，還是注銷這筆資產，實現損失，因為按照法律規定，銀行必須提供精確的財務報表給股東及監管機關。

銀行得決定這麼多事，可見或許會有加碼付出的風險。從我們討論過的內容，你可能會猜測當一筆貸款出狀況，當初決定核貸的人可能會因為不想將這筆貸款認列為損失，以致他們比第一次審核這個案子的人更可能核准第二次的貸款，或是更改付款條件。

當斯托與同僚檢視一百三十二家加州銀行九年份的貸款紀錄，便發現事實確實如此。當管理階層換血，新官上任的管理階層會更快察覺貸款出問題。他們不是當初決定核貸的人，因此更可能將出事的貸款認列為損失。

我想斯托的數據給了我們一個靈感，假如你的公司有貸款，而你們現在財務亮紅燈，你應該去找當初貸款給你的人。你貸款成功的機率會高很多。

說正經的，企業如果想要提升對放棄的決策能力，倒是可以從斯托的研究得到啟發，聯想到一個妙法：**盡可能分治。哪個人要是決定了做某件事，日後公司要判斷是否放棄時，就得換其他人來做決定**。

我有一部分客戶是機構投資人，我便建議他們採用這一類的做法，以改善他們的賣方決定。讓一組人負責核准買進，另一組人則負責核准何時應該賣出哪一項投資標的。當然，只有人力充裕才能這樣做。

在許多商業情境中，有的是分工的辦法。但如果你只有自己一個人，你不能將自己一分為二。你不能用絕地控心術假裝自己是另一個第一次作這個決定的人。

這又是一個你得給自己找一位放棄教練的理由，因為如此一來，你便可以建立一套模擬分治策略的做法。

允許彼此直言不諱、坦白無欺

要讓你跟放棄教練的關係發揮作用，你得允許他們落實教練的任務。這包括你要真的敞開心胸，聆聽教練告訴你的殘酷真相。所以理察．塞勒擔任丹尼爾．康納曼的放棄教練，效果才會好，因為康納曼允許塞勒說他不想聽的話。

沒有這樣的允許，當你尋求意見，對方往往會犯下想當好人的失誤，認為鼓勵你、說出他們認為你想聽的好話，是在對你好。即使你有心聆聽殘酷的真相，如果你沒有跟自己徵詢意見的對象明言這一點，他們通常會假定你只是要人安慰。於是，你只會得到安慰。

當別人詢問你的忠告，你扮演顧問的角色，你也要明白人家問你意見，未必真的想聽你誠實的看法。只有他們明確允許你實話實說的時候例外。

安德魯．威金森告訴我，他如何從個人的經驗領悟這個道理。在不得不開除那位執行長之後，他發現朋友從局外人的角度將他的處境看得一清二楚，卻沒人透露真相，他因此決心以後誰來問他的意見，他都要有話直說，不加粉飾。

他們問他的意見。他便說出血淋淋的大實話，而他沒有促成任何好事。他沒能讓他們回心轉意。事實上，他發現他們會加倍努力，執意要證明他錯了。也就是說，典型的加碼付出。

當別人問你意見，不等於他們允許你說實話。

反之，當別人找上你，最好用榮恩．康威的辦法，可濃縮成四個步驟。

1. **讓對方知道，你認為他們應該考慮放棄。**
2. **當他們反駁，讓步並認同他們可以逆轉局勢。**
3. **非常明確地定義在近期內做出什麼成績才算成功，這便是你要記住的終止條件。**
4. **同意改天再談，要是沒有達到成功的門檻，便要嚴肅地跟對方討論放棄事宜。**

步驟三與四沒有明言的是，現在向你諮詢的人允許你直言不諱，討論放棄事宜。

當然，洽談時，你應該提醒對方，人生太短暫了。

教練跟找教練輔導的人要建立成效卓著的關係，關鍵便是雙方都允許彼此坦白無欺。即使徵求建議的人允許教練作主，與其告訴他們該怎麼做，最好還是協助他們自己做決定。

當莎拉．奧斯廷．馬丁尼茲向我求助，她允許我說實話。即使如此，我沒有說她應該做什麼決定。我只發問，協助她從預期價值的角度考慮她的選項。於是，她很快便認清了自己的處境。

如果你是領導階層，阿斯特羅．泰勒便是你了不起的典範，他展示了如何擔任一位優秀的放棄教練。他協助X的員工對付猴子、杜絕基座、設定終止條件，提升員工做出理性判斷的機會，最後讓員工更擅長喊停。這些都是他致力開創的企業文化，他們不僅去除放棄的汙名，還頌揚放棄。

放棄很難，難到不能只憑一己之力做到。各種偏誤寄生在我們每個人身上，比如沉沒成本謬誤、稟賦效應、現狀偏誤、厭惡損失，於是加碼付出。我們的身分融入了我們在進行的事務。我們本能地想要保護那個身分，於是更堅決地守護我們在做的事。

若說你從本書學到什麼道理，那便是光是知道問題，想像自己站上局外人的位置，試圖看見局外人會如何看待身陷其中的你自己，這是你做不到的事。所以丹尼爾．康納曼認為，他需要放棄教練，所以我們每個人都該認清自己也需要。

人生太短暫，時間不該用在不值得的事物上。在我們走錯路的時候，我們都需要身邊的人坦白告知。

第 9 章摘要

- 樂觀讓人比較不會放棄，同時也不會真的增加你的勝算。這表示太過樂觀的話，你會守著不值得的事物更久。好好校正你的樂觀程度。
- 人生太短暫，別把時間用在不再值得的機會上。
- 旁觀者對你的處境，通常會做出比你更理智的判斷。
- 最佳的放棄教練是愛你的人，因為愛，他們關心你的長遠福祉。他們願意說出殘酷的真相，即使你可能因此難過一陣子。
- 當決定開始做某件事的人，跟決定終止那件事的人不是同一人，應該幾時放棄的決策品質便改善了。
- 要讓放棄教練發揮最大的助益，你得允許他們說真話。

專欄

脫隊的螞蟻，為了探索比現狀更好的機會

只要你在自然節目裡看過螞蟻，其實任何卡通裡的螞蟻也行，你腦海中浮現的典型畫面，大概是螞蟻列隊朝著同一個目的地前進。一隻接一隻的螞蟻齊步走，萬歲、萬歲！這是我們想像中的螞蟻。而螞蟻採集食物的時候確實是齊步走的。

大部分啦。

當你定睛細看，便會看到雖然大多數的螞蟻跟著隊伍走，往返食物所在地，總會有一定比例的採集蟻似乎在閒晃，漫無目標。牠們沒有照著規矩來。

牠們看來很可疑，像揩油的，在推卸將食物帶回巢穴的責任。牠們是叛逆的螞蟻嗎？牠們是造反蟻？裝病的懶惰蟻？無政府主義蟻？反體制蟻？

原來，這些螞蟻承擔了一項茲事體大的使命，而且與放棄息息相關。

要明白那是怎麼回事，要先了解螞蟻當初怎麼會集結成一支隊伍。

當螞蟻來到新的地域，採集者便集體遊盪，四散而去，不會呈現我們以為會看到的齊步走經典隊形。這是因為還沒有確定的食物來源，螞蟻得分頭尋找。

螞蟻找到食物便帶回巢穴。牠會沿途留下一種化學氣味，稱為「費洛蒙路徑」，只有一隻螞蟻的話，費洛蒙的氣味就淡。其他螞蟻偵測到費洛蒙氣味，便會跟著同一條路徑走。如果食物來源的品質夠高，牠們也會找到食物並沿著同一條路線回巢，邊走邊留下自己的費洛蒙路徑。

這種化學氣味逐漸變強烈，其他螞蟻便會開始跟著路徑走。食物來源越好，往返的螞蟻越多，氣味路徑便越來越濃烈。最後，螞蟻便會排成一隊，呈現行軍的經典畫面。

這條路徑就像費洛蒙塊魂。

你選擇如何分配時間去尋找新事物，或是從你已經發現的事物謀求利益，屬於「探索與利用」（explore-exploit）的經典議題。* 你應該花多少時間勘察局勢以尋找新機會，又該花多少時間深耕預期價值已經是正數的事物？

此處的利用不是操控或做骯髒事，你只是善用手上的機會。

已有固定產品的公司，持續投入資源去鞏固市場、生產、販售那項產品，便是將資源投注在利用他們已經發現的事物，比如百視達便利用了在實體店面租售錄影帶的營利模式。話說回來，用在研發新產品或新策略的資源，便是投注在探索，要發掘公司或許可以開發的新產品或新的經營模型。由於企業的資源有限，你可以立即看出找出探索與利用之間的平衡點很重要。如果兩者失衡，探索得不夠，便會停止創新，守著以前的成功手段，直到生意無以為繼。

當然，我們的個人生活也是如此，我們得在探索新機會與堅守已經掌握的機會之間，妥善分配我們在時間、金錢、心力、注意力上的資源。

當學術界思考探索與利用的問題，常會拿螞蟻當範例，解釋兩者之間的適當平衡。這便說到了螞蟻的閒晃之謎。既然費洛蒙路徑是相當可靠的訊號，幾乎全部的採集者都能迅速偵測到，前去開採食物來源，那少數的那幾隻是怎麼回事？

答案是這些螞蟻依舊在探索這片疆域。這關係到蟻群的命脈，原因有二。

首先，有時螞蟻會被迫放棄正在開採的食物來源。畢竟，食物來源可能不穩定。螞蟻可能會倒楣，食物來源可能會消失，有備用計畫才符合蟻群的福祉。這些持續探索的螞蟻找的就是備案。

再者，即使食物來源一直很穩定，但比起牠們目前在開採的食物來源，或許還有其他更好的食物來源。只因為蟻群生活順遂，不代表外面沒有更好的事物。

如果全部螞蟻都進入採集模式，一隻隻都鎖定同一條費洛蒙路徑，沒有任何一隻離群探

---

* 作者註：最佳停止（optimal stopping）便屬於探索與利用的課題。你應該探索各種可能的方案多久才挑出一個？比如，找房子的時候，應該看幾間房子才最理想，然後停下來只挑一間？最佳停止不是本書的主題。那偏向賽局理論的範疇，不是認知問題，而後者才是本書的焦點。但如果你對這些類型的問題感興趣，我非常推薦《決斷的演算》（*Algorithms to Live By*），作者是布萊恩．克里斯汀（Brian Christian）和湯姆．葛瑞菲斯（Tom Griffiths）。

索，牠們便永遠不會發現更優質的食物來源。

這不利於螞蟻的生存，因為要是其他地方有更優質的食物來源，牠們便應該轉移陣地，但要轉移到那個陣地，牠們得先知道那個地方存在。

所以說，無政府主義蟻根本沒有信奉無政府主義。

當然，這當中有我們人類適用的道理。螞蟻剛到一個地方時，會四處探索機會。當牠們找到機會，發現優質的食物來源，便前往開採。但有一部分的螞蟻不會停止探索。於是，牠們可以發現備用計畫。當螞蟻被迫放棄現狀，走了楣運，食物來源消失，備用計畫便大大有用。但同樣重要的是，有時牠們找的是備用計畫，結果找到了比現狀更美好的事物。

這也是我們要有的觀念。當我們找到適合自己的事物，無論是工作、事業、我們在開發的產品、一個商業策略乃至我們最愛光臨的心愛餐廳，持續探索其他存在的選項，是在這個無常的世界上安身立命的良方。

永遠不要停止探索。

這便是本書最後一部分要側重的主題。

Part

4

—

每次選擇都有代價的機會成本

第 10 章

為被迫放棄做好備用計畫

大好前程一夕全毀，怎麼辦？

瑪雅・尚卡爾（Maya Shankar）六歲時，母親從他們康乃狄克（Connecticut）老家的閣樓取來一把小提琴。這琴原本屬於瑪雅的外婆，當她母親從印度移民到美國時便一併帶來了。瑪雅三位年長的手足都認為小提琴實在太不酷，瑪雅卻立刻愛上。

她隨即展露驚人的天賦。九歲時，她到紐約的茱莉亞音樂學院（Juilliard School）甄試，合格後，便在這所傳奇的表演藝術學校念預科課程。每週六，她的母親會開車接送她到茱莉亞學院，參加緊鑼密鼓的十小時訓練營。

瑪雅表現絕佳，十三歲便得到眾人垂涎的試奏機會，拉琴給伊扎克・帕爾曼（Itzhak Perlman）聽，許多人認為帕爾曼是史上最偉大的小提琴家之一，贏得十六座葛萊美獎（Grammy Award）、一座葛萊美終生成就獎（Grammy Lifetime Achievement Award）及四次艾美獎（Emmy）。

帕爾曼收她做私塾學生。瑪雅・尚卡爾短短時間便有如此成績，踏上邁向閃閃發亮的音樂家之路，終將成為最高等級的音樂演奏家。

然而，這一切戛然而止，在她升上高三前的夏季，一天她在演練帕格尼尼（Paganini）十三號隨想曲一段高難度的小節，傷到一條手指的肌腱。

她動手術修復肌腱，但疼痛持續不歇。隨後那一年，她靠著消炎藥忍耐疼痛繼續練琴。後來，醫生診斷她不但肌腱受傷，還罹患了幼年型類風溼性關節炎。因此，她不但必須放棄小提琴，還得承受日日疼痛的未來，最終可能還會喪失步行能力。

她的遠大前程一夕全毀。

問題是，一旦致力於終身志業的人不得不放棄，他們該何去何從？答案當然是他們得開始尋找新的目標，施展抱負。

我們每個人，人生中總有被外境逼著停止某些事情的時候。當你有對象，伴侶可以決定跟你分手，即使你想要廝守。隨時有人失業。老闆可能不滿意你的表現，因此開除你。或者失業不涉及你的表現，只是你們公司要裁員，或單純經營不下去了。你自己經營公司的話也一樣。員工可能棄你而去。向來穩定的合約泡湯了，被你的競爭對手拿走。你可能資金耗盡，被迫關門。

有時，是你自己選擇放棄，有時是外界替你選擇放棄。

不是自主選擇的放棄顯然很痛苦，但遇上那種事，我們遲早都得振作起來，拂去身上的塵埃，找找還能做些什麼。

瑪雅．尚卡爾正是如此。她從心愛的嗜好（她的身分）被奪走的怨恨走出來，申請大學，耶魯錄取她。在大一之前的暑假，她在地下室找到姊姊的舊課本，加拿大心理學家史迪芬・平克（Steven Pinker）的《語言本能》（*The Language Instinct*）。據她說，學習語言學的點子「點亮我的大腦」。

她在耶魯取得認知心理學的學位，領到羅德（Rhodes）獎學金，拿到牛津的博士學位。

在牛津念書時，尚卡爾得知她的類風溼性關節炎是誤診。本來她很恐懼有朝一日，身體會衰退到限制她的前途，這下子不必擔心了。說不定還能重拾小提琴呢。她拉了幾次琴，開始尋找協奏曲的競賽去參加，但由於之前幾次手部手術累積的瘢痕組織，她已經不可能再展現高階的琴藝。

拿到博士後，她返回美國，在史丹佛大學認知暨系統神經學實驗室（Cognitive and Systems Neuroscience Laboratory）完成博士後研究員的任期。在那裡，她意識到神經科學家的生活模式令她不快樂，因為她的工作必須長時間獨自關在地下樓層的實驗室，執行功能性磁共振成像（fMRI）檢查並判讀結果。

她渴望跟人共事，她的工作必須包含社交層面。

被迫放棄小提琴的經驗讓她認識了自己的社交需求。隨著時間流逝，尚卡爾的觀點漸漸明晰起來，她意識到儘管演奏小提琴有許多令她由衷喜愛的地方，但有一件事是她真心厭惡的：身為獨奏小提琴家的獨奏部分。

在史丹佛實驗室的地下室，她赫然醒悟到自己又在孤伶伶地做事，而她已經從以前拉小提琴的經驗，歸納出那不是她想要的生活形式。

所以，她不幹了。

尚卡爾決定等她完成博士後的學位，便要放棄學術圈的事業。她在迎頭颳來的認知風暴裡，逆風決定放棄。在本書分享過的真人事蹟中，有許多人也承受過相同的認知風暴。的確，那是我們所有人都必須克服的障礙。

她的障礙包括沉沒成本，比如她用在追求學位的十年光陰與心血。她有親自設計並執行的研究計畫，還有許多的獎項、獎學金、一路上拿的各種學位。而拿了這些學位後，她的名字後面多了一個博士的頭銜，這絕對是她身分的一部分：瑪雅．尚卡爾博士。

我認為她能夠轉身離去，克服這一切會干擾她判斷的障礙，大概是因為她從以前被迫放棄的經驗，學會了在你追求任何目標的時候，總有被你忽略的其他機會。你只是看不見那些機會，因為你沒在找。

離開學術圈後，她又一次面臨了必須找事做的處境。

尚卡爾沒有好走的下一步或理所當然的選擇。誠如她告訴我的：「一個認知神經科學的博士後要是發現自己不想當學者，也不想做一般的管理顧問，那還能做什麼？我沒有顯而易見的路可走。」

在一場婚禮上，她巧遇以前在耶魯的導師蘿芮・桑多斯（Laurie Santos）博士，兩人約好去喝茶。桑多斯聊起政府有應用行為經濟學（applied behavioral economics）方面的優質工作，專門用預設值（defaults）的力量促進正向的行為。這些預設值稱為推力（nudge），因為理察・塞勒及凱斯・桑思坦（Cass Sunstein）合著的暢銷書《推出你的影響力》（*Nudge*）而聞名。桑托斯幫尚卡爾跟桑思坦牽線，桑思坦將她引介給歐巴馬總統的科學顧問湯姆・卡利爾（Tom Kalil），卡利爾是科學暨科技政策辦公室（Office of Science and Technology Policy）的副主任。

她遊說卡利爾為她設置一個新職位，建立一支行為科學的專家團隊，從行為科學的角度為聯邦政府單位提供關於政策的建言。卡利爾喜歡她的點子，雇用她擔任資深行為科學顧問。一開始，她沒有經費，沒有權柄，沒有團隊。但在一年內，她建立了跨單位的小組，成員有行為科學家、政策專家、程式製作者，建立了白宮有史以來第一個社交暨行為科學團隊（Social and Behavioral Sciences Team）並擔任主席。

當歐巴馬在二〇一七年一月卸任，尚卡爾也離職，到Google擔任行為科學全球總監。二〇二一年，她也成為Podcast《稍微改變計畫》（*A Slight Change of Plans*）的創作者、主持人、執行製作人，節目靈感來自她本人改變計畫的經驗，儘管她的改變一點都不小。

瑪雅．尚卡爾的事業經歷了幾次突如其來的轉折，不論她是被迫放棄或自願放棄，事後她都不只是重新站起來而已。

顯然，世事的發展不是永遠如此美好。肌腱受傷不一定會拿到羅德獎學金。離開學術圈，不見得都能得到白宮的工作或 Google 的資深職位。

即使絕大多數人注定不會有瑪雅．尚卡爾的成就，她的經歷依然有我們每個人都能學習的道理。要是肌腱沒受傷，她絕不會鑽研認知心理學，然後因此進了白宮，之後去了 Google，因為她不會去尋找小提琴以外的志業。

你不會在每一次被迫放棄以後都找到更美好的事物，但有時候會。問題是我們大多數人不曾發現其他的機會，因為我們連找都不找，什麼都看不見。

此處的啟示是，**我們不該等到萬不得已才尋找備用計畫。我們應該隨時探索一下，尤其是因為有時候，備用計畫可能比你正在奮鬥的目標更美好。**

只是打發時間，竟成為世界冠軍

在二十六歲之前，我一向打算在學術圈發展事業，想當學者及研究員。我從就讀哥倫比亞大學一年級的第一週，便踏上這條路。我在找半工半讀的機會時，看到芭芭拉・蘭多（Barbara Landau）博士徵求研究助理的求才廣告，她是認知科學家，專攻第一語言的習得。我錄取了，為她工作的四年期間都在哥倫比亞大學。芭芭拉成為我的精神導師及朋友，她鼓勵我去賓州大學（University of Pennsylvania）追隨她的兩位精神導師，鼎鼎大名的萊拉・葛萊特曼（Lila Gleitman）與聲名跟她一樣響亮的先生亨利。

我在賓大待了五年，拿到國家科學基金會（National Science Foundation）獎學金，修完博士課程，並為論文做研究。我在研究所最後一年的冬季，敲定了許多著名學校的求職面談機會，比如紐約大學（New York University）、杜克（Duke）、德州大學奧斯汀分校（University of Texas at Austin）、奧勒岡大學（University of Oregon）。我已準備好爭取終身職的聘書。

但也是在那最後一年，我承受慢性胃病的折磨，身體很不舒服，隨時噁心欲吐。我看了醫生，診斷是胃輕癱，是一種胃部無法完全淨空的疾病，有潛在危險性。我打算硬撐，完成求職面談，寫完論文，然後再好好照顧病體。

然而，我的身體有別的打算。

在紐約大學的第一場求職面談之前幾天，我的病情突然加劇，鬧到住院兩週，不能吃也不能喝。我得延後求職計畫。我逼不得已，決定暫停學業來養病，處理健康問題。

由於健康因素，我必須中輟研究所的學業，不能再領取獎學金，而我平時清簡的生活全是靠獎學金維持的。

我需款孔急。

這時，我開始打撲克牌，好讓自己有事做。要到十年後，撲克牌才會在電視上隨時可見，而當時的網路還不流行撲克牌。多數人大概想都沒想過，打撲克牌竟然可以是一種職業。

我哥哥霍華德．萊德勒（Howard Lederer）恰巧就是撲克牌手，資歷十年，靠著高額的牌局維持在紐約的生活，對手包括東岸的幾位頂尖高手。他也已經在更大的舞台上闖出名號，二十三歲便在拉斯維加斯一年一度的世界撲克牌大賽主賽（World Series of Poker Main Event）打進決賽，在當年，他是打進決賽的最年輕牌手。

在我的研究所時代，他便提議為我支付機票錢跟金磚酒店（Golden Nugget）的住宿費，讓我在一年一度的世界撲克大賽（World Series）期間陪他。我把握了這個機會，畢竟以我的財力，絕對負擔不起這種假期。

我便是在這樣的行程中，開始在小額的撲克牌賭局試手氣。我念大學時我們兄妹都在紐約，每回看哥哥打牌一看就是幾個鐘頭，我所累積的撲克牌知識，已經夠我在牌桌上小勝。

當我突然被迫暫停學業，是哥哥建議我打牌維持生計，直到我寫完論文，回歸學術生涯。病體嚴重限制了我維持生計的工作選項。我無法預知自己每天的身體狀態，因此工時要彈性。我決心在第二年某個時候成為教授，因此這份工作必須是我能隨時走人的工作。撲克牌非常符合我的需求。只要有牌局，想上桌就上桌，愛離場就離場。哪天上工、幾點開工、幾時離場都由你做主。如果想改行做別的事，你不必遞辭呈，也不必擔心你會給哪個仰仗你的人造成不便。

很多人知道我後來的發展。我愛上了撲克牌的挑戰，甚至愛我在起步階段時，在蒙大拿州比靈斯（Billings）一間酒吧菸霧繚繞的地下室所玩的版本。我一直在學習及認知的領域做學問，撲克牌給了我實際應用這些學問的高風險環境。我熱愛在充滿不確定的情境下，接受精益求精的考驗，特別是研究如何克服我們在本書中討論過的各種偏誤。

第二年春天我沒有回到賓大……第三年也沒有。

我留在撲克牌的世界，後來贏得世界撲克大賽（World Series of Poker）的冠軍手環，在世界撲克冠軍聯賽（WSOP Tournament of Champions）和 NBC 全國單挑撲克錦標賽（NBC

National Heads-Up Poker Championship）獲勝，建立了成果豐碩的悠長事業。原本只是「打發時間」的事情，持續了十八年。

我二十六歲時，學術領域以外的職業基本上都算未經探勘的領域。以撲克牌來說，我去拉斯維加斯打牌時，也沒意識到撲克牌可以不只是度假時的玩樂，沒想過也許我會把打牌當作偶爾玩玩的終生嗜好。

在那些假期，我打牌打得很享受，也有一些進帳，但若說要將撲克牌視為某種機會，我覺得太傻了，還曾經拿來跟萊拉開玩笑。有一回我從拉斯維加斯度假回來，在學校見到她，便促狹地跟她說：「我打牌打得太爽，差點不回來了呢。」我們都哈哈大笑。

直到我不得不離開校園，在學術事業邁向下一步的時間必須延後至少一年，迫切需要收入，偏偏又礙於健康因素，能做的工作極度有限，我才被逼得將打牌當作正經的事業選項來考慮。

對我跟瑪雅．尚卡爾，以及任何一位曾經熱血追求某件事物卻被迫放棄的人來說，那可以是發掘的時機。有時，被迫放棄讓你探索新機會，比如瑪雅發現她對認知科學的喜愛。**有時候，被迫放棄讓你從新的角度，看見始終近在眼前的選項**。

我打撲克牌便是如此。

效法螞蟻，讓放棄變容易

世事難料。不論你決定追求什麼──一個計畫、一項運動、一份工作、一段感情……你追求的目標明天可能便不在了。世界或許會硬是拿走你的目標。或許你會選擇捨棄目標，因為你奮鬥的環境變了。或許你從事自己喜愛的工作，頂頭上司一向是你的精神導師，但上司可能會離職，而繼任者很討人厭。也許你喜歡自己住的公寓，而搬到你樓上的新鄰居三更半夜大跳木鞋舞。也許你在登山，而濃重的霧氣捲了過來。

在這些情況下，你踏上目前這條路的預期價值，已經與你當初選擇這條路的時候不同。也不一定是環境有異。有時是你變了，你的品味、偏好、價值觀隨著時間而演變。二十幾歲時熱愛的工作，不見得會是你三十幾歲時喜愛的工作。也許年輕力盛時，你們公司一週工作八十小時的高壓環境正合你意。可是年過三十以後，或許你對時間的價值改觀了，不太願意為了事業犧牲你的家庭時間。

不論是外境變了或你變了，有時放不放棄是由你做主，有時是外境替你做主。

講句現實的話，這兩種情況我們必然會在重要的事物上遇到，大概一輩子會發生很多次。**無論如何，探索其他的機會，至少開始準備一個備用計畫，是讓放棄變容易的基礎。**

螞蟻在這方面是正確的。

如果牠們找到似乎不錯的食物，例如一顆從後院露台桌子滾落、摔個稀爛的西瓜，至少還有幾隻仍舊在尋找其他的食物來源。畢竟，那顆西瓜可能會被那戶人家清理掉，或是被強力水柱沖到露台下。因此，即使那顆西瓜還在，有些螞蟻照樣繼續勘察。

可惜，我們人類常常要等到被逼急了才會探勘。

瑪雅・尚卡爾的西瓜是小提琴。我的是認知心理學。我們兩人都沒有刻意探索備用計畫，因為我們沒料到自己會被迫放棄。在相當於可開採的食物來源仍然存在時，我們兩人都沒有搜尋自己可能會想嘗試的其他目標。我們在本書遇見的許多人也是如此。

史都華・巴特菲爾德專心經營《毛刺遊戲》的時候，他甚至沒有注意到近在眼前的獨角獸。Slack 始終都在那裡，但要到他放棄《毛刺遊戲》，他才看見 Slack 的潛力。一模一樣的事巴特菲爾德以前便經歷過一次了，直到無盡遊戲的資金用罄，他才察覺 Flickr 的潛力。

莎夏・柯恩被迫放棄花式溜冰，因為她超齡了。她因此從不開心的事情脫身，探索起她或許會想走的其他出路。最後，她拿到哥倫比亞大學的學位，成為摩根史坦利的投資經理，建立了家庭。她不像溜冰事業最後那幾年那麼不快活，鬱悶地巡迴表演，直到被迫另謀出路她才快樂起來，生活愜意得多。

螞蟻在開採與探勘資源之間取得平衡。費洛蒙路徑的濃度決定了會有多少百分比的螞蟻持續勘察，但無論費洛蒙的氣味有多重，探勘的螞蟻數量都不會降到零，這很合理。螞蟻棲息的星球總是含有不確定性。萬事萬物都會變，根本沒有不變的事物，也沒有永遠存在的事物。

當然，我們居住的星球跟螞蟻是同一顆，而我們應該採納同一套辦法。

螞蟻的生存力極強，牠們已經存在超過一億年，在各種氣候與地域都很活躍。牠們生存的本領如此高強，部分是因為牠們始終在探勘。

簡單說，那一點探勘工作讓蟻群在被迫放棄一個食物來源之前，便備妥了備用方案。此外，螞蟻因而有可能找到更好的食物來源。

效法螞蟻的榜樣，隨時探索新機緣，對我們人類也很有益。我們不該等到被迫放棄才開始探勘。

有一回，我為一群業務專員演講，講完後，其中一位問我，他們是否應該接聽挖角的電話，即便他們真心喜愛自己目前的工作。

我告訴他們，當然應該接這種電話。首先，他們的工作可能消失。也許他們公司（一間新創企業）哪天就停業了，或是必須裁減業務人員。先跟這些挖角的人搭上線，在那種情況下絕對很有利。同樣的道理，也許公司內部會出現變動，令這些業務人員不再喜愛這份工作。也許產品會崩壞，或是他們有了新的業務主管，而他們跟新上司合不來。在那種情況下，知道仍有哪些選項存在，他們在評估是否要留在目前的職位上或離職時，要做出理智的決定便容易得多。

再說，接一通電話不會改變什麼。他們目前的職務或許仍然發展良好，他們也仍然喜愛這份工作，但如果不偶爾透過這些挖角的人勘察一下現狀，當外面有更好的機會，他們也絕不會知道。

這便是螞蟻領先全人類的特點，因為螞蟻絕不會問我這種事。牠們會爽快地接那通電話。

地鐵罷工，反而找到更快的通勤路線

當通勤的人搬遷到新的城市或在新的地點找到新工作，他們會跟螞蟻一樣，開始勘察各種上班路線，找出最省事的那一條。但跟螞蟻不同的是，一旦找到一條喜歡的路線，那條路線很快便會成為慣例，這時他們每天早晚都走同一條路，不再尋找替代方案。

除非萬不得已。

二〇一四年，每天搭兩趟倫敦地鐵的兩百萬人裡，有許多人便遇到萬不得已的情況。倫敦地鐵有十一條路線，兩百七十個車站，鐵道長度超過四百公里，因此從一站到另一站可以有許多種走法。

二〇一四年一月，英國最大的交通運輸工會宣布要罷工四十八小時，從二月四日週二傍晚開始。罷工開始時，兩百七十個車站中有一百七十一站要在那兩天關閉。因此，許多通勤者不得不探索替代的路線。

這麼多通勤者必須在那短短兩天的罷工裡找到上班的新方式，結果如何？劍橋大學教授尚恩・拉科姆（Shaun Larcom）與牛津大學教授費迪南・勞區（Ferdinand Rauch）及國際貨幣基金組織（International Monetary Fund）研究員提姆・威廉斯（Tim Willems）檢視數據，為這個被迫放棄的問題找出答案。

他們發現，在罷工前，很多人上班是繞遠路。這或許令人訝異，居然有一大堆通勤者沒有找到最短的路線，但看一眼倫敦地鐵路線圖，你便會明白原因。

路線圖顯然不是按照實際的比例繪製的。那簡明、有序、對稱的構圖，令它成為全世界辨識度最高的路線圖之一，卻不能用在判斷走不同路線從一站到另一站的距離或時間。

當罷工嚴重打亂現狀，七〇％的通勤者必須在那兩天找到新的上班路線。罷工結束後，大約五％的人繼續走他們發現的新路線。這些人平均一趟車程縮短超過六分鐘，平均車程是三十二分鐘，永久更換路線的人節省了大約二〇%的時間，也就是一天節省十二分鐘，一週節省足足一小時，一個月省四小時。

這些替代路線始終都在這些通勤者眼前，但直到被迫放棄平常的上班路線，他們才去探索更好的路線。

想想要是罷工的時間延長，他們得探索新路線不止兩天的話，從此換一條路上班的人又會多出多少。這是很寶貴的一課，可見我們即使沒有被逼，也應該持續探索。許多倫敦人顯然學會了教訓，因為除了五%從此變更路線的人，研究人員發現，即使是在罷工結束後，探索不同路線的通勤者也增加了。

有了被迫放棄的經驗後，通勤者的行為開始更像螞蟻。

多休息一天，球隊變得更常贏

麥克．內博斯（Mike Neighbors）是傳奇的大學女籃教練。他擔任總教練的最初八年（二〇一三年至二〇二一年），其中四年是在華盛頓大學（University of Washington），另四年在阿肯色大學（University of Arkansas），他的成就是NCAA（全國大學體育學會）一級教練在相同任期長度裡幾乎所向無敵的：一百七十六勝（史上第二高），還有六位球員加入了WNBA（美國女子職業籃球聯賽），沒有其他教練在相同任期長度裡有此成績。

內博斯教練認為他的成功與放棄大有關係。

有超過十年時間，他在幾間學校當助理教練，一步一步向上爬，終於在二〇一三年得到在華盛頓大學擔任總教練的機會。前人留下的訓練方案是學生運動員們一週有六天要打球或練球，這是各大學籃球隊的現狀。NCAA規定一級賽事的球員每週最少一天不從事運動項目，差不多每一位NCAA的教練都將最少一天視為最多一天。

輸球多年後，哈士奇隊（Huskies）在凱文．麥格夫（Kevin McGuff，他讓內博斯當助理）教練的帶領下，在前兩個賽季成績反彈。當麥格夫去俄亥俄州立大學（Ohio State）當總教練，便由內博斯接替麥格夫，承受眾人對球隊上升的期許。

他帶領的哈士奇隊立刻跌跌撞撞，輸掉開頭的兩場比賽，包括在主場跟波特蘭大學（University of Portland）對打的揭幕賽，以九十一比七十七慘敗，而前一年的哈士奇隊在麥格夫教練手下，還贏了波特蘭隊二十分。

後來，她們略有起色，在聖誕節假期前拿到六勝四敗，但內博斯看得出他需要改變。球員們累積的小傷越來越多，他意識到平時訓練的強度，導致先發球員無法長時間上場。在聖誕假期時，他有了思考如何逆轉局勢的時間和空間，在搭機返回在美國另一邊的華盛頓途中，他決定做出重大改變。

他決心每週增加一天不練球的日子，給球員兩天休假而不是一天。他決定採取這項打破傳統的變革，理由是他的球隊傷痕累累。她們的身體不堪負荷，而他從擔任助理教練的多年經驗知道，這些傷勢會在賽季裡不斷累積。他推測多休息一天，球員便能在最重要的時刻——比賽時，在場上撐久一點。

要了解這項決定有多大膽，你得明白沒有其他的一級賽事教練這樣做。這是二〇一三年年底的事，早在自我照顧的說法變成時代精神之前。他知道自己在冒險，萬一這一招沒有效果，他將是眾矢之的。不過以他本人的說法，假如哈士奇隊跟他的教練生涯要完蛋，至少他試過自己的辦法了。

哈士奇隊收假回來後，別隊的教練在努力壓榨球員可以練球的每一分鐘，力求把 NCAA 規定可練的時間用到極限，而內博斯教練則震撼了女籃隊，宣布球員每週多放一天假。

內博斯教練立刻受到各方的批評。他聽到男子籃球隊的人說：「她們根本在擺爛吧。連試都不試了。」他跟自己的精神導師們說了這個休假計畫，他們告訴他：「老弟，你這樣子會被開除的。」他招募到的頂尖新兵同時是球隊最優秀的球員，新鮮人凱西．普魯姆（Kelsey Plum）反駁他的決定：「我們訓練的強度不夠。這太奇怪了，行不通的。」

普魯姆後來改變看法，而她的隊友們都對教練的做法徹底服氣，是因為她們開始察覺球隊不一樣了，第一次察覺變化，是在她們在下一個月與排名第三的史丹佛對打，前一年她們輸給史丹佛三十五分。這一回，在內博斯第一場在全國電視台轉播的賽事上，她們打斷史丹佛隊在太平洋十二校聯賽（Pac-12）六十二連勝的紀錄，以驚人的八十七比八十二分意外勝出。

這不是僥倖。華盛頓隊在賽季終束時的成績出色，取得WNIT（全國女子籃球邀請賽）的資格，在輸掉八強賽之前贏了三場比賽。在他的第二個賽季，哈士奇隊回歸NCAA聯賽。一年後，她們打進了最終四強賽（Final Four）。在那一屆招募的新秀大四時，她們是美國最強的球隊之一，以二十九勝六敗的成績成為全美十六強。每支隊伍的勝績都超越前一年。

她們畢業後，內博斯的母校阿肯色大學請他回來讓他們的女籃隊翻身，於是他成為野豬隊（the Razorbacks）的總教練。他在阿肯色大學的最初四個賽季，球隊拿下了她們球隊史上最漂亮的勝績。

內博斯教練的球隊沒有因為多休息一天，競爭力就下降或比較少贏，她們反而開始更常贏。

多休息的一天不只讓她們在球場上更頻繁地贏球，那多出來的一天讓球員有時間及空間去探

索其他機會與興趣，要是那一天必須練球的話便不能這樣做了。她們運用那一天的方式，即使在她們結束大學女籃生涯許久之後，仍然帶來益處。

僅僅一天的收效便如此宏大，實在驚人。

有的球員立志要打 WNBA，比如凱西．普魯姆，便利用多出來的休假日上健身房。她在大學女籃交出了史上最漂亮的成績單之一，是二〇一七年 WNBA 招募球員時排名第一的新秀。

其他球員利用那一天念書，改善了成績，顯然對日後就業有利。有的人探索了潛在的新工作領域。一位球員為了取得房地產仲介執照而努力。後來，她在西雅圖地區販售高級住宅，是最成功的房地產仲介之一。另一位球員利用休假敲定了耐吉（Nike）的實習工作。她在畢業後繼續在耐吉服務，升遷迅速。

許多人相信（尤其是運動界，但其他活動領域也不少）你得心無旁騖地追求成功，要是預留了後路，你會更容易失敗。但內博斯教練粉碎了那個觀念。儘管他有很多球員在那一天的勘察時間裡給自己鋪後路，球隊的成績反而更好。

讓你的機會多元化

內博斯教練為了減少球員受傷，選擇讓球員多放一天假，結果球員能夠運用那一天的時間，多元發展她們的興趣、技能、機會。這與螞蟻的做法類似。螞蟻透過持續勘察，為蟻群建立多元的食物來源。這樣的多元化有助於減輕楣運的效應。萬一優質的食物來源枯竭了，牠們便有現成的其他選項。

當然，多元化的威力在投資界人盡皆知。股民要建立多元化的投資組合，理由跟螞蟻一樣，假如哪一筆投資觸礁了，便能降低對損益的衝擊。

這不是只適用於投資人或螞蟻，**對我們所有人，建立多元化的興趣、技能、機會，能幫助我們抵禦未卜之天。**

假如凡事都沒有不確性存在，而你確切知道每一件事的未來結果，你便不需要多元發展。你的食物來源會一直在那裡等你採集，品質也永遠是最好的。你的投資組合只需要一項投資標的，這項標的的預期價值絕對是最高的。你一輩子只要挑選一份最棒的工作，而你永遠不會失業。

當然，這個世界實際上不是那樣，所以你得接聽挖角的電話，因為這些探勘性質的談話或許能給你安全保障，以防你上班的公司歇業、裁員或單純不再愛你的工作。

即使我是在無意間學會打牌，當我的技能組合裡包含了打牌這一項，在我必須擱置學術生涯時，我便有了一條出路。史都華・巴特菲爾德的資產組合裡包含了 Flickr 及 Slack，在無盡遊戲跟《毛刺遊戲》失敗後，他迅速重振旗鼓。

我們每個人都應該追求的目標之一，是盡一切可能，多元發展我們各方面的興趣、技能、機會，多元到極致。

在生活中有各種落實多元化的手段。比如，在工作上，探索其他職業便是不錯的點子，看看有沒有你能報名的就業訓練方案，只要不影響你負責的主業即可。

探索其他種類的職務，你可以撈到幾種好處。你有資格從事的工作數量將會達到最多，你還可以淺嘗原本不會考慮的其他職業。然後，如果你的工作因故消失，便可以有幾條你能轉換的跑道。

或許，有時你會發現比起你目前的工作，你更喜歡其他職業。在你的技能組合裡增添新項目，在勘察的過程裡培養新的技能，你可以更輕鬆地轉換到那個新職業。

求學也是如此，上大學時不要只認定一個主修。想想有哪些主修的特性或未來就業出路，是你可能會感興趣的。選課時，盡量挑選可滿足最多科系要求的課。如此，你日後可用的選項會最多，也讓你正在建立的技能組合多元化。要選擇主修的科系時，考慮能夠保留最多職業選項的主修。

大學一年級時，基本上你應該全力以赴，多跟各個主修「約會」。在個人感情上，這樣的探索（約會）協助你做出更好的判斷，篩選出你最後要跟誰定下來。然而，除了感情要專一，在其餘的每件事物上，不管是教育、職業、嗜好、甚至是上班的路線，勘察的行動都絕對不應該降到零。

如果你被迫放棄，多元化不只降低你受到的衝擊。還能幫助你做出明智的決定，離開不再值得努力的事物。這是因為當你知道自己在邁向什麼事物，便會比較容易離開舊事物。

擁有其他的選項，便可以減少茫然，不致於因此不敢放棄。

飛利浦徹底示範了當你對自己前進的方向略知一二，要放下現狀便會比較容易。飛利浦兄弟在超過一個世紀前，建立了發明創新的實驗室，研發新產品和技術，讓產品組合多元化。那間實驗室讓飛利浦走上了醫療科技的路線。他們持續讓產品組合變得更多元，便能放棄比較不優質的機會，包括核心的照明業務，投入他們一路上發現的更好機會。

當然，就如其餘一切或許能夠協助你放棄的做法，光是讓你的機會組合多元化，不代表你一定能夠妥善地判斷要放棄哪些項目，而哪些項目又要繼續努力。畢竟，西爾斯建立了利潤豐厚、不斷壯大的金融服務帝國而後選擇放棄，試圖挽救衰微的零售生意。

但如果擁有其他的選項，好歹你還有機會做出更好的選擇，判斷要放棄什麼以及堅持什麼。**持續探索新的機會，讓你的機會組合多元化，能在你被迫放棄、在你目前的目標不再值得追求時，幫上你的忙，也能在你順風順水時，讓你看見是否有其他更好的機會存在。**

總之，無論是什麼令你決定放棄，千萬記住你一開始拿來當備胎的計畫，往往後來會變成你的主力計畫。

為什麼疫情後，出現大離職潮？

二〇二〇年三月及四月，新冠肺炎（Covid-19）首度重創美國，疫情導致一波規模龐大的被迫離職潮。僅僅那兩個月便有兩千萬人失業，失業人口一度高達每天新增一百萬人。

在美國零售業、住宿業、餐飲業服務的兩千八百萬人口，工作硬是停擺。沒有顧客上門，大量商家歇業，有的是暫時，有的是永久。太多行業必須解雇員工、給員工放無薪假，或是大砍剩餘員工的工時。二〇二〇年的年底，這些勞工與商家的未來更是懸而未決。

當民眾開始比較敢光顧店家、旅館、餐廳，你一定以為之前從這些工作被裁撤下來的人，會在前途渺茫之後急著復工。然而，出人意料的變化發生了。從二〇二一年四月起，便掀起了第二波的辭職浪潮，只不過這一回是自願的。

大離職潮開始了。

將近四百萬人在四月主動辭職，是美國勞工統計局（Bureau of Labor Statistics）自二〇〇一年開始統計以來的最高數字。辭職率最高的是服務業的勞工，他們也是在疫情初起時被迫離職的人。這些勞工有超過一百三十萬人在四月辭職。也就是說，單單是那個月，服務業每二十位員工便有大約一人辭職。

五月時，這些產業自願離職的員工人數幾乎一樣。六月時離職人口創下新高，七月再度破紀錄，八月時紀錄又刷新一次。

為什麼在疫情期間失業的那許多人，在工作重新出現時決定辭職？

根據我們這本放棄之書討論過的概念，我們可以做一些有立論依據的猜測。

- 在疫情初期失業的人，被迫探索能夠維持生計的其他工作，這是他們在其他情況下通常不會有的舉動。他們因此更能夠了解外在局勢，能夠看見平時一直忽略的機會。
- 他們也因此能夠重新檢視自己的偏好。就像瑪雅．尚卡爾釐清了自己不喜歡獨自工作，被迫離職讓你捫心自問，你在原本的工作中有哪些喜愛與討厭的地方。你希望進公司工作嗎？還是你偏愛遠距工作？你想要更彈性的工時嗎？你喜愛你的職務嗎？你的工作讓你心滿意足嗎？有沒有會讓你更快樂的職務？大家似乎經常問自己這些問題，但往往要到被迫離職，才會認真思考。

- 如果你目前有工作，你便開著一個心理帳戶。被迫離職導致那些人終結了他們的心理帳戶。我們知道當你開著一個心理帳戶，便很難轉身離去。你會覺得自己失敗、不如人，或是覺得自己放棄了。有許多認知偏誤會阻撓你放棄，然而那麼多人都被裁員了，被裁員的人被迫關閉他們的心理帳戶，歸零重來。

遇上這種事以後，你的塊魂恢復成小小一塊。現在，你更像剛到新疆域的螞蟻，四處勘察，認識環境。

被迫卸下了之前的那一大堆包袱後，失業者更容易問自己：「我對這份工作究竟有多少真愛？」他們也更容易理智地作答，主要是因為他們基本上是被迫探索替代方案。許多人察覺他們不想再做從前的工作，想要轉換跑道。

當然，你要轉換新跑道，前提是你有轉換的機會，而與大離職潮同時發生的是盛大的重新開張潮。當工商行號重新開幕，職缺的數量破了紀錄。想換工作的人，有許多轉職的機會。

盛大的重新開張潮，基本上為求職者創造了更多元的就業機會。

許多產業的新職缺飛快成長，但激增的自願辭職者與改行的人，主要是在疫情初起時便被迫離職的人。就像倫敦地鐵恢復通車後的乘客，失去工作的人即使撿回了工作也持續在探索機會。

他們學會了螞蟻了然於心的一課：**別等到被迫放棄了，才開始探索替代方案**。

放任不管的話，我們往往只專注在自己手上的事務，其餘一切基本上全都排除在外。我們非但不探索其他機會，也不注意近在眼前的機會，變成大近視。看不見其他或許存在的選項，不但會擾亂你評估放棄與否的那把尺，也會讓我們更難換一條路，畢竟，如果你根本不知道有那條路，你怎麼可能切換過去？

這樣的近視便是我們下一個關注的重點。

第10章摘要

- 被迫放棄時，你會被逼著開始探索新的選項及機會，但你應該最好在迫於無奈之前開始探索。
- 即使找到了你想走下去的路，持續探勘。世事多變，不論你現在走在哪一條路上，不見得日後仍然是值得你努力的最佳路線。保留一些選項，日後時機成熟時便可以轉換路線。
- 探勘協助你多元發展你的技能、興趣、機會。
- 多元發展能幫助你抵禦未定之天。
- 最好給自己準備一些備用方案，尤其有些備用方案可能比我們當下在努力的目標更好。

第 11 章

目標是強效工具，但也是雙面刃

為什麼馬拉松選手跑到骨折還不放棄？

二〇一九年的倫敦馬拉松是這場賽事有史以來最盛大的一屆，超過四萬兩千位跑者跑完了四十二公里。參賽者這麼多，怪不得賽事裡滿是不尋常的事蹟與成就。金氏世界紀錄（Guinness World Records）在那一天宣布了三十八個新頭銜，包括「有兩位銬在一起的跑者（男女）最快跑完的馬拉松」、「扮成聖誕樹最快跑完的馬拉松（男性）」，詭異的是比聖誕樹慢四分鐘的「扮成一棵樹最快跑完的馬拉松（男性）」。

還有詩芳．奧克菲（Siobhan O'Keeffe）的故事，她為了這場比賽鍛鍊了四個月，想跑出大約五小時的成績。她跑了四哩時腳踝開始痛，痛感持續加劇。儘管如此，她持續跑步，忽視身體的警訊。

又跑了六公里後，她的腓骨斷成兩半。

像奧克菲這樣腳越來越痛的人，怎麼會持續跑到腿骨骨折呢？

準備跑馬拉松的人若是知道自己的腿會在十三公里處骨折，我們的直覺反應想必是他們根本連跑都不會去跑。如果你問任何人，假如真的去跑馬拉松，骨折之前必然疼得厲害，那他們會不會在骨折之前停步，對方一定斷然說會。

奧克菲打破了我們的直覺反應，而實際的情況更離奇。醫護人員建議她別跑了，她的腓骨果然斷成兩半，但她不肯。她在幾乎承受不住的疼痛中跑完剩餘的二十九公里，以六小時十四分鐘二〇秒的成績完成馬拉松。

你或許會認為這是稀奇古怪的特例，其實這種事沒有想像中的罕見。事實上，就在同一天，在同一場馬拉松，在賽道的同一地點，另一位跑者的腳受傷了，撐著跑完剩餘的賽程。史帝芬・奎爾（Steven Quayle）跑了十三公里時踩到一支鬆脫的水瓶，右側的腳、小腿、臏部都受傷。疼痛持續惡化。到了二十六公里時，他不得不去醫事帳篷求助，那是他以三小時五十七分三十三秒跑完之前第一次為了傷勢停下，總共停了四、五次。

四週後的愛丁堡馬拉松，麥克・李維－科普蘭（Mike Lewis-Copeland）在二十六公里處腓骨骨折。那是他不曾經歷過的疼痛，卻依舊一瘸一瘸地跑，拖著傷腿倒數最後的十六公里，直到在四小時三十分鐘完賽。

二〇一四年的倫敦馬拉松，格拉罕・科博恩（Graham Colborne）跟五年後的史蒂芬・奎爾做了一模一樣的事：在十三公里處踩到一支水瓶，足部的一根骨頭斷裂，忍著劇痛跑完剩餘的二十九公里。

上Google一搜，僅僅是倫敦馬拉松，便有好幾則其他的案例。二〇一二年，戴倫・奧利佛

（Darren Oliver）在一哩處傷了腿，忍著強烈的痛楚跑完後面的四十公里。在二〇二一年賽事，安姬．霍普森（Angie Hopson）從一開始就腿疼。跑了十公里後，她痛到不得不停步，但只是暫停一會兒，便接著跑完剩下的三十二公里。隔天她才發現，原來她跑馬拉松時腿部骨折了。

許多專心致志的長跑跑者會受這一類的傷。他們在痛楚中持續跑步，不但賭上自己的健康，而且疼痛的起因可能是更嚴重的傷勢。他們同時危害了自己日後練習跑步、參賽的能力，而跑步顯然是他們的愛好，是生活中的優先要務。奧利佛和霍普森都很懊悔自己得養傷好一段時間，才能重拾跑步。李維–科普蘭是在二〇一九年跑完了倫敦馬拉松，才在愛丁堡腓骨骨折，他坦承為了養傷與復健，那一年原本要參加的六場馬拉松賽事都不能去了。

這些跑者為什麼無視疼痛，甚至不惜坐視身體的損傷，堅持挺進？還有，受傷之後，他們為何繼續跑，拿他們日後再一次參賽的能力冒險？

因為有終點線。

終點線是很妙的玩意兒。你要麼抵達終點線，要麼沒抵達。你要麼成功，要麼失敗，沒有中間地帶。你在這個過程中的進展無足輕重。

想想我們的直覺偏離現實有多遠，以為我們要是遇到明顯應該放棄的局面便會放棄，這些馬拉松跑者有助於我們了解，我們怎麼會錯得如此離譜。一旦開始跑，只有通過終點線才算成功。

當我們必須在失敗或忍痛繼續跑之間做選擇，連斷了一條腿都沒辦法讓我們放棄。

設定目標好處多，但可能讓人加碼付出

大家清楚訂立目標的益處。目標給了你一盞指路明燈，讓你有奮鬥的標的。當局勢轉為艱難，目標給了你堅持的動力。事實一再證明，比起漫無邊際、籠統的目標，困難且具體的目標能刺激你更努力、更講究效率。如果你說「我一週要跑二十六公里」或「我希望在下個學期，把平均成績（GPA）的等級提高半級」，你實現這些目標的進展，會超過你說「我想多跑跑步」或「我念書要更用功」。

儘管設定目標的好處多多，卻不代表絕對沒有弊病。你大概猜到了，訂立明確的終點線應該要附加一句警語：**危險，你可能會加碼付出**。

華頓商學院教授莫里斯．史懷哲（Maurice Schweitzer）、亞歷桑納大學的莉莎．歐多尼茲（Lisa Ordóñez）以及幾位學者，包括馬斯．巴澤曼（Max Bazerman）、亞當．加林斯基（Adam Galinsky）、班碧．杜馬（Bambi Douma），合力撰寫了幾篇論文，充分說明為什麼目標有黑暗面。

他們提出了設定目標的許多不良後果，其中幾個是干擾理智的放棄行動。他們特別提到目標本身具有不成功便是失敗的特質，缺乏彈性，令人忽略其他可能存在的機會。

作者群還談到了儘管目標確實讓我們更堅毅，堅毅未必是好事。你已經知道了，堅毅能幫助你堅持值得努力的艱難目標，但堅毅也會讓你堅持不再值得的目標。

在某種程度上，設定目標之所以有效，是因為目標讓你聚焦在終點線，激勵你堅持下去。但目標是雙面刃，也會讓你在惡劣的局面下拒絕放棄，因為目標讓你聚焦在終點線，萌生繼續奮鬥的動力。

為什麼？部分是因為目標的評量標準只有成功或失敗。

要明白為什麼目標不是成功便是失敗的本質會阻礙你進步，刺激你加碼付出，不妨想一想以下哪一個情境的感覺更糟？是你從來沒跑過馬拉松？還是你跑了馬拉松，結果跑了二十六公里便不得不停步？在情境一，你不曾為了馬拉松鍛鍊身體，不曾踏出起跑線，也不曾跑完馬拉松。你一公里都沒跑。在情境二，你決定試試看，你鍛練自己，你跨越起跑線，然後跑到二十六公里時被迫放棄。

我想所有人都會本能地認為，情境二的感覺更糟，即使比起你沒有離開過沙發的情境，你在情境二做了長跑訓練，在四十二公里的賽程中跑完二十六公里。

感覺更糟的原因是如果你沒嘗試，如果你沒參賽，便不會有無法抵達終點線的失敗，因為你當初沒有給自己訂立那個目標。

目標沒成功便是失敗的特質阻礙了你進步，因為你連試都不會試，就怕無法成功完成。毫無疑問，鍛鍊身體並在馬拉松跑完二十六公里的人，在健康方面會比不曾嘗試跑步的人強。如果你的目標是改善健康，嘗試跑馬拉松的人在這個目標上的進展，顯然超越另一個人。

然而，我們有太多人害怕自己失敗，試都不想試。

誠如理察．塞勒的調侃：「假如只有拿到奧運金牌才算合格，你連第一堂體操課都不會去上。」

一旦訂立目標，那便是我們評量自己的準繩。如果我們要跑馬拉松，除非跑完四十二公里，否則就是失敗。目標就是這樣提高我們的付出，因為只要沒抵達終點線，我們便不能接受。外界怎麼了或我們的身體怎麼了都不重要。我們就是不想覺得自己失敗。

我們會奔向終點線，直到跑斷腿。

我們厭惡在虧損時終結心理帳戶，而目標不成功便是失敗的本質，更加重了這個問題。訂立目標或標的以後，你便立刻處於虧損狀態，至少以你與目標之間的距離來說是虧損。**一旦你跨越起跑線，此時的你便缺了終點線**。

經濟學家說的損益得失，是指與你的起點做比較，你目前是贏還是輸。然而，對於目標，我們在認知上往往不在乎經濟學家的說法。

覺得自己虧了是一種心理狀態，就跟任何事物一樣。我們不認為自己賺了，即使我們已經走得比原來遠，因為我們評量自己的標準，不是看我們距離起點線有多遠。我們是用自己有沒有通過終點線來論斷自己。

我們不想在心理帳戶虧損時了結帳戶，只得不斷跑向終點線，即使我們覺得腿要斷了，即使腿斷了也要跑下去。

如果你在距離聖母峰峰頂九十一公尺處折返，你會始終覺得自己失敗。當羅伯．霍爾與他的客戶道格．韓森在一九九五年，也就是在強．克拉庫爾在書中記述的那一場登山行動的前一年，在如此接近峰頂的地方折返時，內心的感受必然就是失敗。儘管韓森已經爬了超過八五三四公尺，沒多少人有此成就。

韓森曾經沉痛地跟克拉庫爾說起前一年的失敗感：「峰頂看起來真的很近。相信我，自那時候起，沒有哪一天我沒想到自己攻頂失敗的事。」

當霍爾說服韓森回去再試一遍，兩人便一起進入虧損的狀態。他們開啟了新的帳戶，二度嘗試攻克聖母峰，沒登頂便表示又一次失敗。

霍爾覺得這一回絕對要讓韓森通過終點線，因此他身為做事一向極度有條理的登山嚮導兼領隊，卻在峰頂等韓森抵達等了兩小時，這時早已超過他給客戶規定的折返時間。當然，最終兩人以悲劇收場。

我們在過程中的進展理應得到肯定，但我們卻不屑一顧，因為目標的本質是不成功即失敗、全有或全無、不是做到就是沒做到。只做到一部分是不算數的。

總之，目標沒成功即是失敗的本質會阻礙進步，導致加碼付出，令我們不認為過程中的進展是一種成功。

可悲的是那些終點線通常是武斷的。

如果目標是跑五公里而你跑完五公里，你便是成功。但如果你跑的是半程馬拉松，跑五公里便是失敗。如果你在半程馬拉松跑了二十一公里便是成功，但如果是全程馬拉松的話要算失敗。而如果你參加的是超級馬拉松，成功跑完四十二公里一樣是失敗。

要了解莎夏．柯恩在二〇〇六年奧運後，為何悶悶不樂地巡迴演出三年，只需要想一想目標不成功便是失敗的本質。參加二〇〇六奧運時，她最想要的終點線是拿金牌。當她在長曲目時一跤摔成銀牌，她在實質意義上與象徵意義上都失敗了。

當目標是拿第一名，拿第二名在這個世界便無足輕重。於是，她持續在表演活動裡鬱悶地溜冰，留在舞台上，準備在二〇一〇年再一次嘗試抵達終點。當她以兩名之差沒能搶到二〇一〇年奧運代表隊的名額，而且終於因為年紀太大必須退役，她不得不終止這一個心理帳戶。她感到自由，從目標不成功便是失敗的沉重本質中解脫。

目標是有效力的，但有時效力會太強，以致我們無視目標不再值得努力的明確跡象。當你把目標設定為全有或全無，基本上你要麼不去實現目標，要麼不計一切堅持到底。

放棄的弔詭之處有一部分便是這麼來的。給自己放棄的選項，好處在於我們在前途未卜的情況下，比較容易做出決定。只要做了決定，不管是開始賽跑、登山、創業或一段感情，我們都是在隨機的世界裡，在情報不齊全的狀態下做出決定，運氣會影響我們。世界會變，我們會變。

凡是我們選擇相信或選擇去做的事，到了未來的某個時間點，幾乎都會有改變心意或離去的選項。當我們面臨這樣的抉擇，手上的情報通常都會比當初決定展開行動的時候要充分得多。

但放棄的選項，只在真的放棄時才能發揮作用。問題是我們不放棄，原因就在這裡。一旦我們開始，便處於虧損的狀態。我們還沒實現目標，而我們在達成目標的過程裡的一切進展，我們幾乎都不當一回事。

於是，我們持續向終點線前進，腿斷了也不管。

缺乏彈性的目標不適合變動的世界

令不成功便是失敗的問題更嚴重的是，一旦我們設定了目標，便幾乎不會重新檢討。目標往往是設定了就永久定案，終點線不會移動。

假如一切都已成定數，世界不會改變，這便不成問題，因為不論你在為了哪個崇高的目標奮鬥，這個目標不但一定正確，而且永遠正確。當然，世事無絕對，世界確實會變。因此，我們的目標應該臨機應變。然而，一旦我們設定了目標，卻出奇不知道要順應新的情報。

每一回訂立目標都是在權衡。我們重視的事物很多——金錢、與家人相處的時間、投入嗜好的時間、與朋友往來的時間、健康、助人的感覺……沒有哪一個目標，不會防礙我們把最多的資源分配給我們珍惜的每一個項目。

由於目標的本質，我們分配給目標的特權，會超過我們重視的某些事物。基本上，我們是在問自己：「我想要什麼成就？我願意放棄什麼來達成目標？」追求目標的益處，大概會超過成本。目標代表了在益處與成本之間取得平衡的行動。也就是說，我們要讓預期價值最大化，而我們給自己訂立的目標應該協助我們做到這一點。

舉個例子，假如你設定了跑完馬拉松的目標，你便期待從中得到某些收穫，也預期自己放棄某些事物。達成艱鉅目標的感覺對你可能很重要；目標反映出你對健康體魄的重視；出門跑步讓你通體舒暢；或是其他千千萬萬種理由。你想要的事物與它的相對重要性，對你都有獨特的意義。

你願意犧牲哪些對你可能有意義的事物也是如此。為馬拉松鍛鍊身體，或是從事你喜愛的嗜好，自然代表你要犧牲與親友相聚的時間。大部分人都重視身體的舒適感受，而你顯然願意放棄一部分的舒適。不舒適與受傷，都是長跑與鍛鍊身體的家常便飯。你大概已經考慮過自己得在冷天或雨天在戶外活動一段時間，有時你得在惡劣的天候下大清早出門，不能賴床。

設定事業目標時，你也會做這一類的成本效益分析。如果你的目標是躋身《財星》（*Fortune*）五百大企業的管理階層，你便是將自己重視的某些事物列為優先事項（諸如在職場或財力方面更上層樓），而你願意為此放棄某些事物（諸如不必帶工作回家處理的低壓工作）。

無論明確或不明確，你設定的目標代表一條預期價值的等式，在你想要取得的利益與你願意為此付出的成本之間取得平衡。

這些都屬於設定目標的程序，可是一旦你訂立了目標並開始執行，你的等式會怎樣？設定了目標之後，目標便固定了。原本目標是代表別的事物，此時就變成那件事物本身。目標是我們想做到的事，而不是我們一開始設定目標時所要彰顯的全部價值與權衡。

目標固定了，即使令我們選擇那一個目標的所有因素都變了。大環境會改變，我們的知識會改變，我們附加在成本利益上的分量會改變，我們的偏好與價值觀會改變。

當這些事物變了，再分析一遍成本效益的話，結果必然不同，但我們不會分析第二遍。要實現我們想要的成就，我們得順應周遭局勢的變化與我們自身的轉變。這代表我們的目標不能固定不變，但我們不會自然而然做到這一點。

目標的特質是不成功便是失敗而且固定不變，這些特質令我們一股腦地邁向終點線，即使那不再是我們應該奔赴的地方。

缺乏彈性的目標不適合變動不定的世界。

每個目標都需要「除非條款」

目標是強效的工具，讓我們做到有價值的事，但光是有了目標，便能令我們加碼付出，結果你便一直守著這個目標，即使那不再是讓你得償所願的最佳方式。

當然，部分的問題出在目標具有固定不變的特質。我們設定目標後，便會開始得知新的資訊。世界會變。我們會變。我們擺平某些猴子。建立有彈性的目標是處理這種局面的一種手段。

「除非」威力強大，為目標添加幾個深思熟慮的除非，便能賦予目標我們想要的彈性，更能夠回應變動不定的事態，減少我們對大勢已去的理想加碼付出。

- 「我要開發這個潛在客戶，除非我找不到主管到場開會。」
- 「我要繼續做這份工作，除非我總是得把工作帶回家，或我發現自己畏懼起上班而這種感覺一直沒消失。」
- 「我要繼續開發這項產品，除非我沒在兩個月以內，做到我跟放棄教練一起設定的明確目標。」
- 「我要繼續跑這一場馬拉松，除非我骨折。」

所以設定終止條件才如此重要。當你設定目標，列出一份終止條件便能給你一些除非，在你該放棄的適當時機讓你保持理性。

終止條件的內容可以是外界給你的訊號，比如觀察到老闆出現惡質老闆的行徑、利率上升、霧氣來襲或疫情即將爆發。

終止條件也可以是你本人的變化，不論那是你的腓骨斷裂之前的疼痛，或者以我來說，是病情加劇的長期病痛。

也可以只是你的偏好變了，或是你珍視的事物進化了。也許你不再喜歡服務業的工作，或是你曾經熱愛的運動如今令你鬱悶。

要讓這些除非發揮最大的力量，就得決心遵守事前的約束，具體規範我們要如何履行終止條件。然後，為了確保我們挑選出來的除非，能讓我們以最快的速度判斷我們努力的目標是否值得追求，我們得辨識出猴子與基座。

與能夠監督你履行這些除非的放棄教練一起辨識猴子與基座，效果會更好。

當然，這些除非需要預先規劃。你要盡可能多方設想到時可能發生的各種情境，然而你不可能預料到每一種你要繼續努力的情況，以及每一種你要放棄的情況。

這表示你得一再針對目標所代表的事物，進行成本利益分析。你得規律地重新評估，確認你放在優先順位的重要事項仍然在優先順位，以及這些重要事項，依舊值得你把某些事情的優先順位往後挪，也就是你正在承受的成本。這些查核也給了我們一個機會，可以重新評估之前的終止條件並設定新的。

優質的除非讓我們擺脫不符合長遠目標的短期目標，不致於被牽著走。

我們打牌時很容易因為每一手都想贏，或因為不想以輸家的身分離場，而黏在牌桌上。然而，這些短暫的目標可能擾亂我們，令我們的行為不符合人生是一場持久戰的現實。這表示要讓我們人生的預期價值最大化，有時我們得放棄這些中短期的終點線。

有許多適用於撲克牌局的「除非」。我會待在牌局，除非輸到了某個金額，或除非剛上桌的玩家的素質遠遠不如剛退出的人，或除非我待在牌桌上的時間超過某個時數，或除非我情緒太激動或疲倦或不舒服。除非可以讓我們擺脫干擾的因素，不在短時間內沒完沒了地打牌，一心求勝，讓我們的行為向我們長期的最佳利益靠攏。

堅守不再值得的事物，讓你無法收割當初設定目標時所追求的利益，或導致你出現原本不願意承擔的其他成本。

目標應該改變，因為世界會變、你會變。要隨著這些變化而改變，你得定期檢查自己採取的路線是不是通往終點的捷徑，甚至你是否奔向正確的目的地。

不再用終點線的距離評估自己

認為只有跨越終點線才算成功，是非常僵化的世界觀。

我們不只需要更彈性的目標，評估成功與失敗的準繩也要更有彈性。我們認為沒成功就是失敗的觀點，本身便沒有彈性且絕對，以致我們認為自己的任何進展都不算數，或是完全不當一回事。這表示要反制這個問題，我們便得找到標記那些進展的方式，頌揚我們在抵達終點之前取得的進展。

如果你想要征服聖母峰的原因，是你認為完成這樣的身心挑戰非常有價值，要是你爬到一、二、三、四號營或離峰頂海拔九十一公尺處，在客觀上你已經不虧了，尤其是跟你連試都沒試相比的話。

當然，那不是我們的主觀感受，這便是我們需要改變的地方。

我們得想辦法改寫劇本，不再只用我們跟終點線的距離來評估自己。我們得開始給自己更多肯定，認同自己一路走來已經走了多遠。

如此一來，銀牌便不會那麼令人失望，因為在現實中，跟其他的花式溜冰選手的起點相比，銀牌已是豐功偉業。這樣做，你會明白伊扎克．帕爾曼願意收你當私塾學生已是不得了的成績，或者以我來說，完成五年的研究所課程也是一番成就了。

如果目標本身不是那麼全有或全無，要標記並頌揚你在抵達目標前的進展便會更容易。有些目標在你訂立以後，如果沒有實現便沒有可以收割的價值。也有的目標可以帶來大量有價值的事物，或是在過程中有許多收穫，不論你是否真的跨越終點線。

這些便是我們應該列為優先的目標類型。

這是阿斯特羅·泰勒深諳的道理。如果有兩個計畫，一個在嘗試過程中不會研發出什麼科技，也不會學到什麼東西，另一個計畫則相反，他便會優先進行能夠在過程中有較多收穫的計畫。

超迴路列車便是全有或全無類型的目標。鋪設鐵軌是以前的科技。如何讓列車加速並高速行駛，也已經找到辦法了。做這些事不需要開發任何新技術。如何讓乘客能夠安全地上下車才是猴子，才會挑戰科技。問題是他們得打造出全部的基座，才能判斷他們能不能擺平猴子。要是不能擺平猴子，事後他們不會有任何新的收穫。

相形之下，打算用巨大的氣球讓偏遠地區有網路連結的潛鳥計畫，要如何將氣球送上空中則有許多不同的做法。他們最早嘗試的方案之一，是發明新的雷射科技來做這件事。結果那不是最好的辦法，於是他們改用其他方案，可是他們為此開發的雷射技術，在X後來的一項計畫中發揮了奇效。潛鳥團隊的雷射專家成為雷神專案（Taara）的人員，大幅提升了電信的頻寬。

泰勒以宏大的格局，認真思考如何塑造企業文化，他們才會頌揚一路上的勝利，讚賞我們跑完的五公里、十公里與半程馬拉松，即使我們跑不滿四十二公里。

這是值得一般領袖學習的重要課題，因為目標不成功便是失敗、固定不變的本質所引發的問題，可能因為領導風格而惡化。領袖普遍會落入陷阱，只根據別人是否達成一個目標來評估對方。要是他們這樣做，加碼付出的潛在風險便會增加。

如果領袖的言行舉止，透露出成功純粹是看你有沒有命中紅心、達成目標、趕上截止期限，那他們帶領的人很快便會知道自己必須跨越終點線，不計一切代價。如果他們認為目標不再值得追求，他們不會明講。即使到了該放棄的時候，他們也會不願意放手，因為領導階層會認為他們失敗。

除非的其中一項優點是給你另一種贏的方式。建立一套良好的終止條件代表你的勝利可以是實現目標，也可以是遵守這些終止條件。適時放棄是可貴的成就，遵守除非的規範，給你做到這一點的方式。

我們給自己設定的目標附加除非條款，讓我們得以實踐「過程比結果重要」的說法。目標本身便是結果導向，但除非聚焦在過程。

當心目標導致的近視

我們已經看過全神貫注在實現目標的話，我們會看不清楚應該放棄的明顯證據，至少是局外人一目了然的證據。

但不只是目標會令我們在自己選擇的路線上，忽略周遭的變化或內心的變化。目標也會引發近視，令我們看不見其他能走的路，看不見我們可以轉身追求的其他機會。

你已經熟知忽略機會成本的問題，這問題可能因為目標的設定而惡化。一旦我們認定一條終點線與前往終點線的路徑，我們便會變得目光如豆，不探索可能可以走的其他路線，或是其他可能更值得我們追求的終點線。

我們看不見別的路，而那可不只是我們周邊視覺有瑕疵。

僅僅是致力於一項目標，我們便不會去注意在眼睛正前方的事物。Slack 出現在史都華．巴特菲爾德眼前的時候便是如此。直到他放棄《毛刺遊戲》，了結了相對應的心理帳戶，不得不回歸探索模式，才徹底看出 Slack 的潛力。我對撲克牌也是如此，直到我被迫擱置研究所學業，才將撲克牌視為可行的職業選項。

如果我們有更多的技能與機會組合，生活會更美滿。目標造成的近視限制了這些組合的規

模，因為我們有了目標便不去尋找替代方案。

螞蟻在這方面贏過我們人類，因為牠們是蟻群，是一群通力合作的個體。因此，螞蟻更容易做到一邊勘察環境，一邊利用資源。有的螞蟻跟著費洛蒙路徑走，有的螞蟻去探勘新的食物來源。即使跟著費洛蒙路徑行動的螞蟻目光如豆，也不會對蟻群不利，因為其他螞蟻仍然在四處勘察。

但我們只有自己。你只是一個人。一旦你建立了你要遵循的費洛蒙路徑，你便會近視，很難看見蟻族朋友們會四處搜尋的其他機會。

有一項聲名遠播的研究證明了當我們專注在一件事或目標上，便真的可能看不見眼前的事物，那便是一九九九年，哈佛心理學家丹尼爾．西蒙斯（Daniel Simons）及克里斯多夫．查布里斯（Christopher Chabris）的隱形大猩猩實驗。受試者要觀看一支一群人來回傳球的影片，計算那群人傳了幾次球。

到了影片中段，一位穿著全套大猩猩戲服的女性走過場景中央。受試者完成了計算傳球次數的任務之後，實驗人員便問他們有沒有察覺任何不尋常的地方。如果他們回答沒有，便接著問他們除了傳球的六個人，有沒有看見別的東西。如果他們說沒有，便再問他們：「有沒有看到一隻大猩猩從中間走過去？」

過半數的受試者（五六％）對這些問題的答案全部是「沒有」。

單純看影片，沒有被吩咐去計算任何東西的人，可以輕易看見大猩猩。當實驗人員讓他們再看一遍影片，受試者果然都很錯愕，居然沒看見牠。

要是他們看不見近在眼前的大猩猩，你覺得自己在追求目標時錯過了什麼？

小心防範這種近視，近視不利於你看見身邊的機會。因此，**建立勘察的心態非常重要**。你得確保自己能夠將大局盡收眼底，你要接聽挖角的電話，你要查探其他職業，而且你平時就要嘗試新事物，開始給自己的資源組合添磚加瓦、好好擴充。

放棄教練也能減輕近視，一般來說，他們比你更能夠看見你能用的機會。

投入不值得的事物，才是真正的浪費

想想令我們難以放棄的各種阻力，便會明白目標的設定會讓我們的包袱越滾越大坨。我們厭惡在內心覺得有虧損的時候結束一件事。然而，一旦設定了目標，我們便開始虧損。這一份虧損便加入其他偏誤的陣容，進一步干擾我們評估放棄與否的那把尺。

當我們有了目標，目標便很容易融入我們的身分。目標會成為現狀。當我們開始邁向終點，便會為了抵達終點而累積時間、心力、金錢的沉沒成本。

總結本書討論過的觀念，放棄之所以如此艱難，原因在於我們擔心放棄的話，會發生兩件事：一是我們失敗了；二是我們浪費了時間、心力、金錢。

我們得重新定義什麼叫「失敗」與「浪費」。

當我們擔心放棄即失敗，我們究竟哪裡失敗了？如果你放棄一個不再值得努力的目標，那不是失敗。那是成功。

我們自然而然地認為，失敗是指在達成目標之前便停止努力，沒能撐到終點線。但如果你持續為了不再值得努力的目標付出，難道就不算失敗？何不重新下定義，將失敗定義為不遵循良好的決策程序？

成功是指遵循良好的決策程序，不光是跨越終點線，尤其是終點線本身便不對的話。**成功是指妥善遵守終止條件，聽取放棄教練的建議，並體認到我們一路上的進展意義重大**。

我們也需要給浪費一個新的定義。什麼叫浪費你的時間、金錢、心力？我們的問題在於，我們往往是從向後看的角度來判斷什麼是浪費。我們覺得一旦放棄，便白白浪費了我們在放棄之前付出的一切。

但那些資源都用掉了，無法回收。

我們得開始從向前看的角度評估浪費，而不是向後看。這表示我們要明白，給一個不再值得的目標多投入一分鐘、一塊錢、一滴心血，才是真正的浪費。

一旦你從這個角度思考，你便會察覺因為我們認為要是放棄了，之前投入的時間便會付諸東流，以致我們實際上浪費了多少時間。看看加州子彈列車就好，他們持續砸錢做點什麼，害怕不繼續努力的話，便會白白浪費他們之前付出的時間與納稅人的錢。

我們得重新定義失敗和浪費，但到頭來，我們該做的是恢復放棄的概念本身。

有許多值得追求的艱難事情，而毅力能讓你堅持做正確的事，但許多艱難的事情不值得追求，而適時放棄的能力也是值得培養的技能。希望本書已經把學會放棄的辦法都傳遞給你了。

到頭來，你的目的地、我們所有人的目的地，便是在我們這一生中，順著預期價值最高的道路前進，不論那是哪一條路。走在這條路上，會涉及大量的放棄。

與一般的想法相反，**贏家時常放棄，因此他們成為贏家。**

第11章摘要

- 目標讓有價值的標的得以實現，但目標也會增加我們在應該放棄之際卻加碼付出的可能。
- 目標的本質是不成功即失敗。你要麼抵達終點線，要麼沒有，而你在一路上的進展無足輕重。
- 不要只看你是否實現了目標，問問自己在追求目標的過程中有什麼成就、學會了什麼。
- 設定中程目標，優先執行可以讓你看見自己在這一路上的進展的目標，或是即使沒能實現也會滿載而歸的目標。
- 目標一經設定，便代表了一個預期價值的等式，在你想要得到的利益與你願意承擔的成本之間取得平衡。
- 缺乏彈性的目標不適合變動不定的世界。
- 預先作好規劃（比如辨識猴子與基座、終止條件），找一位優秀的放棄教練從旁協助，你可以把目標定得更彈性，設定至少一個「除非條款」，規劃好定期檢討現狀，分析當初讓你訂立目標的因素。

- 一般而言，我們放棄時會擔心兩件事：一是我們失敗了，二是我們浪費了時間、心力、金錢。
- 浪費與否要向前看，而不是向後看。

謝詞

非常感激許多科學家、作者、革新者、企業家、投資人、領導階層的協助，與我討論放棄的主題，非常大方地惠賜他們的見解與時間：斯圖亞特・貝澤曼（Stuart Baserman）、馬斯・貝澤曼（Max Bazerman）、柯林・卡梅爾（Colin Camerer）、陳思基（Keith Chen）、榮恩・康威（Ron Conway）、大衛・艾波斯坦（David Epstein）、尚恩・斐德烈克（Shane Frederick）、勞倫斯・岡佐拉斯（Laurence Gonzales）、湯姆・葛瑞菲斯（Tom Griffiths）、愛力克斯・伊馬斯（Alex Imas）、丹尼爾・康納曼（Daniel Kahneman）、肯恩・卡姆勒（Ken Kamler）、珍妮佛・科寇斯基（Jennifer Kurkoski）、莉比・雷希（Libby Leahy）、凱德・梅西（Cade Massey）、麥可・莫布新（Michael Mauboussin）、威廉・麥克雷文（William McRaven）、麥可・莫沃許（Michael Mervosh）、凱蒂・米爾克曼（Katy Milkman）、馬克・莫菲特（Mark Moffett）、唐恩・莫爾（Don Moore）、史考特・佩吉（Scott Page）、萊禮・波斯特（Riley Post）、丹・拉夫（Dan

Raff）、艾瑞克·萊斯（Eric Ries）、莫里斯·史懷哲（Maurice Schweitzer）、泰德·賽德斯（Ted Seides）、瑪雅·尚卡爾（Maya Shankar）、貝利·斯托（Barry Staw）、霍爾·史騰（Hal Stern）、凱斯·桑思坦（Cass Sunstein）、喬·史維尼（Joe Sweeney）、阿斯特羅·泰勒（Astro Teller）、菲力普·泰特洛克（Phillip Tetlock）、理察·塞勒（Richard Thaler）、東尼·湯馬斯（Tony Thomas）、理察·澤克豪爾（Richard Zeckhauser）、凱文·佐曼（Kevin Zollman）。

感謝跟我分享人生故事的所有人，他們得來不易的體悟協助我建立並精煉我的觀點：史都華·巴特菲爾德、莎夏·柯恩、麥克·內博斯、莎拉·奧斯廷·馬丁尼茲、瑪雅·尚卡爾、安德魯·威金森。也要感謝貝利·斯托，除了他對本書的其他貢獻，還撥出許多個小時給我，跟我一起整理他父親哈洛的傳奇紀事。

凱蒂·米爾克曼、泰德·賽德斯、理察·塞勒的協助要單獨列一條。凱蒂和泰德跟著我的進度，閱讀了每一章的草稿，回饋他們深刻的見解，全程鼓勵我。

理察也看了很多版的草稿，跟我用 Zoom 討論了許多個小時，協助我澄清本書談到的概念，本書有許多內容都得益於此。由於這些思想上的合夥關係，《停損的勝算》比原本好得多，對此我深深感恩。

也要謝謝愛力克斯·伊馬斯、丹尼爾·康納曼、芭比·梅勒斯（Barb Mellers）、唐恩·莫爾、戴夫・努斯鮑（Dave Nussbaum）、奧吉・歐格斯（Ogi Ogas）、布萊恩・波特諾伊（Brian Portnoy）、貝利・斯托、菲力普・泰特，他們也看了撰寫中的草稿，給我寶貴的意見。

我的朋友與同僚（以及我在撰寫本書期間結為朋友的人）非常慷慨，樂於為我引介他們認為對本書有幫助的其他人。謝謝喬許・柯普曼（Josh Kopelman）為我引介史都華・巴特菲爾德、榮恩・康威、安德魯・威金森；麥可・莫布新引介莎夏・柯恩和勞倫斯・岡佐拉斯；理察・塞勒引介尚恩・斐德烈克和瑪雅・尚卡爾；大衛・艾波斯坦引介萊禮・波斯特；馬斯・貝澤曼引介斯圖亞特・貝澤曼；瑪雅・尚卡爾引介珍妮佛・科寇斯基，後者又引介貝利・斯托和阿斯特羅・泰勒；泰德・賽德斯引介麥可・莫沃許；馬克・莫菲特引介肯恩・卡姆勒。

這是我與同一個專業班底合作的第三本書：吉姆・勒文（Jim Levine）、妮姬・帕帕多普洛斯（Niki Papadopoulos）、麥可・克雷格（Michael Craig）。與前兩次一樣，如果沒有這一群親愛的朋友出力，不可能有這本書。

吉姆・勒文從一開始便灌溉這一次的寫作計畫。除了施展身為經紀人的精明手腕，捍衛並爭取我的權益，不曉得他如何一直保持志氣高昂且樂觀，同時以銳利的眼光挑出書中一切他認為有待琢磨的地方，本書也因此更上層樓。

妮姬・帕帕多普洛斯以編輯的身分，一步步塑造這本書。她對細節極盡細心，對書籍內容的理解、引導內容的流動與布局架構，都有驚人的本事。我完全信任她的直覺與判斷。簡單說，妮姬懂我。再怎麼強調都不為過，有她在我才熬得過痛苦的寫書過程，本書因為她而有了我無法以言語表達的提升。

我感謝埃德里安．柴克罕（Adrian Zackheim）對這項寫作計畫的殷勤鼓勵，也謝謝 Portfolio 出版社的每一位成員及整個企鵝蘭登書屋（Penguin Random House）大家族，包括金柏麗．美隆（Kimberly Meilun）和雅曼達．朗（Amanda Lang）。

我深深感謝麥可．克雷格，他是製作本書的關鍵人物。他不但是一位好朋友，還非常慷慨地揮灑他的才華，擔任編輯、研究員、試閱人員，他貢獻點子和例子，彙編資料並組織本書的素材。要是沒有他，我相信這本書不會存在。

也要感謝我的研究助理安東尼奧．古魯斯默（Antonio Grumser），還有梅格娜．斯里尼瓦思（Meghna Sreenivas）在本書初期的協助。

雇用我的所有企業、會議、專業群體、高階主管，讓我有機會在這些年來以諮詢、教練、主題演講、僻靜營的形式講授我的想法，他們提供的意見與回饋，也大大造福了本書。特別謝謝 mParticle 的人員，讓我可以提供實際操作終止條件的精采範例，還允許我公開他們的公司名稱。

本書也因為我與決策教育聯盟（Alliance for Decision Education）的合作經驗而更好，他們是一個非營利組織，耕耘從幼兒園到十二年級的決策教育領域。我要感謝執行董事喬・史維尼、他的全部幹部、董事會、諮詢委員會、大使委員會、決策教育聯盟 Podcast 的所有嘉賓、支援這個組織的所有人。

謝謝珍妮佛・薩佛（Jenifer Sarver）、瑪拉琳・貝克（Maralyn Beck）、盧茲・史代博（Luz Stable）、愛莉西雅・麥克隆（Alicia McClung）、吉姆・杜恩（Jim Doughan）總是提供我迫切需要的協助，讓我的職業生涯不分崩離析。

我非常感謝我的家人、丈夫、孩子們、爸爸、兩位手足與他們的全部家人。我感到前所未有的快樂，他們是最大的功臣。他們支持我沉重緩慢的每一步路。我對他們的感謝無法言喻。

最後一句謝謝要給已故的萊拉・葛萊特曼（Lila Gleitman），我的精神導師與摯友。直到她辭世那一週，她仍會問起這本書的情況，為本書的主題感到興奮，想當我的思考夥伴。師者的授業透過學生而長存，希望她會以我完成的作品為榮。我日日思念她。

參考文獻

書籍

- Brockner, Joel, and Jeffrey Z. Rubin. *Entrapment in Escalating Conflicts: A Social Psychological Analysis*. New York: Springer-erlag, 1985.
- Christian, Brian, and Tom Griffiths. *Algorithms to Live By: The Computer Science of Human Decisions*. New York: Henry Holt, 2016.
- Dalio, Ray. *Principles: Life and Work*. New York: Simon and Schuster, 2017.
- Duckworth, Angela. *Grit: The Power of Passion and Perseverance*. New York: Scribner, 2016.
- Duke, Annie. *How to Decide: Simple Tools for Making Better Choices*. New York: Penguin Random House, 2020.
- Duke, Annie. *Thinking in Bets: Making Smarter Decisions When You Don't Have All the Facts*. New York: Penguin Random House, 2018.
- Ellenberg, Jordan. *How Not to Be Wrong: The Power of Mathematical Thinking*. New York: Penguin Press, 2014.
- Epstein, David. *Range: Why Generalists Triumph in a Specialized World*. New York: Riverhead, 2019.

- Festinger, Leon. *A Theory of Cognitive Dissonance*. Stanford, CA: Stanford University Press, 1957.
- Festinger, Leon, Henry W. Riecken, and Stanley Schachter. *When Prophecy Fails*. Mansfield Center, CT: Martino, 2009.
- Gonzales, Laurence. *The Chemistry of Fire*. Fayetteville: University of Arkansas Press, 2020.
- Gonzales, Laurence. *Deep Survival: Who Lives, Who Dies, and Why: True Stories of Miraculous Endurance and Sudden Death*. New York: W. W. Norton, 2017.
- Gonzales, Laurence. *Everyday Survival: Why Smart People Do Stupid Things*. New York: W. W. Norton, 2008.
- Grant, Adam. *Think Again: The Power of Knowing What You Don't Know*. New York: Penguin Random House, 2021.
- Harmon-ones, Eddie, ed. *Cognitive Dissonance: Reexamining a Pivotal Theory in Psychology*. 2nd ed. Washington, D.C.: American Psychological Association, 2019, n.d.
- Kahneman, Daniel. *Thinking, Fast and Slow*. New York: Farrar, Straus and Giroux, 2011.
- Kahneman, Daniel, Olivier Sibony, and Cass R. Sunstein. *Noise: A Flaw in Human Judgment*. New York: Little, Brown Spark, 2021.
- Kahneman, Daniel, Paul Slovic, and Amos Tversky, eds. *Judgment under Uncertainty: Heuristics and Biases*. Cambridge, UK: Cambridge University Press, 1982.
- Komisar, Randy, and Jantoon Reigersman. *Straight Talk for Startups: 100 Insider Rules for Beating the Odds —rom Mastering the Fundamentals to Selecting Investors, Fundraising, Managing Boards, and*

Achieving Liquidity. New York: HarperCollins, 2018.

- Levitt, Steven D., and Stephen J. Dubner. *Freakonomics: A Rogue Economist Explores the Hidden Side of Everything.* New York: William Morrow, 2006.
- Levitt, Steven D., and Stephen J. Dubner. *Superfreakonomics: Global Cooling, Patriotic Prostitutes, and Why Suicide Bombers Should Buy Life Insurance.* New York: HarperCollins, 2009.
- Locke, Edwin A., and Gary P. Latham, eds. *New Developments in Goal Setting and Task Performance.* New York: Routledge, 2013.
- Locke, Edwin A., and Gary P. Latham. *A Theory of Goal Setting and Task Performance.* Englewood Cliffs, NJ: Prentice Hall, 1990.
- Mauboussin, Michael J. *More Than You Know: Finding Financial Wisdom in Unconventional Places.* New York: Columbia University Press, 2013.
- Mauboussin, Michael J. *The Success Equation: Untangling Skill and Luck in Business, Sports, and Investing.* Boston: Harvard Business School Press, 2012.
- Milkman, Katy. *How to Change: The Science of Getting from Where You Are to Where You Want to Be.* New York: Portfolio/Penguin, 2021.
- Moore, Don A. *Perfectly Confident: How to Calibrate Your Decisions Wisely.* New York: Harper Business, 2020.
- Oettingen, Gabriele. *Rethinking Positive Thinking: Inside the New Science of Motivation.* New York: Current, 2014.

- Page, Scott E. *The Model Thinker: What You Need to Know to Make Data Work for You.* New York: Basic Books, 2018.
- Peck, Joann, and Suzanne B. Shu, eds. *Psychological Ownership and Consumer Behavior.* New York: Springer, 2018.
- Ries, Eric. *The Lean Startup: How Today's Entrepreneurs Use Continuous Innovation to Create Radically Successful Businesses.* New York: Crown Business, 2011.
- Simons, Daniel, and Christopher Chabris. *The Invisible Gorilla: How Our Intuitions Deceive Us*. New York: Crown, 2010.
- Tavris, Carol, and Elliot Aronson. *Mistakes Were Made (but Not by Me): Why We Justify Foolish Beliefs, Bad Decisions, and Hurtful Acts.* Boston: Mariner, 2020 (updated edition).
- Teger, Allan I. *Too Much Invested to Quit.* New York: Pergamon, 1980.
- Tetlock, Phillip. E., and Dan Gardner. *Superforecasting: The Art and Science of Prediction.* New York: Crown, 2015.
- Thaler, Richard H. *Misbehaving: The Making of Behavioral Economics*. New York: W. W. Norton, 2015.
- Thaler, Richard H., and Cass R. Sunstein. *Nudge: Improving Decisions about Health, Wealth, and Happiness*. New Haven, CT: Yale University Press, 2008.
- Thaler, Richard H., and Cass R. Sunstein. *Nudge: The Final Edition*. New York: Penguin Books, 2021.
- Van Bavel, Jay J., and Dominic J. Packer. *The Power of Us: Harnessing Our Shared Identities to Improve Performance, Increase Cooperation, and Promote Social Harmony.* New York: Little, Brown Spark, 2021.

論文

- Agarwal, Sumit, Mio Diao, Jessica Pan, and Tien Foo Sing. “Labor Supply Decisions of Singaporean Cab Drivers.” *SSRN Electronic Journal* (2013): 1053.doi.org/10.2139/ssrn.2338476.
- Akepanidtaworn, Klakow, Rick Di Mascio, Alex Imas, and Lawrence Schmidt. “Selling Fast and Buying Slow: Heuristics and Trading Performance of Institutional Investors.” *SSRN Electronic Journal* (2019). doi.org/10.2139/ssrn.3301277.
- Anderson, Christopher J. “The Psychology of Doing Nothing: Forms of Decision Avoidance Result from Reason and Emotion.” *Psychological Bulletin* 129, no. 1 (2003): 139–67. doi.org/10.1037/0033-2909.129.1.139.
- Ariely, Dan, Daniel Kahneman, and George Loewenstein. “Joint Comment on ‘When Does Duration Matter in Judgment and Decision Making?’ ” *Journal of Experimental Psychology: General* 129, no. 4 (2000): 524–29. doi.org/10.1037/0096-3445.129.4.524.
- Ariely, Dan, and George Loewenstein. “When Does Duration Matter in Judgment and Decision Making?” *Journal of Experimental Psychology: General* 129, no. 4 (2000): 508–23. doi.org/10.1037/0096-3445.129.4.508.
- Arkes, Hal R., and Catherine Blumer. “The Psychology of Sunk Cost.” *Organizational Behavior and Human Decision Processes* 35, no. 1 (February 1985): 124–40. doi.org/10.1016/0749-5978(85)900494.
- Aronson, Elliot. “The Return of the Repressed: Dissonance Theory Makes a Comeback.” *Psychological*

Inquiry 3, no. 4 (October 1992): 303–11. doi.org/10.1207/s15327965pli0304_1.

- Aronson, Elliot, and Carol Tavris. "The Role of Cognitive Dissonance in the Pandemic." *The Atlantic*, July 12, 2020. theatlantic.com/ideas/archive/2020 /07/role-ognitive-issonance-andemic/614074.
- Baron, Jonathan, and Ilana Ritov. "Reference Points and Omission Bias." *Organizational Behavior and Human Decision Processes* 59, no. 3 (September 1994): 475–8. doi.org/10.1006/obhd.1994.1070.
- Basili, Marcello, and Carlo Zappia. "Ambiguity and Uncertainty in Ellsberg and Shackle." *Cambridge Journal of Economics* 34, no. 3 (May 2010): 449–4. doi .org/10.1093/cje/bep008.
- Beasley, Ryan K., and Mark R. Joslyn. "Cognitive Dissonance and Post-ecision Attitude Change in Six Presidential Elections." *Political Psychology* 22, no. 3 (September 2001): 521–0. doi.org/10.1111/0162-95x.00252.
- Beshears, John, Hae Nim Lee, Katherine L. Milkman, Robert Mislavsky, and Jessica Wisdom. "Creating Exercise Habits Using Incentives: The Trade-ff between Flexibility and Routinization." *Management Science* 67, no. 7 (July 2021): 4139–1. doi.org/10.1287/mnsc.2020.3706.
- Beshears, John, and Katherine L. Milkman. "Do Sell-ide Stock Analysts Exhibit Escalation of Commitment?" *Journal of Economic Behavior & Organization* 77, no. 3 (March 2011): 304–7. doi.org/10.1016/j.jebo.2010.11.003.
- Bitterly, T. Bradford, Robert Mislavsky, Hengchen Dai, and Katherine L. Milkman. "Want-hould Conflict: A Synthesis of Past Research." In *The Psychology of Desire*, edited by W. Hofmann and L. F. Nordgren, 244–4. New York: Guilford, 2015.

- Brockner, Joel. "The Escalation of Commitment to a Failing Course of Action: Toward Theoretical Progress." *Academy of Management Review* 17, no. 1 (January 1992): 39–1. doi.org/10.2307/258647.
- Brockner, Joel, Robert Houser, Gregg Birnbaum, Kathy Lloyd, Janet Deitcher, Sinaia Nathanson, and Jeffrey Z. Rubin. "Escalation of Commitment to an Ineffective Course of Action: The Effect of Feedback Having Negative Implications for Self-dentity." *Administrative Science Quarterly* 31, no. 1 (March 1986): 109–6. doi.org/10.2307/2392768.
- Brockner, Joel, Jeffrey Z. Rubin, Judy Fine, Thomas P. Hamilton, Barbara Thomas, and Beth Turetsky. "Factors Affecting Entrapment in Escalating Conflicts: The Importance of Timing." *Journal of Research in Personality* 16, no. 2 (June 1982): 247–6. doi.org/10.1016/0092-6566(82)900800.
- Camerer, Colin F. "Prospect Theory in the Wild: Evidence from the Field." In *Advances in Behavioral Economics*, edited by Colin F. Camerer, George Loewenstein, and Matthew Rabin, 148–1. Princeton, NJ: Princeton University Press, 2004.
- Camerer, Colin, Linda Babcock, George Loewenstein, and Richard Thaler. "Labor Supply of New York City Cabdrivers: One Day at a Time." *Quarterly*
- *Journal of Economics* 112, no. 2 (May 1997): 407–41. doi.org/10.1162/003355397555244.
- Camerer, Colin, and Dan Lovallo. "Overconfidence and Excess Entry: An Experimental Approach." *American Economic Review* 89, no. 1 (March 1999): 306–18. doi.org/10.1257/aer.89.1.306.
- Camerer, Colin, and Roberto Weber. "The Econometrics and Behavioral Economics of Escalation of Commitment in NBA Draft Choices." *Journal of Economic Behavior and Organization* 39, no. 1 (May

1999): 59–82.

- Camilleri, Adrian R., Marie-Anne Cam, and Robert Hoffmann. "Nudges and Signposts: The Effect of Smart Defaults and Pictographic Risk Information on Retirement Saving Investment Choices." *Journal of Behavioral Decision Making* 32, no. 4 (October 2019): 431–49. doi.org/10.1002/bdm.2122.
- Chatman, Jennifer, Barry Staw, and Nancy Bell. "The Managed Thought: The Role of Self-Justification and Impression Management in Organizational Setting." In *The Thinking Organization: Dynamics of Organizational Social Cognition*, edited by Henry P. Sims Jr. and Dennis A Gioia, 191–214. San Francisco: Jossey-Bass, 1986.
- Chen, M. Keith, and Michael Sheldon. "Dynamic Pricing in a Labor Market: Surge Pricing and the Supply of Uber Driver-Partners" (working paper). 2015. anderson.ucla.edu/faculty_pages/keith.chen/papers/SurgeAndFlexibleWork_WorkingPaper.pdf.
- Chou, Yuan K. "Testing Alternative Models of Labor Supply: Evidence from Taxi Drivers in Singapore." *Singapore Economic Review* 47, no. 1 (2002): 17–47.
- Cooper, Arnold C., Carolyn Y. Woo, and William C. Dunkelberg. "Entrepreneurs' Perceived Chances for Success." *Journal of Business Venturing* 3, no. 2 (Spring 1988): 97–108. doi.org/10.1016/0883-9026(88)900201.
- Dai, Hengchen, Berkeley J. Dietvorst, Bradford Tuckfield, Katherine L. Milkman, and Maurice E. Schweitzer. "Quitting When the Going Gets Tough: A Downside of High Performance Expectations." *Academy of Management Journal* 61, no. 5 (2018): 1667–91. doi.org/10.5465/amj.2014.1045.

- Dommer, Sara Loughran, and Vanitha Swaminathan. “Explaining the Endowment Effect through Ownership: The Role of Identity, Gender, and Self-Threat.” *Journal of Consumer Research* 39, no. 5 (February 2013): 1034–50. doi.org/10.1086/666737.
- Doran, Kirk. “Are Long-Term Wage Elasticities of Labor Supply More Negative than Short-Term Ones?” *Economic Letters* 122, no. 2 (February 2014): 208–10. doi.org/10.1016/j.econlet.2013.11.023.
- Duckworth, Angela L., Christopher Peterson, Michael D. Matthews, and Dennis R. Kelly. “Grit: Perseverance and Passion for Long-Term Goals.” *Journal of Personality and Social Psychology* 92, no. 6 (June 2007): 1087–1101. doi.org/10.1037/0022-3514.92.6.1087.
- Ellsberg, Daniel. “Risk, Ambiguity, and the Savage Axioms.” *Quarterly Journal of Economics* 75, no. 4 (November 1961): 643–9. doi.org/10.2307/1884324.
- Farber, Henry S. “Is Tomorrow Another Day? The Labor Supply of New York City Cabdrivers.” *Journal of Political Economy* 113, no. 1 (February 2005): 46–2. doi.org/10.1086/426040.
- Farber, Henry S. “Reference-ependent Preferences and Labor Supply: The Case of New York City Taxi Drivers.” *American Economic Review* 98, no. 3 (June 2008): 1069–2. jstor.org/stable/29730106.
- Farber, Henry S. “Why You Can’t Find a Taxi in the Rain and Other Labor Supply Lessons from Cab Drivers.” *Quarterly Journal of Economics* 130, no. 4 (November 2015): 1975–026. doi.org/10.1093/qje/qjv026.
- Flepp, Raphael, Philippe Meier, and Egon Franck. “The Effect of Paper Outcomes versus Realized Outcomes on Subsequent Risk-aking: Field Evidence from Casino Gambling.” *Organizational Behavior and Human*

Decision Processes 165 (July 2021): 45–5. doi.org/10.1016/j.obhdp.2021.04.003.
- Flyvbjerg, Bent, Mette K. Skamris Holm, and Søren L. Buhl. "Underestimating Costs in Public Works Projects: Error or Lie?" *Journal of the American Planning Association* 68, no. 3 (2002): 279–5. doi.org/10.1080/019443 60208976273.
- Fox, Frederick V., and Barry M. Staw. "The Trapped Administrator: Effects of Job Insecurity and Policy Resistance upon Commitment to a Course of Action." *Administrative Science Quarterly* 24, no. 3 (September 1979): 449–1. doi.org/10.2307/2989922.
- Fried, Carrie B., and Elliot Aronson. "Hypocrisy, Misattribution, and Dissonance Reduction." *Personality and Social Psychology Bulletin* 21, no. 9 (September 1995): 925–3. doi.org/10.1177/0146167295219007.
- Gal, David. "A Psychological Law of Inertia and the Illusion of Loss Aversion." *Judgment and Decision Making* 1, no. 1 (2006): 23–2.
- Gal, David, and Derek D. Rucker. "The Loss of Loss Aversion: Will It Loom Larger Than Its Gain?" *Journal of Consumer Psychology* 28, no. 3 (July 2018): 497–16. doi.org/10.1002/jcpy.1047.
- Gillan, Stuart L., John W. Kensinger, and John D. Martin. "Value Creation and Corporate Diversification: The Case of Sears, Roebuck & Co." *Journal of Financial Economics* 55, no.1 (January 2000): 10337. doi.org/10.1016/S0304 -05X(99)00046X.
- Güllich, Arne, Brooke N. Macnamara, and David Z. Hambrick. "What Makes a Champion? Early Multidisciplinary Practice, Not Early Specialization, Predicts World-lass Performance." *Perspectives on Psychological Science* 17, no. 1 (January 2022): 6–9. doi.org/10.1177/1745691620974772.

- Halevy, Yoram. “Ellsberg Revisited: An Experimental Study.” *SSRN Electronic Journal* (July 2005): 1–48. doi.org/10.2139/ssrn.770964.
- Harmon-Jones, Eddie, and Judson Mills. “An Introduction to Cognitive Dissonance Theory and an Overview of Current Perspectives on the Theory.” In *Cognitive Dissonance: Reexamining a Pivotal Theory in Psychology*, 2nd ed., edited by Eddie Harmon-Jones, 3–24. Washington, D.C.: American Psychological Association, n.d., 2019.
- Heath, Chip, Richard P. Larrick, and George Wu. “Goals as Reference Points.” *Cognitive Psychology* 38, no. 1 (February 1999): 79–109. doi.org/10.1006/cogp.1998.0708.
- Heimer, Rawley, Zwetelina Iliewa, Alex Imas, and Martin Weber. “Dynamic Inconsistency in Risky Choice: Evidence from the Lab and Field.” *SSRN Electronic Journal* (2020). doi.org/10.2139/ssrn.3600583.
- Heimer, Rawley, Zwetelina Iliewa, Alex Imas, and Martin Weber. “Dynamic Inconsistency in Risky Choice: Evidence from the Lab and Field.” Discussion Paper No. 271, Project C 01, University of Bonn, Collaborative Research Center, March 2021. wiwi.uni-bonn.de/bgsepapers/boncrc/CRCTR224_2021_274.pdf.
- Hinton, Alexander, and Yiguo Sun. “The Sunk-Cost Fallacy in the National Basketball Association: Evidence Using Player Salary and Playing Time.” *Empirical Economics* 59, no. 2 (August 2020): 1019–36. doi.org/10.1007/s00181-019-016414.
- Kahneman, Daniel. “Cognitive Limitations and Public Decision Making.” In *Science and Absolute Values: Proceedings of the Third International Conference on the Unity of the Sciences*, 1261–81. London:”

International Cultural Foundation, 1974.

- Kahneman, Daniel, and Jack L. Knetsch. "Contingent Valuation and the Value of Public Goods: Reply." *Journal of Environmental Economics and Management* 22, no. 1 (January 1992): 90–94. doi.org/10.1016/0095-0696(92)90021N.
- Kahneman, Daniel, and Jack L. Knetsch. "Valuing Public Goods: The Purchase of Moral Satisfaction." *Journal of Environmental Economics and Management* 22, no. 1 (January 1992): 57–70. doi.org/10.1016/0095-0696(92)90019s.
- Kahneman, Daniel, Jack L. Knetsch, and Richard H. Thaler. "Anomalies: The Endowment Effect, Loss Aversion, and Status Quo Bias." *Journal of Economic Perspectives* 5, no. 1 (Winter 1991): 193–206. doi.org/10.1257/jep.5.1.193.
- Kahneman, Daniel, Jack L. Knetsch, and Richard H. Thaler. "Experimental Tests of the Endowment Effect and the Coase Theorem." *Journal of Political Economy* 98, no. 6 (December 1990): 1325–48. jstor.org/stable/2937761.
- Kahneman, Daniel, Jack L. Knetsch, and Richard H. Thaler. "Fairness and the Assumptions of Economics." *Journal of Business* 59, no. 4 (October 1986): 285–300. jstor.org/stable/2352761.
- Kahneman, Daniel, Jack L. Knetsch, and Richard Thaler. "Fairness as a Constraint
- on Profit Seeking: Entitlements in the Market." *American Economic Review* 76, no. 4 (September 1986): 728–1. jstor.org/stable/1806070.
- Kahneman, Daniel, and Dan Lovallo. "Timid Choices and Bold Forecasts: A Cognitive Perspective on Risk

Taking." *Management Science* 39, no. 1 (January 1993): 17–1. doi.org/10.1287/mnsc.39.1.17.

- Kahneman, Daniel, and Dale T. Miller. "Norm Theory: Comparing Reality to Its Alternatives." *Psychological Review* 93, no. 2 (1986): 136–3. doi.org/10 .1037//0033-95x.93.2.136.
- Kahneman, Daniel, and Richard Thaler. "Economic Analysis and the Psychology of Utility: Applications to Compensation Policy." *American Economic Review* 81, no. 2 (1991): 341–6. jstor.org/stable/2006882.
- Kahneman, Daniel, and Amos Tversky. "Choices, Values, and Frames." *American Psychologist* 39, no. 4 (1984): 341–0. doi.org/10.1037/0003-66X.39.4.341.
- Kahneman, Daniel, and Amos Tversky. "Intuitive Prediction: Biases and Corrective Procedures." *Management Science* 12 (1979): 313–7.
- Kahneman, Daniel, and Amos Tversky. "On the Psychology of Prediction." *Psychological Review* 80, no. 4 (1973): 237–l.
- Kahneman, Daniel, and Amos Tversky. "On the Reality of Cognitive Illusions." *Psychological Review* 103, no. 3 (1996): 582–1. doi.org/10.1037/0033-95X .103.3.582.
- Kahneman, Daniel, and Amos Tversky. "On the Study of Statistical Intuitions." *Cognition* 11, no. 2 (March 1982): 123–1. doi.org/10.1016/0010-277(82) 900221.
- Kahneman, Daniel, and Amos Tversky. "Prospect Theory: An Analysis of Decision under Risk." *Econometrica* 47, no. 2 (March 1979): 263–1. doi.org /10.2307/1914185.
- Kahneman, Daniel, and Amos Tversky. "The Psychology of Preferences." *Scientific American* 246 (January 1982): 160–73.

- Kahneman, Daniel, and Amos Tversky. "Subjective Probability: A Judgment of Representativeness." *Cognitive Psychology* 3 (1972): 430–4.
- Kahneman, Daniel, and Amos Tversky. "Variants of Uncertainty." *Cognition* 11 (April 1982): 43–57.
- Keefer, Quinn A. W. "Decision-aker Beliefs and the Sunk-ost Fallacy: Major League Baseball's Final-ffer Salary Arbitration and Utilization." *Journal of Economic Psychology* 75 (December 2019): 1–6. doi.org/10.1016/j.joep .2018.06.002.
- Keefer, Quinn A. W. "The Sunk-ost Fallacy in the National Football League: Salary Cap Value and Playing Time." *Journal of Sports Economics* 18, no. 3 (2017): 282–7. doi.org/10.1177/1527002515574515.
- Keefer, Quinn. "Sunk Costs in the NBA: The Salary Cap and Free Agents." *Em*
- *pirical Economics* 61, no. 3 (2021): 3445–78. doi.org/10.1007/s00181-020-01996z.
- Knetsch, Jack L. "The Endowment Effect and Evidence of Nonreversible Indifference Curves." *American Economic Review* 79, no. 5 (December 1989): 1277–84. jstor.org/stable/1831454.
- Knetsch, Jack L. "Environmental Policy Implications of Disparities between Willingness to Pay and Compensation Demanded Measures of Values." *Journal of Environmental Economics and Management* 18, no. 3 (May 1990): 227–37. doi.org/10.1016/0095-0696(90)90003H.
- Koellinger, Philipp, Maria Minniti, and Christian Schade. "I Think I Can, I Think I Can: Overconfidence and Entrepreneurial Behavior." *Journal of Economic Psychology* 28, no. 4 (August 2007): 502–27. doi.org/10.1016/j.joep.2006.11.002.
- Koning, Rembrand, Sharique Hasan, and Aaron Chatterji. "Experimentation and Startup Performance:

Evidence from A/B Testing." Working Paper 26278, National Bureau of Economic Research, September 2019. doi.org/10.3386/w26278.

- Larcom, Shaun, Ferdinand Rauch, and Tim Willems. "The Benefits of Forced Experimentation: Striking Evidence from the London Underground Network." *Quarterly Journal of Economics* 132, no. 4 (November 2017): 2019–55. doi.org/10.1093/qje/qjx020.
- Leeds, Daniel M., Michael A. Leeds, and Akira Motomura. "Are Sunk Costs Irrelevant? Evidence from Playing Time in the National Basketball Association." *Economic Inquiry* 53, no. 2 (April 2015): 1305–16. doi.org/10.1111/ecin.12190.
- Lerner, Jennifer S., and Philip E. Tetlock. "Accounting for the Effects of Accountability." *Psychological Bulletin* 125, no. 2 (1999): 255–75. doi.org/10.1037/0033-2909.125.2.255.
- Levitt, Steven D. "Heads or Tails: The Impact of a Coin Toss on Major Life Decisions and Subsequent Happiness." *Review of Economic Studies* 88, no. 1 (January 2021): 378–405. doi.org/10.1093/restud/rdaa016.
- Locke, Edwin A., and Gary P. Latham. "The Development of Goal Setting Theory: A Half Century Retrospective." *Motivation Science* 5, no. 2 (2019): 93–105. doi.org/10.1037/mot0000127.
- Lovallo, Dan, and Daniel Kahneman. "Living with Uncertainty: Attractiveness and Resolution Timing." *Journal of Behavioral Decision Making* 13, no. 2 (April 2000): 179–90.
- Lucas, Gale M., Jonathan Gratch, Lin Cheng, and Stacy Marsella. "When the Going Gets Tough: Grit Predicts Costly Perseverance." *Journal of Research in Personality* 59 (December 2015): 15–22. doi.org/10.1016/j.jrp.2015.08.004.

- Massey, Cade, and Richard H. Thaler. “The Loser’s Curse: Decision Making and Market Efficiency in the National Football League Draft.” *Management Science* 59, no. 7 (2013): 1479–5.
- Mauboussin, Michael, and Dan Callahan. “Turn and Face the Strange: Overcoming Barriers to Change in Sports and Investing.” Morgan Stanley, Counterpoint Global Insights, September 8, 2021. morganstanley.com/im/publication /insights/articles/article_turnandfacethestrange_us.pdf.
- Milkman, Katherine L., Todd Rogers, and Max H. Bazerman. “Harnessing Our Inner Angels and Demons: What We Have Learned about Want/Should Conflicts and How That Knowledge Can Help Us Reduce Short-ighted Decision Making.” *Perspectives on Psychological Science* 3, no. 4 (July 2008): 324–8. doi.org/10.1111/j.1745-924.2008.00083.x.
- Milkman, Katherine L., Todd Rogers, and Max H. Bazerman. “I’ll Have the Ice Cream Soon and the Vegetables Later: A Study of Online Grocery Purchases and Order Lead Time.” *Marketing Letters* 21 (2010): 17–5. doi.org/10.1007 /s11002-09-0870.
- Moore, Don A., and Daylian M. Cain. “Overconfidence and Underconfidence: When and Why People Underestimate (and Overestimate) the Competition.” *Organizational Behavior and Human Decision Processes* 103, no. 2 (July 2007): 197–13. doi.org/10.1016/j.obhdp.2006.09.002.
- Moore, Don A., John M. Oesch, and Charlene Zietsma. “What Competition? Myopic Self-ocus in Market-ntry Decisions.” *Organization Science* 18, no. 3 (May-une 2007): 440–4. doi.org/10.1287/orsc.1060.0243.
- Morewedge, Carey K., and Colleen E. Giblin. “Explanations of the Endowment Effect: An Integrative Review.” *Trends in Cognitive Sciences* 19, no. 6 (June 2015): 339–8. doi.org/10.1016/j.tics.2015.04.004.

- Morewedge, Carey K., Lisa L. Shu, Daniel T. Gilbert, and Timothy D. Wilson. "Bad Riddance or Good Rubbish? Ownership and Not Loss Aversion Causes the Endowment Effect." *Journal of Experimental Social Psychology* 45, no. 4 (July 2009): 947–1. doi.org/10.1016/j.jesp.2009.05.014.
- Northcraft, Gregory B., and Margaret A. Neale. "Opportunity Costs and the Framing of Resource Allocation Decisions." *Organizational Behavior and Human Decision Processes* 37, no. 3 (June 1986): 348–6. doi.org/10.1016/0749 -5978(86)90034-8.
- Norton, Michael I., Daniel Mochon, and Dan Ariely. "The IKEA Effect: When Labor Leads to Love." *Journal of Consumer Psychology* 22, no. 3 (July 2012): 453–0. doi.org/10.1016/j.jcps.2011.08.002.
- Novemsky, Nathan, and Daniel Kahneman. "The Boundaries of Loss Aversion." *Journal of Marketing Research* 42, no. 2 (May 2005): 119–8. doi.org/10 .1509/jmkr.42.2.119.62292.
- O'Connor, Kathleen M., Carsten K. W. De Dreu, Holly Schroth, Bruce Barry,
- Terri R. Lituchy, and Max H. Bazerman. "What We Want to Do versus What We Think We Should Do." *Journal of Behavioral Decision Making* 15, no. 5 (December 2002): 403–18. doi.org/10.1002/bdm.426.
- Odean, Terrance. "Are Investors Reluctant to Realize Their Losses?" *Journal of Finance* 53, no. 5 (October 1998): 1775–98. doi.org/10.1111/0022-1082.00072.
- Ordóñez, Lisa D., Maurice E. Schweitzer, Adam D. Galinsky, and Max H. Bazerman. "Goals Gone Wild: The Systematic Side Effects of Overprescribing Goal Setting." *Academy of Management Perspectives* 23, no. 1 (February 2009): 6–16. doi.org/10.5465/amp.2009.37007999.
- Ordóñez, Lisa D., Maurice E. Schweitzer, Adam D. Galinsky, and Max H. Bazerman. "On Good Scholarship,

Goal Setting, and Scholars Gone Wild." *Academy of Management Perspectives* 23, no. 3 (April 2009). doi.org/10.2139/ssrn.1382000.

- Patil, Shefali V., Vieider, Ferdinand, and Philip E. Tetlock, "Process versus Outcome Accountability." In *The Oxford Handbook of Public Accountability*, edited by Mark Bovens, Robert E. Goodin, and Thomas Schillemans, 69–89. New York: Oxford University Press, 2014. doi.org/10.1093/oxfordhb/9780199641253.013.0002.
- Pierce, Jon L., Tatiana Kostova, and Kurt T. Dirks. "The State of Psychological Ownership: Integrating and Extending a Century of Research." *Review of General Psychology* 7, no. 1 (March 2003): 107–84. doi.org/10.1037/1089-2680.7.1.84.
- Pierce, Jon L., Tatiana Kostova, and Kurt T. Dirks. "Toward a Theory of Psychological Ownership in Organizations." *Academy of Management Review* 26, no. 2 (April 2001): 298–310. doi.org/10.2307/259124.
- Polman, Evan. "Self–Other Decision Making and Loss Aversion." *Organizational Behavior and Human Decision Processes* 119, no. 2 (November 2012): 141–50. doi.org/10.1016/j.obhdp.2012.06.005.
- Preller, Rebecca, Holger Patzelt, and Nicola Breugst. "Entrepreneurial Visions in Founding Teams: Conceptualization, Emergency, and Effects on Opportunity Development." *Journal of Business Venturing* 35, no. 2 (March 2020): 105914. doi.org/10.1016/j.jbusvent.2018.11.004.
- Rabin, Matthew, and Max Bazerman. "Fretting about Modest Risks Is a Mistake." *California Management Review* 61, no. 3 (May 2019): 34–48. doi.org/10.1177/0008125619845876.
- Raff, Daniel M. G., and Peter Temin. "Sears, Roebuck in the Twentieth Century: Competition,

Complementarities, and the Problem of Wasting Assets." In *Learning by Doing in Markets, Firms, and Countries*, edited by Naomi R. Lamoreaux, Raff, and Temin, 219–52. Chicago: University of Chicago Press, 1999.

- Reb, Jochen, and Terry Connolly. "Possession, Feelings of Ownership and the Endowment Effect." *Judgment and Decision Making* 2, no. 2 (April 2007): 107–4. journal.sjdm.org/vol2.2.htm.
- Ritov, Ilana, and Jonathan Baron. "Outcome Knowledge, Regret, and Omission Bias." *Organizational Behavior and Human Decision Processes* 64, no. 2. (1995): 119–7.
- Ritov, Ilana, and Jonathan Baron. "Reluctance to Vaccinate: Omission Bias and Ambiguity." *Journal of Behavioral Decision Making* 3, no. 4 (October/December 1990): 263–7. doi.org/10.1002/bdm.3960030404.
- Ritov, Ilana, and Jonathan Baron. "Status-uo and Omission Biases." *Journal of Risk and Uncertainty* 5 (1992): 49–1. doi.org/10.1007/BF00208786.
- Robertson-raft, Claire, and Angela Lee Duckworth. "True Grit: Trait-evel Perseverance and Passion for Long-erm Goals Predicts Effectiveness and Retention among Novice Teachers." *Teachers College Record* 116, no. 3 (March 2014): 1–7. doi.org/10.1177/016146811411600306.
- Ross, Jerry, and Barry M. Staw. "Managing Escalation Processes in Organizations." *Journal of Managerial Issues* 3, no. 1 (Spring 1991): 15–0. jstor.org /stable/40603896.
- Ross, Jerry, and Barry M. Staw. "Organizational Escalation and Exit: Lessons from the Shoreham Nuclear Power Plant." *Academy of Management Journal* 36, no. 4 (August 1993): 701–2. doi.org/10.2307/256756.
- Rubin, Jeffrey Z., and Joel Brockner. "Factors Affecting Entrapment in Waiting Situations: The Rosencrantz

and Guildenstern Effect." *Journal of Personality and Social Psychology* 31, no. 6 (January 1975): 1054–3. doi.org/10.1037/h0076937.

- Rubin, Jeffrey Z., Joel Brockner, Susan Small-eil, and Sinaia Nathanson. "Factors Affecting Entry into Psychological Traps." *Journal of Conflict Resolution* 24, no. 3 (September 1980): 405–6. doi.org/10.1177/00 2200278002400302.
- Ruggeri, Kai, et al. "Not Lost in Translation: Successfully Replicating Prospect Theory in 19 Countries." Pre-ublication version, August 21, 2019. osf.io/2nyd6.
- Ruggeri, Kai, et al. "Replicating Patterns of Prospect Theory for Decision under Risk." *Nature Human Behavior* 4 (2020): 622–3. doi.org/10.1038/s41562 -20-886x.
- Samuelson, William, and Richard J. Zeckhauser. "Status Quo Bias in Decision Making." *Journal of Risk and Uncertainty* 1, no. 1 (February 1988): 7–9. doi .org/10.1007/BF00055564.
- Schwartz, Barry. "The Sunk-ost Fallacy: Bush Falls Victim to a Bad New Argument for the Iraq War." *Slate*, September 9, 2005. slate.com/news-nd -olitics/2005/09/bushisasucker-or-he-unk-ost-allacy.html.
- Schweitzer, Maurice. "Disentangling Status Quo and Omission Effects: An Experimental Analysis." *Organizational Behavior and Human Decision Processes* 58, no. 3 (June 1994): 457–6. doi.org/10.1006/ obhd.1994.1046.
- Schweitzer, Maurice E., Lisa Ordóñez, and Bambi Douma. "The Dark Side of Goal Setting: The Role of Goals in Motivating Unethical Decision Making." *Academy of Management Proceedings* 2002, no. 1 (2002): B1–6. doi.org/10.5465/apbpp.2002.7517522.

- Shu, Suzanne B., and Joann Peck. "Psychological Ownership and Affective Reaction: Emotional Attachment Process Variables and the Endowment Effect." *Journal of Consumer Psychology* 21, no. 4 (October 2011): 439–52. doi.org/10.1016/j.jcps.2011.01.002.
- Simons, Daniel J., and Christopher F. Chabris. "Gorillas in Our Midst: Sustained Inattentional Blindness for Dynamic Events." *Perception* 28, no. 9 (September 1999): 1059–74. doi.org/10.1068/p281059.
- Simonson, Itamar, and Barry Staw. "Deescalation Strategies: A Comparison of Techniques for Reducing Commitment to Losing Courses of Action." *Journal of Applied Psychology* 77, no. 4 (1992): 419–26. doi.org/10.1037/0021-9010.77.4.419.
- Sivanathan, Niro, Daniel C. Molden, Adam D. Galinsky, and Gillian Ku. "The Promise and Peril of Self-Affirmation in DeEscalation of Commitment." *Organizational Behavior and Human Decision Processes* 107, no. 1 (September 2008): 1–14. doi.org/10.1016/j.obhdp.2007.12.004.
- Sleesman, Dustin J., Donald E. Conlon, Gerry McNamara, and Jonathan E. Miles. "Cleaning Up the Big Muddy: A Meta-Analytic Review of the Determinants of Escalation of Commitment." *Academy of Management Journal* 55, no. 3 (2012): 541–62. doi.org/10.5465/amj.2010.0696.
- Spranca, Mark, Elisa Minsk, and Jonathan Baron. "Omission and Commission in Judgment and Choice." *Journal of Experimental Social Psychology* 27, no. 1 (January 1991): 76–105. doi.org/10.1016/0022-1031(91)90011t.
- Staw, Barry M. "Attribution of the 'Causes' of Performance: A General Alternative Interpretation of Cross-Sectional Research on Organizations." *Organizational Behavior and Human Performance* 13, no. 3 (June

1975): 414–32. doi.org/10.1016/0030-5073(75)900604.

- Staw, Barry M. "The Escalation of Commitment to a Course of Action." *Academy of Management Review* 6, no. 4 (October 1981): 577–87. doi.org/10.2307/257636.
- Staw, Barry M. "The Experimenting Organization." *Organizational Dynamics* 6, no. 1 (Summer 1977): 3–18. doi.org/10.1016/0090-2616(77)900328.
- Staw, Barry M. "Knee-Deep in the Big Muddy: A Study of Escalating Commitment to a Chosen Course of Action." *Organizational Behavior and Human Performance* 16, no. 1 (June 1976): 27–44. doi.org/10.1016/0030-5073(76)900052.
- Staw, Barry M. "Stumbling Toward a Social Psychology of Organizations: An Autobiographical Look at the Direction of Organizational Research." *Annual*
- *Review of Organizational Psychology and Organizational Behavior* 3 (March 2016): 1–9. doi.org/10.1146/annurev-rgpsych-41015-62524.
- Staw, Barry M., Sigal G. Barsade, and Kenneth W. Koput. "Escalation at the Credit Window: A Longitudinal Study of Bank Executives' Recognition and Write-ff of Problem Loans." *Journal of Applied Psychology* 82, no. 1 (1997): 130–2. doi.org/10.1037/0021-010.82.1.130.
- Staw, Barry M., and Richard D. Boettger. "Task Revision: A Neglected Form of Work Performance." *Academy of Management Journal* 33, no. 3 (September 1990): 534–9.
- Staw, Barry M., and Frederick V. Fox. "Escalation: The Determinants of Commitment to a Chosen Course of Action." *Human Relations* 30, no. 5 (May 1977): 431–0. doi.org/10.1177/001872677703000503.

- Staw, Barry M., and Ha Hoang. “Sunk Costs in the NBA: Why Draft Order Affects Playing Time and Survival in Professional Basketball.” *Administrative Science Quarterly* 40, no. 3 (September 1995): 474–94. doi.org/10.2307 /2393794.
- Staw, Barry M., Pamela I. McKechnie, and Sheila M. Puffer. “The Justification of Organizational Performance.” *Administrative Science Quarterly* 28, no. 4 (December 1983): 582–00. doi.org/10.2307/2393010.
- Staw, Barry M., and Jerry Ross. “Behavior in Escalation Situations: Antecedents, Prototypes, and Solutions.” *Research in Organizational Behavior* 9 (January 1987): 39–8.
- Staw, Barry M., and Jerry Ross. “Commitment to a Policy Decision: A Multi-Theoretical Perspective.” *Administrative Science Quarterly* 23, no. 1 (March 1978): 40–4. doi.org/10.2307/2392433.
- Staw, Barry M. and Jerry Ross. “Understanding Behavior in Escalation Situations.” *Science* 246, no. 4927 (October 1989): 216–0. doi.org/10.1126/science .246.4927.216.
- Steinkühler, Dominik, Matthias D. Mahlendorf, and Malte Brettel. “How Self-Justification Indirectly Drives Escalation of Commitment.” *Schmalenbach Business Review* 66, no. 2 (2014): 191–22. doi.org/10.1007/bf03396905.
- Tenney, Elizabeth R., Jennifer M. Logg, and Don A. Moore. “(Too) Optimistic about Optimism: The Belief That Optimism Improves Performance.” *Journal of Personality and Social Psychology* 108, no. 3 (March 2015): 377–9. doi .org/10.1037/pspa0000018.
- Tetlock, Philip E. “Close-all Counterfactuals and Belief-ystem Defenses: I Was Not Almost Wrong

but I Was Almost Right." *Journal of Personality and Social Psychology* 75, no. 3 (1998): 639–52. doi.org/10.1037/0022-514.75.3.639.

- Thaler, Richard. "Mental Accounting and Consumer Choice." *Marketing Science* 4, no. 3 (August 1985): 199–14. doi.org/10.1287/mksc.4.3.199.
- Thaler, Richard H. "Mental Accounting Matters." *Journal of Behavioral Decision*
- *Making* 12, no. 3 (September 1999): 183–206. doi.org/10.1002/(sici)1099-0771(199909)12:3<183::aid-bdm318>3.0.co;2f.
- Thaler, Richard H. (featured). "The Sports Learning Curve: Why Teams Are Slow to Learn and Adapt." Video of discussion at MIT Sloan Sports Analytics Conference, March 2020. sloansportsconference.com/event/the-sports-learning-curve-why-teams-are-slowtolearn-and-adapt.
- Thaler, Richard H. "Toward a Positive Theory of Consumer Choice." *Journal of Economic Behavior & Organization* 1, no. 1 (March 1980): 39–60. doi.org/10.1016/0167-2681(80)900517.
- Thaler, Richard H., and Eric J. Johnson. "Gambling with the House Money and Trying to Break Even: The Effects of Prior Outcomes on Risky Choice." *Management Science* 36, no. 6 (June 1990): 643–60. doi.org/10.1287/mnsc.36.6.643.
- Thibodeau, Ruth, and Elliot Aronson. "Taking a Closer Look: Reasserting the Role of the Self-Concept in Dissonance Theory." *Personality & Social Psychology Bulletin* 18, no. 5 (October 1992): 591–602. doi.org/10.1177/0146167292185010.
- Tversky, Amos, and Daniel Kahneman. "Advances in Prospect Theory: Cumulative Representation of

Uncertainty." *Journal of Risk and Uncertainty* 5 , no. 4 (1992): 297–323. jstor.org/stable/41755005.

- Tversky, Amos, and Daniel Kahneman. "Availability: A Heuristic for Judging Frequency and Probability." *Cognitive Psychology* 5, no. 2 (September 1973) 207–32. doi.org/10.1016/0010-0285(73)900339.
- Tversky, Amos, and Daniel Kahneman. "Belief in the Law of Small Numbers." *Psychological Bulletin* 76, no. 2 (August 1971): 105.
- Tversky, Amos, and Daniel Kahneman. "Causal Schemas in Judgments under Uncertainty." In *Progress in Social Psychology*, edited by Martin Fishbein, 49–72. London: Psychology Press, 1980.
- Tversky, Amos, and Daniel Kahneman. "Causal Thinking in Judgment under Uncertainty." In *Basic Problems in Methodology and Linguistics*, edited by Robert E. Butts and Jaakko Hintikka, 167–90. Dordrecht, Netherlands: Springer, 1977.
- Tversky, Amos, and Daniel Kahneman. "Evidential Impact of Base Rates." In *Judgment under Uncertainty: Heuristics and Biases*, edited by Daniel Kahneman, Paul Slovic, and Amos Tversky, 153–60. Cambridge, UK: Cambridge University Press, 1982.
- Tversky, Amos, and Daniel Kahneman. "Extensional vs. Intuitive Reasoning: The Conjunction Fallacy in Probability Judgment." *Psychological Review* 90 (October 1983): 293–315.
- Tversky, Amos, and Daniel Kahneman. "The Framing of Decisions and the Psychology of Choice." *Science* 211, no. 4481 (January 1981): 453–58. doi.org/10.1126/science.7455683.
- Tversky, Amos, and Daniel Kahneman. "Judgment under Uncertainty: Heuristics and Biases." *Science* 185, no. 4157 (September 1974): 1124–1. doi.org /10.1016/0010-285(73)900339.

- Tversky, Amos, and Daniel Kahneman. "Loss Aversion in Riskless Choice: A Reference Dependent Model." *Quarterly Journal of Economics* 106, no. 4 (November 1991): 1039–1. doi.org/10.2307/2937956.
- Tversky, Amos, and Daniel Kahneman. "Rational Choice and the Framing of Decisions." *Journal of Business* 59, no. 4 (October 1986): 251–8. jstor.org /stable/2352759.
- Tversky, Amos, Paul Slovic, and Daniel Kahneman. "The Causes of Preference Reversal." *The American Economic Review* 80, no. 1 (March 1990): 204–7. jstor.org/stable/2006743.
- Van Putten, Marijke, Marcel Zeelenberg, and Eric van Dijk. "Who Throws Good Money after Bad? Action vs. State Orientation Moderates the Sunk Cost Fallacy." *Judgment and Decision Making* 5, no. 1 (February 2010): 33–6. journal.sjdm.org/10/91028/jdm91028.pdf.
- Varadrajan, P. Rajan, Satish Jayachandran, and J. Chris White. "Strategic Interdependence in Organizations: Deconglomeration and Marketing Strategy." *Journal of Marketing* 65, no. 1 (January 2001): 15–8. doi. org/10.1509/jmkg .65.1.15.18129.
- Von Culin, Katherine R., Eli Tsukayama, and Angela L. Duckworth. "Unpacking Grit: Motivational Correlates of Perseverance and Passion for Long-erm Goals." *The Journal of Positive Psychology* 9, no. 4 (March 2014): 306–2. doi .org/10.1080/17439760.2014.898320.
- Weber, Martin, and Colin F. Camerer. "The Disposition Effect in Securities Trading: An Experimental Analysis." *Journal of Economic Behavior & Organization* 33, no. 2 (1998): 167–4. doi.org/10.1016/S0167-681(97)000899.
- Wrosch, Carsten, Gregory E. Miller, Michael F. Scheier, and Stephanie Brun de Pontet. "Giving Up on

Unattainable Goals: Benefits for Health?" *Personality and Social Psychology Bulletin* 33, no. 2 (February 2007): 251–5. doi.org /10.1177/0146167206294905.

- Wrosch, Carsten, Michael F. Scheier, Charles S. Carver, and Richard Schulz. "The Importance of Goal Disengagement in Adaptive Self-egulation: When Giving Up is Beneficial." *Self and Identity* 2, no. 1 (2003): 1–0. doi.org/10.1080 /15298860309021.
- Wrosch, Carsten, Michael F. Scheier, Gregory E. Miller, Richard Schulz, and Charles S. Carver. "Adaptive Self-egulation of Unattainable Goals: Goal Disengagement, Goal Reengagement, and Subjective Well-eing." *Personality and Social Psychology Bulletin* 29, no. 12 (December 2003): 1494–508. doi.org/10.1177/0146167203256921.

翻轉學　翻轉學系列 131

停損的勝算

世界撲克冠軍教你精準判斷何時放棄，反而贏更多

Quit : The Power of Knowing When to Walk Away

作　　　者	安妮・杜克（Annie Duke）
譯　　　者	謝佳真
封面設計	Dinner Illustration
內文版型	許貴華
內文排版	黃雅芬
行銷企劃	林思廷
出版二部總編輯	林俊安

出　版　者	采實文化事業股份有限公司
業務發行	張世明・林踏欣・林坤蓉・王貞玉
國際版權	劉靜茹
印務採購	曾玉霞・莊玉鳳
會計行政	李韶婉・許俽瑀・張婕莛
法律顧問	第一國際法律事務所　余淑杏律師
電子信箱	acme@acmebook.com.tw
采實官網	www.acmebook.com.tw
采實臉書	www.facebook.com/acmebook01

I S B N	978-626-349-732-0 978-626-349-733-7（博客來獨家書衣版） 978-626-349-734-4（誠品獨家書衣版）
定　　　價	450 元
初版一刷	2024 年 7 月
劃撥帳號	50148859
劃撥戶名	采實文化事業股份有限公司 104 台北市中山區南京東路二段 95 號 9 樓 電話：(02)2511-9798　傳真：(02)2571-3298

國家圖書館出版品預行編目資料

停損的勝算：世界撲克冠軍教你精準判斷何時放棄，反而贏更多 / 安妮・杜克（Annie Duke）著；謝佳真譯 . -- 初版 . – 台北市：采實文化 , 2024.07
368 面；14.8×21 公分 . --（翻轉學系列；131）
譯自：Quit : The Power of Knowing When to Walk Away
ISBN 978-626-349-732-0（平裝）
ISBN 978-626-349-733-7（平裝博客來獨家書衣版）
ISBN 978-626-349-734-4（平裝誠品獨家書衣版）
1.CST: 成功法 2.CST: 決策管理 3.CST: 自我實現
177.2　　113008244